雲南文庫

百人百部

当代云南社会科学百人百部优秀学术著作丛书

证券市场与产业成长

罗美娟/著

云南人民出版社
云南大学出版社

敦煌艺术宗教与礼乐文明
昆仑文化论集
中国政区大典

作者小传

罗美娟，云南大学教授，经济学博士，博士生导师。现任云南大学经济学院金融系主任。云南省人民政府参事，云南省第十届政协常委，云南省人民政府金融发展专家委员会委员。云南省中青年学术技术带头人，云南省教学科研带头人。

在江西财经大学、云南大学、复旦大学获得经济学学士、硕士和博士学位。曾在复旦大学经济学博士后流动站、云南红塔集团博士后科研工作站从事博士后研究。

主要承担《货币银行学》、《金融市场学》、《金融发展理论》等课程的硕博研究生和本科生的教学。罗美娟对教学工作认真负责，兢兢业业。曾获云南大学优秀教学奖。

研究领域主要有货币经济理论、证券市场理论和产业经济学及财税理论。在《经济学动态》、《学术月刊》、《财政研究》等国内核心期刊上发表了学术论文数十篇，在商务印书馆出版《证券市场与产业成长》一书，其研究涉及金融证券理论与实务、财税理论、发展经济学等领域。研究成果五次获得云南省社会科学优秀成果奖、云南省科技进步奖等。

近年来，主持了教育部人文社会科学研究项目、国家软科学项目、云南省省院省校合作项目等国家和省部级研究课题十余项。

图书在版编目（CIP）数据

证券市场与产业成长 / 罗美娟著. — 昆明：云南人民出版社, 2011.11
（当代云南社会科学百人百部优秀学术著作丛书）
ISBN 978-7-222-08353-0

Ⅰ. ①证… Ⅱ. ①罗… Ⅲ. ①证券市场－关系－企业成长－研究－中国 Ⅳ. ①F832.51②F279.2

中国版本图书馆CIP数据核字（2011）第240402号

责任编辑： 王 梅
美术编辑： 王睿韬 刘 雨
责任印制： 段金华

书 名	**证券市场与产业成长**
作 者	罗美娟 著
出 版	云南人民出版社 云南大学出版社
发 行	云南人民出版社 云南大学出版社
社 址	昆明市环城西路 609 号（650034） 昆明市翠湖北路 2 号云南大学英华园内（650091）
电 话	0871-4113185 0871-5031071 5033244
网 址	www.ynpph.com.cn http//www.ynup.com
E-mail	rmszbs@public.km.yn.cn market@ynup.com
开 本	787mm × 1092mm 1/16
印 张	16.25
字 数	240 千
版 次	2011 年 11 月第 1 版第 1 次印刷
印 刷	昆明卓林包装印刷有限公司
书 号	ISBN 978-7-222-08353-0
定 价	44.00 元

《云南文库》编辑说明

《云南文库》是云南省哲学社会科学“十二五”规划的重大项目。编辑出版《云南文库》是落实云南省委、省政府建设民族文化强省的重要举措，是繁荣发展云南哲学社会科学的重要途径，是树立云南文化形象、提升云南文化软实力的基础性工程。

中国学术文化的发展不仅有共性，还有很强的地域性。一国有一国之学术，一方有一方之学术。学术研究是社会发展的动力，是社会智慧的结晶，是文化建设的重要构成部分。云南虽地处边疆，仍不乏丰厚的学术研究传统。尤其明清以来，云南与中原的文化交流日臻密切，省外名宿大儒进入云南的代不乏人，而云南的文人学士也多有游宦中原者。在中原文化的熏陶下，云南的文化学术遂结出累累硕果，文化名人辈出，如杨慎、李贽、李元阳、师范、王崧、方玉润、许印芳等，其总体集中性的代表成果是《滇系》和《云南备征志》。至清末，云南学子开始走出国门到海外留学，成为云南与世界沟通的桥梁，也成为改造社会和推进云南文化学术发展的中坚。但由于交通不便，信息闭塞，云南的学术成果并未为内地所认知。更有甚者，清乾隆年间，四库全书馆在全国征集历代遗书，云南巡抚李右江得到云南先贤的著述，但害怕其中有什么不恰当的内容，竟私藏起来不上报，使得《四库全书》仅从它处收录了3种云南人著述，成为云南文化史上的一大缺憾。辛亥革命后，云南学人痛感地方文化学术之不彰，在地方政府的支持下，赵藩、陈荣昌、袁嘉谷、由云龙、周钟岳、李根源、方树梅、秦光玉等一批当时最负盛名的云南学者倾力收集整理云南文献，于1914年至1923年编成刻印《云南丛书》初编，共152种1064卷，及不分卷者47册；1923年至1940年编成刻印《云南丛书》二编，共69种133卷。另编定31种待刻，后由于抗日战争爆发，整个《云南丛书》的编辑刻印工作中止。历时26年编刻的《云南丛书》把保存下来的历代云南重要地方文献网罗殆尽，是云南有史以来地方文化的一次最系统的总结，对云南的文化建设发挥了不可估量的作用。

学术创新的根基是学术积淀和传承。从编辑刻印《云南丛书》之时算起至今，其间经历了抗日战争、新民主主义革命、社会主义革命和建设、改革开放的新的历史时期。在这近一百年的历史中，云南的学者为抗击日本侵略者和新中国的解放事业，为社会主义新文化的建设贡献了自己的聪明才智，也为云南地方经济、社会、文化的发展创造了一大批研究成果，并形成了自己的风格和特色。今天，文化建设又站在一个新的历史起点上。整理和出版云南学术史和文化史上的优秀成果，是继承优秀的地方历史文化遗产，建设有中国特色的社会主义新文化和民族文化强省的基础性工作。只有站在前人的肩上，我们才看得更远，走得更实。这也是我们编辑出版《云南文库》的初衷。

比之编刻《云南丛书》的时代，云南的经济政治社会文化已经发生了翻天覆地的变化，云南不再是一个封闭落后的边疆省份，而是成为了我国面向南亚、东南亚开放的桥头堡，其战略地位日益突出。云南的文化创造力也大大发展了，学者力量的壮大、学术成果的丰富早已不可同日而语。今天的《云南文库》不可能像当年《云南丛书》一样收录所有的文献资料，只可能是好中选优、优中选精，尽可能地把最能体现云南学术文化水平和云南学术特色的成果收录进来，以达到整理、总结、展示、交流和传承文化，弘扬学术，促进今日云南文化学术的建设与繁荣之目的。功在当代，利在千秋。

《云南文库》分为三个系列。

一是《云南文库·学术大家文丛》，收录云南学术大家的作品。

二是《云南文库·学术名家文丛》，收录中华人民共和国建立以前出生的云南学术名家的作品。

三是《云南文库·当代云南社会科学百人百部优秀学术著作丛书》，收录中华人民共和国建立以后出生的一代学者的优秀作品。

我们将使《云南文库》成为一个开放的体系，随着云南民族文化强省建设的推进而不断丰富它的内涵，不断发挥其在社会主义精神文明建设和云南文化建设中的积极作用。

《云南文库》编辑委员会

2011年6月

目录

第一章　导论——问题的产生及研究的现实意义

市场经济的发展过程伴随着这样一种趋势：经济运行日益以证券为媒介。经济发展层次越高，证券化程度越高。一些发达的市场经济国家，资产证券化已达到相当高的程度，其证券的市场价值已超过了货币供应总量和 GDP（国内生产总值）规模；一些新兴工业化国家（地区）的股票市值也已超过 GDP 的规模。由于证券市场在现代经济中的特殊意义，一些证券市场指标如股票价格指数，不仅成为反映股票价格变化的变量，而且成为反映经济变化、预测经济景气程度的重要指标。

与资产证券化程度提高相适应的是证券市场的发展。资本形成是经济发展的前提，也是经济发展的动力，社会扩大再生产在很大程度上是资本积累和资本形成的结果。资本形成的关键是储蓄向投资的转化，证券市场作为储蓄向投资转化的媒介，成为现代市场经济中资本形成不可或缺的环节。证券市场融资的特点和条件制约，决定了它与经济发展的阶段性相联系，但也决定了它对经济发展具有重要的推动作用。通过证券市场，可以充分动员社会资金，有效地调动资源；同时，证券市场的功能，也在最大程度上满足了市场经济对资源优化配置的要求。

经济发展往往以产业发展为基础。产业发展或产业成长是一国经济实力和竞争力的体现。产业成长是一个产业由弱小向强大发展的过程，由于这个过程以产业规模扩大为表现形式，就需要有资本与时间的累积，如果资本积累速度较快，便可大大缩短时间累积的过程。因此，由证券市场形成资本的积累规模与速度具有影响产业成长的能动作用。产业成长同时又是一个结构不断替代更新的过程，产业的升级一直贯穿于产业成长的全过程，证券市场在其中起到了其他市场机制无法替代的作用。显然，证券市场作为联结储蓄与投资的纽带，其最重要的作用是加快产业资本的形成。但是，在此基础上派生出的一系列新机能，使证券市场推动产业成长的途径变得多元化了，其过程也复杂化了，证券市场要对产业成长产生正向效应，需要更多的约束条件和制约因素。本书正是以证券市场与产业成长的关系为出发点，研究在特定的经济发展阶段中，证券市场发展对产业成长的影响与推动作用及其制约因素，探讨证券市场推动产业成长的有效途径，最后对我国证券市场发展与产业成长进行实证分析，力图形成一些具有政策含义的结论。

第一节　理论的不确定

在经济学文献中，直接对证券市场与产业成长的相互关系所作的研究与成果并不多见，人们往往从经济发展的角度来论及证券市场，而在讨论证券市场与经济发展关系时，经济学家也存在很多分歧，这些分歧主要在于对证券市场在经济发展过程中所起作用的不同认识。

在对金融结构与经济发展关系的研究中，美国经济学家戈德史密斯（Raymond Goldsmith）开创性的工作尤其值得我们关注。戈德史密斯将现代经济出现的金融结构分为两类：一类是在工业化国家，其金融相关率较高，金融工具和金融机构多样化，直接融资在整个融资格局中占有较大的份额，银行体系的作用逐渐下降，证券市场逐步取得主导地位；另一类是在发展中国家，其金融发展水平处于初级阶段，金融相关率较低，金融结构单一，银行在整个金融体系中占主导地位，直接融资尤其是股权融资极不发达。事实上，后一类国家的经济发展水平明显低于前一类国家，但是戈德史密斯并不肯定证券市场与经济发展存在着相关关系，他强调，虽然战后存在着这样的趋势，即直接融资的比率与实际经济增长之间有着正向联系，但这一联系并不紧密，不仅样本国的这一指标在坐标轴上分布很宽，而且一些外源融资较低的国家（如日本、德国），依然保持着较高的经济增长率。虽然金融结构便利了资本流动，改善了经济运行，但是，“如果存在一个更松散的关系，金融结构与经济增长之间就具有一种更复杂、更难懂的特性”；“无论是对战后时期各个国家的截面分析，还是在那些我们可以寻找其轨迹的少数国家的趋势中，都看不到非金融部门的新发行比率与人均实际收入水平及增长率，抑或与其他经济结构和发展水平的类似简单指标之间存在着什么清晰的联系”①。由此可见，尽管经济学家已经发现金融结构与经济发展之间存在着必然的联系，认同金融结构的改进加速了资本流动并促进了经济增长，但对于证券市场与经济发展之间的关系却存在异议。

一些经济学家指出，证券市场不仅与经济增长成正相关，而且能显著地促进经济增长。他们发现：证券市场的融资能力、流动性、规模等可以促进资本的形成，加速经济增长。伴随着经济增长，股票市场也经历了一个较大的发展。米切（Michie，1987）的研究表明，1853 年，在英国大约有 25% 的投资资本是通过发行股票筹集的，1913 年，这一指标达到了 33%②；格利（Gurley）和肖（Shaw，1955）则认为，19 世纪美国发行的股票价值是国民财富或收入的一倍以上，直到 20 世纪中期股票发行仍保持这一比例③。在经济的较低水平上，商业银行控制整个金融结构，然而，随着经济的发展，特殊的金融机构和股票市场便发展起来，在不同的国家和不同的发展阶段，金融结构和股票市场融资能力却存在着很大的差别，自然，它们对经济发展所起的作用也不相同。

利用样本国的资料进行实证分析，是主张证券市场与经济增长之间存在正相关关系的经济学家分析这一问题时采用的主要方法。阿替勒（Raymond Atje）和约凡诺维克（Boyan Jovanovic，1993）利用不同的模型分别研究了股票市场的经济增长效应和水平效应。他们利用 GJ（GREENWOOD - JOVANOVIC）模型研究了股票市场的经济增长效应，在对包括发达国家和发展中国家在内的 40 个国家的人均 GDP 与股票市场增长率的回归分析后，他们发现，在其研究期内（1980 ~ 1985 年），这些国家的经济增长与股票市场发展有明显的相关关系，当经济增长率提高时，也恰恰是股票价值上升的时机。股票市场交易率④每增加一个百分点，经济增长率将上升 0.083 百分点。进一

① 雷蒙德·戈德史密斯：《金融结构与金融发展》，三联书店 1998 年版，第 41 页。

② A. D. Michie，“Financial development and Economic growth，necessing evidence”，*The Economic Journal*，1987，pp. 783 - 799.

③ G. Gurley and E. Shaw，“Financial Aspects of Economic Development”，*American Economic Review*，1955，pp. 515 - 518.

④ 股票市场交易率 = 股票市场年交易额/GDP。

步将更长时期（1970～1979 年）的相关指标带入进行检验，其结论是相同的。通过利用 MRW（MANKIW，ROMER AND WELL）模型，阿替勒和约凡诺维克研究了股票市场与经济水平效应之间的关系，结果显示，股票市场与经济发展水平、储蓄率之间存在着正相关的关系。但是，在其利用回归方法对银行信贷与经济增长关系进行检验，却没有发现银行信贷对经济增长有相同的结果。因此，阿替勒和约凡诺维克认为，一个国家不去发展股票市场是个很大的损失①。

1996 年，肯特（Asli Demirguc-Kunt，1996）和利文（Ross Levine，1996）对 43 个不同收入水平的样本国的股票市场、企业融资结构和经济增长之间的关系作了进一步研究，他们的研究结果表明：在低收入、中等收入和高收入国家，金融结构存在很大差别，金融结构的完善有利于促进经济的增长。高收入国家的股票市场融资占整个金融结构的比重比低收入国家要大得多，股票市场不仅能够刺激经济的长期增长，而且成为预测未来经济发展趋势的重要指标。肯特和利文对不同收入水平的国家的金融结构进行了分析，结果显示，从低收入国家到中等收入、高收入国家，商业银行、非银行金融机构的作用逐渐递增，而中央银行的作用则逐渐递减。相对于低收入国家，高收入国家有更大及更完善的综合金融体系和股票市场。金融不只是被动地反映一国的经济发展状况，而是起着改善经济运行、促进经济增长的作用。肯特和利文认为，股票市场对经济增长的促进作用主要是通过这样三条途径实现的：第一，股票市场通过创造流动性而影响经济活动。股票市场的高度流动性降低了交易成本，减少了投资风险，产权资本所具有的吸引力，使投资者在资本市场上进行长期投资的投资倾向提高，从而保证了企业长期投资的资本需求，进而促进了经济长期增长。第二，通过国际一体化的股票市场分散风险，达到促进经济增长的目的。高回报的项目通常有较高的风险，但是通过股票市场可以分散风险，促进社会储蓄投向这些项目。事实上，股票市场的这一功能使投融资中的不确定因素大大降低，也降低了预防性储蓄，最终起到了

---

① R. Atje and B. Jovanovic，“Stocks markets and development”，*European Economic Review*，Vol. 37，1993，pp. 634－640.

促进经济增长的效果。第三，具有高度流动性的股票市场能够使投资者较容易地获得公司的相关信息。如果投资者能够从所获得的信息中得到利益，将激励他们挖掘更多的公司信息，这一过程不仅能改善公司的运营，而且能改善资本的分配结构并加速经济的增长。肯特和利文进一步强调，如果不考虑人力资本投资、银行发展水平、汇率等变量，股票市场发展与长期经济增长之间存在着非常明确的正相关关系[①]。

通过对所取样本进行回归分析和对股票市场与经济增长关系的进一步研究，利文（Ross Levine，1998）和佐夫（Sara Zervos，1998）发现股票市场与现在及未来的经济增长、资本形成及生产率提高之间存在着高度的相关性。利文和佐夫选择了47个样本国，采用了股票市场规模、成交量、交易率、国际一体化水平（用CAPM和APT两个模型进行检验）和股票市场波动率等五个指标来衡量股票市场的发展水平，对1976～1993年期间样本国的股票市场发展水平与GDP增长、资本形成率之间的关系进行了回归分析，发现股票市场与现在及未来的经济增长、资本形成率及生产率提高之间存在着高度的相关性，股票市场不只是反映经济增长的变化，股权交易能力的提高有利于资源的有效分配、资本的形成和经济的快速增长，例如，股票市场的流动性每增加一个百分点，样本国的人均产出增加0.8个百分点，在研究期内，由于股票市场的流动性增加而导致样本国的人均GDP增长了15个百分点[②]。利文认为：许多有利可图的项目由于投资期长、风险性大而使投资者失去兴趣。证券市场的流动性使投资风险降低，并使产权资本更具有吸引力，因为证券市场首先使储蓄者获得了一份产权——股本，并可从中获利；其次当市场出现风险时，投资者可迅速地将其转化为现金或其他资产形式，降低投资风险；最后，流动性使融资更加便利，提高了资本配置的效率。因此，股票市场对经济活动的影响通过创造流动性而得到了实现。

博伊德（John H. Boyd）和斯密（Bruce D. Smith，1998）则认为，处于较

① Kunt and Levine，"Stock Markets，Corporate Finance，and Economic Growth：An Overview"，*The World Bank Economic Review*，Vol 10，1996，pp. 223－239.

② Ross Levine and Sara Zervos，"Stock Markets，Banks，and Economic Growth"，*The American Economic Review*，1998. 6，pp. 537－555.

高人均收入水平下的经济总是伴随着活跃的股票市场。经济的高速增长是与股票市场的高速增长联系在一起的，这种联系可以由不同国家的资本形成率显示出来，具有高水平的经济发展总是拥有高度流动的股票市场。从若干国家的发展历程看，典型的发展形式总是：人均产出的增长伴随着活跃的股票市场的发展，以及较低的债务/股票比率。发展水平较低国家的股票融资比例较低，而发展成熟的国家大量地使用股权融资。表 1 - 1 中所示的各国资本形成率就清楚地表明了这一点。

表 1 - 1　各国资本形成率比较

国　家	平均市场资本形成率（占 GNP 的百分比）
高收入国家	
日本	92
美国	80
英国	58
德国	21
发展中国家	
约旦	60
马来西亚	58
智利	27
韩国	19
泰国	9
墨西哥	8
巴西	7
印度	6
土耳其	3
阿根廷	2

资料来源：《世界发展报告》1989 表 7.1. 转引自 John Boyd and Bruce Smith, "The evolu - tion of debt and equity market in economic development", *Economic Theory*, 1998, pp. 521.

同时，博伊德和斯密还认为，包括利文在内的许多经济学家仅从股票市场的角度研究证券市场与经济增长的关系是很片面的，就整个证券市场而言，债券和股票一样发挥作用，债券市场和股票市场不是替代关系，而是互补关系①。

相反，认为证券市场与经济发展之间没有相关关系的经济学家，主要从证券市场规模和证券融资数量角度来评价证券市场的作用，迈耶（Colin Mayer，1988）对上市公司数量占整个公司的比重作了比较研究。他认为从公司融资角度看，由于企业外源融资的比率和上市公司的比率都很低，企业成长对股票市场的依赖程度相对较小，股票市场对企业增长并没有起到促进作用，因而证券市场对整个经济来说是不重要的。"因为没有很多公司通过发行股票融资，股票市场对经济增长是不重要的"②。

哈里斯（Richard Harris，1997）也强调股票市场对经济增长的影响并不明显。他认为尽管发达国家和发展中国家的股票市场作用有显著的不同，并且发达国家股票市场的功能高于发展中国家，但是"没有发现证据能够说明股票市场的发展水平与人均产出有关"。哈里斯认为，阿替勒和约凡诺维克在研究股票市场与经济增长的关系时，对股票市场的指标都采用了滞后的和初始的变量，这是不合适的，它极有可能忽视其他变量，从而产生不准确的结论。使用当前的变量而不是滞后的变量并采用相同的模型进行检验，哈里斯则发现股票市场对经济增长的影响力并没有阿替勒和约凡诺维克所论证的那么大。

在对阿替勒和约凡诺维克的模型进行验证时，哈里斯发现，由于以滞后的投资为参数，阿替勒和约凡诺维克的模型中实际上缺少一个现实的投资变量，而这个投资变量对解释股票市场是否对经济增长产生影响有十分重要的作用。如果考虑当前投资，阿替勒和约凡诺维克模型中的投资系数应该逐渐向下偏离而不是向上偏离，因此，该模型只对股票市场活动的系数的真正价

① John H. Boyd and Bruce D. Smith, "The evolution of debt and equity markets in economic development", *Economic Theory* 12, 1998, pp. 519 – 560.

② Colin Mayer, "New Issues in Corporate Finance", *European Economic Review* 32, 1998, pp. 116 – 188.

值提供了一个很低的估计值。为了更准确地验证股票市场与经济增长的关系，哈里斯选择了 49 个国家作为样本国，采用二阶最小次幂进行检验，结果显示，在欠发达国家，无论有无股票市场，对投资都是不重要的，股票市场对投资和增长变量没有影响；而在发达国家，虽然股票市场的作用有所增强，但投资和股票市场变量的点估计值和影响水平接近于滞后投资模型而不是当前投资模型。股票市场的点估计值仅仅相当于阿替勒和约凡诺维克计算的一半，因此，认为股票市场的存在可以通过提高资本的边际产出来提高经济增长率的观点是站不住脚的①。

证券市场是否有效率是经济学家评价证券市场与经济增长关系的又一出发点。阿雷斯特（Arestis，P.）和德米雷德斯（Demetriades，P.，1997）认为：由于股票市场缺乏效率，其定价机制和接管机制的功能并不能很好地发挥，即使发育较完善的股票市场也难以对经济增长发挥应有的作用。利用约翰逊公共积分分析法，阿雷斯特和德米雷德斯对美国和德国的金融体系和股票市场进行了回归分析，其结果是，在德国，人均 GDP 的增长与银行体系的发展有正相关关系，股票市场对 GDP 的增长没有起到作用。银行业的发展只是有限地外在地作用于 GDP 的增长，银行部门的发展替代了股票市场的融资功能，M_2/GDP 对产出的微弱影响进一步说明银行体系的发展对 GDP 的增长缺乏长期的刺激。因此，在德国，银行体系的发展对产出只产生了有限的效果，股票市场的作用也只能通过银行体系的作用体现出来，而股票市场的变动率对产出却有明显的消极影响。美国的情况要比德国复杂得多，在许多情况下，股票市场融资对 GDP 的增长有相当的促进作用，银行体系的发展也与 GDP 的增长有正相关关系。但是，股票市场的变动率对 GDP 的增长所起的作用同样是消极的，这也反映出在银行体系与资本市场之间存在着相反的关系。美国的经济增长与银行体系及股票市场的关系的证据虽不充分，但也证明，金融发展促进了 GDP 的增长。另一方面，缺乏足够的证据能够证明 GDP 的增长促进了银行业和股票市场的发展。阿雷斯特和德米雷德斯得出的结论是：

① Richard Harris，"Stock markets and development：A re – assessment"，*European Economic Review*，Vol：41，1997，pp. 139 – 146.

没有充分证据证明股票市场对实际 GDP 增长产生了影响①。

世界银行副行长、著名经济学家斯蒂格利茨（Joseph Stiglitz）更进一步从流动性与上市公司的融资成本角度分析股票市场的作用。他指出：股票市场分担风险的能力并没有理论上所论证的那样强。股票市场首先是筹集资金的场所，它可为企业分担风险，影响企业的筹资能力。但是股票市场最终可能会成为投机和冒险的场所。相反，由于过强的流动性，削弱了股票市场的抗风险能力，结果就可能有害于经济的增长。因为流动性过强，投资者可以轻易地出售股票，这就鼓励了他们的短期行为，通过退出而回避风险，降低了投资者对公司监督的积极性。同时，斯蒂格利茨还认为，由于股票市场信息不对称，市场价格不能真正反映上市公司的业绩，导致优秀上市公司的筹资成本太高，这样既影响了公司上市的积极性，更有碍于资源的有效配置。②

很显然，关于股票市场与经济增长关系的分歧主要集中在两个方面：一是股票市场的发展与经济增长之间有没有相关关系？其相关性有多大？二是如果股票市场与经济增长相关，是股票市场发展促进了经济增长还是经济增长带动了股票市场繁荣？对这些问题的不同理解，在很大程度上是由于研究角度存在差异。以肯特和利文为代表的经济学家，从功能的角度研究股票市场与经济增长的关系。在他们看来，股票市场的作用并不体现在股票融资的数量上。确实，股票市场的规模（证券数量除以 GDP）是一国证券化程度的重要标志，但并没有资料显示它与经济增长之间存在正相关关系。对经济增长来说，由于以股票为代表的证券融资具有较强的变现能力，能够使投资者以较小的代价转移风险，便利了资本的流动，从而提高了资本的配置效率。无论是肯特还是利文，所收集的样本和实证分析的结果都支持着这样的结论：股票市场的流动性与经济增长之间存在着重要的联系，股票市场的流动性推动经济增长，股票市场的发展也是未来经济增长的动因。肯特和利文的观点还暗示了这样一种结论：股票市场对经济增长起作用的前提是存在一个有效的市场，

---

① P. Arestis and P. Demetriades, "Financial Development and Economic Growth: Assessing the Evidence", *The Economic Journal*, Vol. 107, 1997, pp. 783－799.

② J. Stiglitz, "Credit Markets and the Control of Capital", *Journal of Money, Credit and Banking*, Vol. 17, 1985, pp. 133－152.

只有有效的市场才能引导资金向效益好的部门流动，促进资源的有效配置。

迈耶则从证券市场规模、数量的角度来讨论股票市场的作用，认为股票市场直接融资的作用体现在企业的融资结构和证券融资占其总融资的比重上。在一个市场经济结构中，如果股票融资不占绝对地位，或所占比重相对较小，则股票市场的作用难以在经济增长中体现出来。哈里斯则认为，虽然发达国家的股票市场要比欠发达国家股票市场规模大得多，但也不能说明，股票市场发展促进了资本的边际产出率的提高，从而产生出促进经济增长的效果。

第二节　不同观点产生的根源

尽管分析问题的角度和出发点的差异对经济学家们判别证券市场与经济增长的关系有很大的影响，但是，笔者认为，现实中发达国家与发展中国家、发展中国家内部及各个国家的不同发展阶段证券市场及其作用所呈现出的差异性，是上述分歧产生的根源。首先，发达国家与发展中国家证券市场的效率存在较大差异，这导致经济学家很难就不同国家的证券市场对经济增长的重要性形成一致的结论。证券市场效率是个极其复杂的问题，中国学者与西方学者在讨论这一问题时存在很大分歧①，尽管如此，我们仍然可从中外学者共同认可的证券市场资源配置效率的角度进行分析。根据欧根·法玛“所有价格反映所有相关信息”的定义，如果在证券市场中，价格完全反映所有可得信息，这一市场便是有效率的。有效的定价机制能够产生正确的风险一收益评价体系，使得市场产生甄别功能，保证资金流向效益好的部门，实现资源优化配置。如美国的纽约证券交易所和NASDAQ等发达的证券市场，由于具有较高的透明度，能够准确、及时、充分地反映上市公司的信息，并有效的价格决定机制和价格稳定机制，总是能够将资金导向高效率的企业，从而较好地实现了资源配置的功能。与此相反，一些发展中国家的证券市场由于缺乏有效的管理和信息披露制度，市场透明度低，竞争不规范，公众缺乏对公司长期收益的认可，短期操作盛行，股票市场充满投机、非理性定价和

① 翟学文：《英美日资本市场效率比较》，云南大学出版社1997年版，第95页。

不确定性，而股票市场的流动性表现为股票的频繁易手、短期投机，以及价格与价值的严重背离、金融运行与实际经济运行的严重背离，导致证券市场配置资源的功能被严重扭曲。从 1983 年至 1993 年，墨西哥股市的变动率增加 15 倍，土耳其超过 20 倍。股价变动的非理性和低效率，使股票市场的风险—收益评价体系扭曲，削弱了股价在资金分配中的作用，阻碍了资金向高收益部门的转移。

其次，发展中国家证券市场作用方面所存在的差异，导致人们难以在证券市场是否是必要的增长要素这一问题上形成共识。近年来，发展中国家的证券市场有了很大的发展，但是发展的不平衡性依然存在，主要表现为：(1) 融资功效的差异。20 世纪 80 年代以来新兴证券市场有了快速增长，但在各国经济中的作用却有很大区别，一些国家通过证券市场融资有力地促进了企业的发展和经济的增长。另一些国家却适得其反，由于不适当地发展证券市场，并鼓励外国资本进入本国证券市场，结果非但没有对本国实质经济增长作出贡献，反而对经济产生了负面影响。辛格（Singh）检验了 20 世纪 80 年代一些发展中国家（印度、土耳其、巴西、马来西亚、泰国、津巴布韦、韩国、约旦、巴基斯坦和墨西哥）的融资结构，他所选的样本包括每个国家的 100 个优秀的上市公司，结果发现，这些国家普遍存在着对证券市场的严重依赖，10 个样本国中，有 5 个国家 80 年代增加的净资产中的 40% 是通过发行新股筹集的，有两个国家的股票融资占公司净资产的 25% 以上。[①] 但这些融资在不同的国家却发挥着不同的功效。样本国中，韩国 40% 以上的中等规模企业的增长是由股权融资推动的；土耳其中等规模企业的股权融资比例则高达 60%。同时，同为新兴证券市场的墨西哥，由于股票市场充斥大量投机资本，频繁的交易非但没有使实际投资增加，反而加剧了市场的波动。肯特和利文认为，如果巴西和墨西哥有与马来西亚同样水平的股票市场，则它们能享受超过 1.6% 的人均增长率[②]。利文在另一篇研究报告里进一步证

① A. Singh, "Corporate Financial Patterns in Industrialising Economic: a Comparative International Study", *IFC Technical Paper*, No. 2, 1995, World Bank.

② A. Kunt and R. Levine, "Stock Markets, Corporate Finance, and Economic Growth: An Overview", *The World Bank Economic Review*, Vol. 10, 1996, pp. 223 –239.

实，如果1976年墨西哥的股票交易额占GDP的比率为0.06（此值为利文研究报告中37个样本国1976年股票交易额与GDP的比率）而不是0.01，则近年墨西哥的人均收入就会增加8%①。(2) 流动性差异。股票市场的流动性有特定的含义，通常用三个指标加以度量，一是一国股票交易所股票交易总值占GDP的比重；二是股票交易量占市场资本总量的百分比；三是股票市场交易量与易变性之比。从利文抽取的样本看，各国和地区的股票市场的流动性存在很大差异，这种差异性导致的直接后果是经济发展的差异性，见图1－1、1－2、1－3。

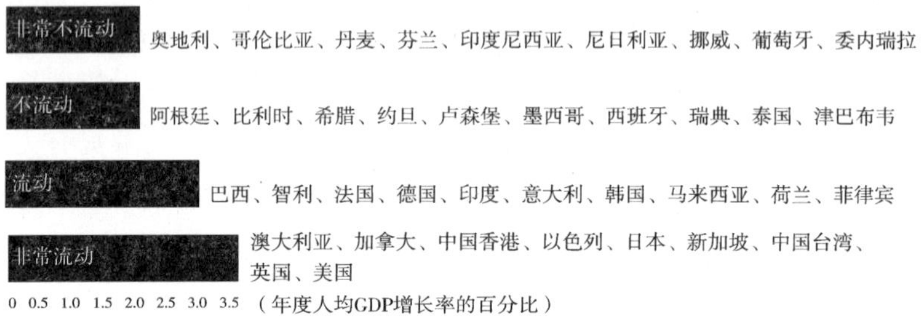

注：最初的流动性是以1976年股票交易额对GDP之比衡量的。
资料来源：国际金融公司。

图1－1 最初(1976年)价值—交易比率与其后（1976—1993年）的经济增长

再次，证券市场的功能与作用在经济发展的过程中呈现出阶段性特征，导致人们不可能轻易得出一个历史与逻辑吻合的判断。通过对证券市场历史的研究发现，在经济发展的不同阶段，证券市场无论在规模、效率，还是对经济发展所起的作用上都呈现明显的差异。尽管20世纪70年代后，由于被收购和兼并，以及部分公司收回自己的股票，发达国家的股票发行呈下降趋势（如1970～1989年英国新股发行占资金来源的比重为－8%，法国1979～1984年为－0.4010，美国1970～1989年为－8.8%）②，但在19世纪后期和20世纪初，股票发行一直是这些国家对外融资的主要来源。表1－2显示的美国企业融资结构的变化，说明股票在美国企业融资结构中的重要地位和对企业发展所起的重要作用。

① R. Levine：《股票市场：经济增长的强心剂》，《金融与发展》1996年第3期，第8页。
② 李扬，何德旭：《经济转型中的中国金融市场》，经济科学出版社1999年版，第120页。

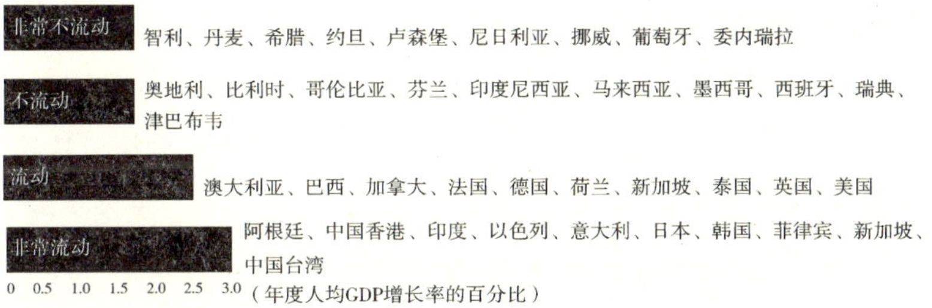

注：最初成交额是以1976年股票交易额对股票市场资本总量之比衡量的。
资料来源：国际金融公司。

图 1－2　最初（1976 年）成交额与其后（1976～1993 年）的经济增长

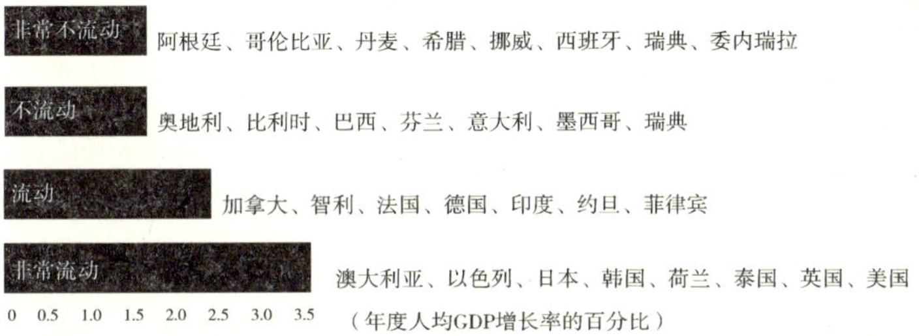

注：最初交易量与易变性之比指1976年股票交易额与易变性之比，它是根据市场收益按12个月滚动标准离差估测值测算的。本项研究只获得30个国家的数据。
资料来源：国际金融公司。

图 1－3　最初（1976 年）交易量与易变性之比与其后（1976－1993 年）的经济增长

表 1－2　美国企业的资金来源（1901～1979）

单位:%

时期	总债务	长期债务	短期债务	内部资金	新股票发行
1901～1912	31	23	8	55	14
1913～1922	29	12	17	60	11
1923～1929	26	22	4	55	19
1930～1939	—	—	—	114	19
1940～1945	15	—	20	80	3
1946～1959	30	16	14	64	5
1960～1969	36	18	18	62	2
1970～1979	45	21	24	52	3

注：“—”表示负数。

资料来源：A·辛格，J·哈米德：《发展中国家的公司金融结构》，国际金融公司，1992 年，第 1 页（转引自李扬，何德旭：《经济转型中的中国金融市场》，第 120 页）。

与发达国家不同，发展中国家和新兴工业化国家的新兴证券市场，大多经历了一段不寻常的发展道路。由于大都模仿发达国家的证券市场，缺乏与本国实质经济的有机联系，加上管理制度不规范，结构不健全，这些证券市场都普遍出现过市场狭小、投机过度的现象。但是近年来，无论是发展速度，还是市场功能，新兴的证券市场都得到了很大的发展，在整个世界股票市场融资中，新兴市场的融资比重已从十年前的不到4%上升到1995年的13%；市场交易量也由1985年不到世界交易总量的3%上升到1995年的17%[①]。甚至在一些债务融资普遍的国家，证券市场也发挥了巨大的作用。从某种意义上说，发展中国家证券市场的阶段性特征更加明显。例如，以间接融资为主的韩国，证券市场在20世纪80年代得到极大的发展，从1986年至1989年，韩国挂牌交易值从3.6万亿韩元增长到81.2万亿韩元，大约增加了22倍多，股价指数在同期也增长了6倍多。到1992年底，上市公司总数达到688家，分别居世界第13位和亚洲第2位，股票市场规模达到900亿美元[②]；在此期间，有40%的大中型企业从股票市场融资，证券市场对韩国20世纪80年代的经济增长起了很大的推动作用，其他发展中国家也有类似的经历。

从上面的分析中，我们不难看出证券市场对经济增长的作用在不同的国家呈现出多样化的特征。这种差异性与特定国家的经济结构、资本积累的初始状态、发展阶段与证券市场形成的一致性都有着密切的关系，如果仅从某一阶段或某一国度的抽样来进行判断，很难得出一个普遍性的结论。然而，我们从中仍可以发现这样的一个事实，即证券市场与经济增长的相关性的强弱程度，实际上是与特定时期的产业成长状况联系在一起的。

我们看到，作为融资中介，证券市场发挥着便利融资、优化资源配置的作用，但是，当经济发展到一定程度后，证券市场对经济的扩张作用呈下降趋势，从表1-2中可以看出，在美国证券市场快速发展时期（20世纪初），也是美国产业规模扩大、产业成长速度最快的时期，当经济发展到一定阶段，证券市场对产业规模扩张的效应就逐步减弱，而在产业扩张阶段，证券市场

① Rose. Levine：《股票市场：经济增长的强心剂》，《金融与发展》1996年第3期，第76页。
② 唐洪波：《韩国证券市场的发展及其原因》，《东北亚论坛》1997年第2期，第32-35页。

对产业成长的积极意义非常明显。显然，证券市场对经济发展的作用程度是以产业的成长周期为基础的。这表明，证券市场的发展不是一个人为造势的过程，相反，证券市场发展只有与该国产业发展有机结合，才能获得持续的发展。证券市场对经济增长和产业成长发生作用的前提，就是证券融资作为产业投资必须被用于生产过程，并在生产过程中得到增值，证券市场也由于投资能获得相应的回报而发展。同时，我们不难发现，证券市场要发挥作用是与一定的制度安排相联系的。发生在发达国家与发展中国家，或发展中国家内部的证券市场效率差异在很大程度上是制度差异所致造成的。由于各国对证券市场的管理、对市场交易的保护、为投融资双方提供的机会和交易的自由度上所采取的制度安排不同，导致各国在交易秩序、市场安全、流动性等方面存在较大差异，从而影响了一些国家证券市场功能的有效发挥。

第三节 现实经济与证券市场增长

20 世纪 80 年代以来，世界经济格局发生了巨大的变化。在工业化国家经济持续稳定增长的同时，发展中国家内部经济的差距却进一步扩大，并爆发了拉丁美洲的债务危机和亚洲的金融危机及原计划经济国家的经济体制改革或者完全转型。在这些事件中，证券市场显示了在现代经济中的巨大能量，从中我们也不难发现这样一个事实；用证券市场替代传统的融资模式，以及资本积累机制的变化，一方面对经济稳定增长与长期发展会产生巨大的推动力，另一方面也对原有的经济发展模式与经济环境形成了挑战。由此，也需要我们对特定发展阶段的融资模式和证券市场重新作出思考。

20 世纪 90 年代初拉丁美洲出现的严重的债务危机，不仅使已经开始复苏的美洲经济倍受打击，而且对依赖外部资金的发展模式提出了挑战。以墨西哥为例，20 世纪 80 年代末，由于改革开放不断深入，通货膨胀得到控制，墨西哥经济开始复苏，需要大量的资金满足经济发展的需求，据官方估计，20 世纪 90 年代，墨西哥约需 1500 亿美元资金用以推行经济改革。由于国内资金严重不足，在极为不利的国际经济环境下，墨西哥政府仍选择了吸引外资的办法。1989 年颁布的《促进外国投资法》，不仅扩大了外国资本的投资领域，而且放松了企业股权限制；同时还开放金融市场，允许外国人直接投资本国股票。1989 年流入的外资共 10 亿美元，1992 年则增至 83.35 亿美元；同时 80 年代初外逃的资金也开始大量回流，1992 年回流资金达 85% 以上。不适当地大量引进外资，导致墨西哥经济对外国资本的严重依赖。到 1994 年，涌进墨西哥的外国资金达 750 亿美元。由于吸收的外资主要用于出口加工业及商业、金融业，而第三产业又缺乏与第一、二产业的有机联系，墨西哥经济结构严重失衡。1994 年墨西哥爆发了严重金融危机，资本大量外逃，经济遭受巨大打击，金融市场混乱，财政濒临崩溃。墨西哥金融危机促使人们对发展中国家金融结构的合理性重新作出思考：发展中国家在现代化过程中面临的一个主要问题是资金不足，而吸引外资是解决资金问题的一个重要渠道，但并不等于引进外资就能促进经济增长，过分依赖外资可能会反遭其害。从各国经验看，一国经济的发展应首先建立在本国内部资金积累和增加本国投资的基础上，应高度重视内部积累，提高国内储蓄率，充分利用国内资金和资本市场为经济发展输血，如果把本国经济维系在外国资金上，必然会造成对外国资本的依赖，导致本国经济基础的脆弱。

然而，在利用国内资金时，则面临着直接融资和间接融资的选择问题。传统观点认为，以商业银行融资为代表的间接融资不仅代表了世界各国融资方式的主流，而且对资本形成起决定作用。但事实证明，证券化已成为全球化的趋势，以股票和债券为形式的直接融资正逐步取代间接融资方式。以国际金融市场为例，目前证券融资已占国际融资的 80% 左右，银行借贷所占份额则由 20 世纪 80 年代的 60% 减少到目前的 20% 左右。美国共同基金的资产已达 5 万亿美元，远远超过美国各类银行 4.7 万亿资产的水平。表 1 - 3 显示了几个发达国家的证券化水平。

同时，一些发展中国家的证券化水平和证券市场也得到较快的发展。尤其是 20 世纪 80 年代以后，以亚洲新兴工业化国家为代表的发展中国家证券市场得到了迅速的发展，在表 1 - 4 和 1 - 5 中，我们用上市股票市场资本化总值和上市股票市场资本化总值占国民生产总值的比重，表示一些亚太国家在 20 世纪 80 年代的证券市场发展水平。

表 1－3　美国、日本、英国的证券化水平

单位：亿美元

国别	1988 年 GDP	1988 年末债券余额与股票市值	1987 年货币供应量
美国	48473	73000	72300
日本	29545	59000	6330
英国	8715	11000	1236

转引自汪良忠：《证券经济论》，立信会计出版社 1997 年版，第 14 页。

表 1－4　部分亚太国家上市股票市场资本化总值

单位：百万美元

国别＼年份	1985	1986	1987	1988	1989	1990
韩国	7380	13924	33715	94349	140490	110301
马来西亚	16440	14867	18251	30501	57836	48611
泰国	1879	2877	5455	8827	25173	24101
菲律宾	698	2004	2943	4269	11609	6638
印度尼西亚	80	58	68	253	2566	7066

资料来源：庞卫亚，罗伯川：《亚洲金融市场》，红旗出版社 1993 年版，第 25 页。

表 1－5　部分亚太国家上市股票市场资本化总值占国民生产总值的比重

单位：%

国别＼年份	1985	1986	1987	1988	1989	1990
韩国	8.4	13.2	25.3	52.2	71.5	46.1
马来西亚	55.4	58.2	60.4	115.2	154.2	119.3
泰国	5.0	7.0	11.4	15.5	44.2	42.3
菲律宾	2.1	6.7	8.7	10.7	27.3	13.8
印度尼西亚	0	0.1	0.1	0.3	3.1	8.5

资料来源：庞卫亚，罗伯川：《亚洲金融市场》，红旗出版社 1993 年版，第 25 页。

另一方面，经济转轨国家（如东欧国家、中国）的经济体制改革也对融资方式提出了新的要求。由于片面地理解马克思关于国家集中资金和信用集中于国家银行的论断，传统的计划经济国家普遍存在着资金的分配是以财政拨款和银行贷款为主的融资模式，但是随着经济转型，这种集中分配资金的内在机制已不存在：第一，单一的公有制形式已经被多种经济成分并存的所有制形式取代，与之相应的国家集中分配资金的基础已不存在；第二，生产力有了极大的发展，传统和落后的生产方式已经被现代化的生产方式所取代，产业组织结构也随之发生了根本的变化。为适应这种变化，这些国家分别对其金融制度进行了改革。尽管改革并没有彻底改变国家垄断信用的局面，但是，由于其固有的融资结构难以适应市场环境的变化，以及较高的名义利率、实际利率的波动，许多企业的债务超过了警戒水平，因此利用证券市场进行股权融资成为经济转轨国家的共同选择。

发展中国家的债务危机而导致的对融资方式的变革、全球证券市场的快速发展，以及转轨国家体制改革对股权融资提出的要求，表明在世界经济的一个较大范围内，不仅现有融资方式普遍缺乏市场配置资金的机制，而且缺乏真正体现市场配置原则的证券市场。因此，产生融资方式变革的内在需要只是问题的一个方面，如何有效地利用证券市场推动实质经济也是我们必须要探讨的重要方面。事实上，我们不但要对证券市场对经济发展的积极意义如何体现出来等问题作出回答，而且要把更多的注意力集中在证券市场对经济发展产生积极效应的条件的分析上。

研究证券市场与经济发展的关系，也有助于我们加深对证券市场在经济发展、尤其在产业成长中所起作用的理解。在各国金融发展模式中，以银行间接融资为主的融资模式曾经倍受推崇。在亚洲，日本和韩国是这种金融模式的典型代表：韩国的金融体制曾被定义为是一种有效地支援经济成长的金融体制，韩国银行体系不仅对企业流动资金给予支持，而且对固定资产投资的贷款也给予大力支持。因此，韩国的银行机构起到了欧美地区由资本市场所承担的作用，为韩国的产业结构调整和工业化的实现作出了巨大的贡献。日本金融结构堪称工业化国家最具代表性的金融结构之一，其特点是在整个金融体系中间接融资占据绝对的地位，证券市场虽在战后也有较大的发展，但在整个融资结构中比例较低，1970～1985年间，日本企业的外部资金来源中，银行信贷占63%，股票和债券融资只占9.8%（刘立峰，1998），与韩国的银行体系一样，日本的银行也为其政府实现经济发展战略提供了有效的资金支持，形成了政府主导型的融资机制。

但是，日韩两国在继东南亚金融危机后也相继爆发了金融危机。日本由于大量不良资产导致金融机构破产，1995年日本21家最大的银行拥有不良资产约12万亿日元，占总贷款的4.5%；在韩国则有许多大企业宣布破产，钢铁、汽车等曾经是韩国工业化标志的产业陷于危机。在工业化进程中，日韩的银行业都曾发挥过积极的作用，为什么发展至今反而成为经济发展的桎梏？固然，可以从不同角度解释这一问题，但金融结构本身所存在的缺陷不能不说是重要原因之一。日韩金融结构暴露的问题在于：一是以间接融资为主的融资模式缺乏对市场的应变能力，对银行融资的过分依赖导致社会资金的分配效率降低；二是日韩的金融发展与产业发展脱节，在日韩产业快速发展的同时，没有建立与之相适应的金融体系，银行业，尤其是政府主导的银行业固然可以调集产业发展所需的巨额资金，但真正体现市场配置原则的证券市场并未真正发挥作用。因此，如何健全金融体系，发挥证券市场特有的资源配置功能，不仅对于日韩两国，而且对于所有发展中国家，都是普遍面临的问题。

展开对这一问题研究，对中国经济也有重要的现实意义。建国以来，我国一直实行财政拨款的资金分配方式，由国家财政拨付国有企业所需的基本建设资金和部分流动资金。1983年后，财政拨款改为银行贷款，即将国家财政拨付的基本建设资金和技术改造资金，由财政通过银行以贷款的方式贷给国有企业，并由企业还本付息。“拨改贷”的目的本是通过还本付息硬化对国有企业的约束，但是它造成的直接后果却是企业的高负债，目前我国国有企业的平均负债率近85%，其中约70%属贷款负债。实际上，“拨改贷”已造成我国大批的“无本”企业，许多企业虽生产势态良好，产品供不应求，但由于要支付高额的银行利息，已处于连年亏损状态。国有企业与国有银行产权的同一性，使银行面对的是国有企业债权的软约束，这种高负债蕴藏着极大的金融风险，当国有企业效益恶化时，便会危及银行的信贷安全。另一方面，我国银行资金主要来源于居民储蓄，银行还要面对还本付息的硬约束。约束机制不对称的后果是：当企业的亏损侵蚀到银行债权并累积到一定的程度时，银行的债务危机就不可避免了。因此，目前理论界所推崇的加大直接融资规模，即通过发展证券市场，为国有企业开辟新的融资渠道，在很大程度上是基于要解决国有企业高负债和不良债务问题。

一般认为，证券市场融资对我国国有企业的意义主要体现在两个方面，一是通过发行股票、债券等直接融资方式，为国有企业融集资金，解决国有企业资本金不足问题，消除企业的高负债。二是通过对企业改组、上市和产权交易，改变我国国有企业产权不明晰、国有资产无人负责的状态，改善企业运行机制，提高资本运用效率。事实上，近几年我国证券市场有了较大的发展，也在很大程度上解决了国有企业的资金问题，但与其正常运行的证券市场功能仍有较大的偏差，具体表现为融资功能过度发挥、资源配置功能相对滞后。截至 2000 年底，我国已有上市公司 1076 家，募集资金超过 4997 亿元，仅 2000 年我国就发行股票 137 只，融集资金 1417 亿元。与此同时，资源配置功能却没有充分发挥，表现为我国证券发行的产业结构欠合理、地区分布不平衡、产权功能欠缺等。

我国正处于经济转型时期，市场机制还未完全建立，经济结构和产业结构正处于调整之中，急需大量资金。但是我们应该看到，证券市场作为一种社会化融资机制，与产业结构和产业组织具有密切的同步联动性，它不仅能拓宽融资渠道，而且能极大地推动产业结构的演进与升级。因此，如果对我国证券市场的考察与研究仅仅限于其融资层面是极其欠缺的。我国经济的运行需要我们对证券市场与经济发展关系进行全面考察，深入分析证券市场推动产业发展的内在机制，发现形成这种机制的条件、环境与基本要素，从而得出具有明显政策含义的结论或对策建议。寻找一种既符合国际规范又能体现我国经济发展阶段特征的证券市场发展模式，是我国经济学家面临的一个重大课题。

第四节 研究的问题、任务与主要内容

本书以证券市场推动产业成长的相互关系为研究对象。需要界定的是，我们这里所指的证券市场主要以股票市场为主体，这出于两个原因：第一，在证券市场结构中，股票市场一直是其主要构成，且与企业、产业的存在与发展为自身存在的前提，因此证券市场与产业成长的关系显然是指股票市场与产业的互动作用。证券市场的其他组成部分如债券等的构成较为广泛，与产业的联系远不如股票市场直接。第二，我国证券市场发展最快的部分是股票市场，股票市场的开放与发展对我国的企业、产业成长的推动作用最为明显，所要研究的问题也最多。为了紧扣我国经济发展与制度变迁的现实，把股票市场作为证券市场的主体，且与企业、产业的发展相联系，不仅是必要的，而且也是符合我国现实经济发展需要的。在本书中，笔者将着重研究市场一般条件下证券市场促进产业成长的机制，尤其关注在发展过程中证券市场推动产业成长的条件。本书共分十章，各章的内容如下：

第一章是导论部分。本章重点说明本书的写作宗旨、研究对象、研究意义。在总结前人研究成果的基础上，指出证券市场理论的不确定性及其产生的根源，论证研究证券市场与产业成长相互关系的必要性，确立写作的学术价值和现实意义，同时肯定从产业成长角度分析这一问题的合理性。

第二章主要分析证券市场与产业成长的理论。本章首先分析马克思关于股份制和股票市场的论述，马克思股票市场理论从产业发展对资本积累的依赖和证券市场对资本积累作用的角度肯定了产业成长是发展中经济证券市场的基本作用。然后分析金融发展理论中为什么没有对证券市场与产业成长的相互关系进行研究的原因。金融发展理论虽然论证了证券市场发展对经济增长的重要意义，但却缺乏对产业层次与证券市场相互关系的研究，不能不说是金融发展理论的缺陷，其根本原因就在于西方经济学缺乏对产业和产业成长层面的研究。在上述基础上，进一步阐述希克斯关于金融革命必须与技术革命相结合才能推动产业成长这一命题的理论依据，认为这对研究证券市场与产业成长的相互关系有重要的启示作用；同时指出产业能否成长是判断证

券市场在发展过程中是否具有积极效应的标准。

第三章研究产业成长过程与证券市场作用。本章为全书提供了一个分析框架，在这部分中，界定了什么是产业成长，提出产业规模扩大、产业结构优化以及产业结构升级是产业成长的重要标志，并把产业成长划分为产业形成、产业扩张、产业成熟和产业衰退四个阶段，分别分析了证券市场在各个阶段的一般作用。然后对证券市场推动产业成长的一些前提作了阐述，把达到一定的货币化与储蓄水平、资产的证券化以及相应的制度与组织因素的存在作为证券市场推动产业成长的三个主要前提加以分析。

第四章论述了证券市场推动产业成长的机制分析的第一部分，即企业成长问题。在本章中，我们首先提出了核心企业概念，由于它的内在要素，核心企业比一般企业具有更强的竞争优势和资本应用能力，证券市场对产业成长的推动作用首先是通过证券市场启动核心企业，壮大核心企业来实现的。核心企业与证券资本相结合构成了产业与金融一体化发展的基础。在证券市场的作用下，核心企业成长将对整个产业形成带动机制。这部分强调了资本运用能力对企业成长的关键作用，分析了制约企业资本利用能力的各种因素，并且对企业的融资结构和融资成本作了分析，指出企业成长的过程就是企业融资结构不断变化的过程。最后借鉴熊彼特的创新理论论证了企业成长与产业成长之间的关系，特别强调证券融资在这个过程中的重要作用。

第五章从产业选择的角度分析证券市场推动产业成长机制。笔者指出，在经济发展过程当中，利用证券市场推动产业成长必须有一个产业选择问题。本章从发展中国家资本资源相对稀缺、产业结构非均衡演变两大因素出发，强调了有限的资本资源与优势产业相结合的重要性。笔者特别指出，在经济发展过程中仅仅只是利用国家的产业政策还不足以推动产业结构的快速转换，必须要把产业政策与融资过程中的产业选择结合起来，才能有效地通过产融结合推动产业的快速发展。同时认为，在证券融资过程中进行产业选择，是发展中国家与工业化国家利用证券市场实现资源配置的不同之处。在发展过程中，一些产业具有较强烈的结构变化动因，要加快国家的经济发展，就是要把有限的资本通过证券市场配置到这些升级效应明显、带动效应大的产业中去，主导产业和战略产业应当是证券资本配置的重点。

第六章分析了如何通过证券市场优化产业组织的问题。本章首先明确了产业组织优化对经济增长的作用。在现代经济中，产业组织优化也是经济增长的源泉之一。产业组织优化的一个标志就是通过企业重组实现产业集中，达到规模经济，证券市场通过它的特殊功能不仅有效地进行企业的购并与资产的重组，而且也可以通过它的作用对企业组织变动的边界给予市场化的约束。因此，通过证券市场进行产业组织优化，可以避免政府干预产业组织变化的弊端。本章对证券市场的产业组织优化机制的各个环节作了具体分析。

第七章我们分析了证券市场推动产业成长的一个重要方面，即如何利用二板市场发展以高新技术为核心的现代产业。首先对美国新经济产生与发展的一些重要决定因素作了分析，指出高新技术与二板市场、创业资本的有机结合是构建美国新经济的基础。没有有效的融资市场，不可能使高新技术产业的风险投资持续下去，也就不可能形成高新技术产业化。本章重点分析了二板市场推进高新技术产业成长的机制，强调二板市场既使高新技术产业获得了资本供给，也保证了创业资本的顺利退出，是增进证券市场的效率，进一步发挥证券市场功能的重要的制度创新。本章的最后部分分析了发展中国家发展二板市场、推进高新技术产业化的现状、问题与对策。通过对比分析，力图得到对我国具有借鉴意义的结论。

本书认为，证券市场的效率也是决定证券市场能否推进产业成长的一个重要因素。因此，第八章着重分析了证券市场效率如何作用于产业成长的问题。根据大量的文献，笔者提出了证券市场效率的标准，并把证券市场的效率分为外在效率与内在效率两种形态，分析了两种形态的表现形式及其对产业成长的作用，并比较了发达国家与发展中国家证券市场的效率，对发展中国家证券市场效率较低的原因作了初步的探讨。在此基础上，提出了提高证券市场效率的一些基本思路和原则。

在以上分析的基础上，第九章对我国证券市场与产业成长的相互关系进行实证分析。分析是从我国上市公司的产业分布和产业结构、我国上市公司兼并与重组对产业组织优化的作用、我国上市公司的产业升级效应等角度展开的。通过分析，对我国证券市场推动产业成长的功能实现程度作出基本的评价。我国证券市场对产业成长的推动作用已逐步显现，主要表现为上市公司结构已能体现国家的产业政策、上市公司的兼并已产生了推动产业组织优化的功效及技术密集型上市企业的比重已逐步提高等。但是，本章对我国证券市场的综合考察表明，我国证券市场的效率还不高，证券市场适应产业政策的需要应作相应调整才能充分发挥其功效。

第十章剖析了新的发展阶段我国证券市场推动产业成长的机制和条件。根据证券市场发展的趋势和产业结构调整的要求，作者提出我国产融结合机制应考虑产业生态环境问题、产业支持问题和产业结构调整与产业生态环境、产业支持的结合问题；并探讨了如何分阶段地确定我国产业选择和企业选择的重点。以此为出发点，作者提出了建立我国产融结合新机制的标准。

第二章　关于证券市场与产业成长关系的理论

金融发展理论研究金融发展与经济发展之间的关系，是对传统金融理论的扬弃和拓展。金融发展理论从金融中介、金融结构、金融抑制、金融深化的角度出发，在一定程度上强调了证券市场在金融发展理论中的重要地位和对经济发展的重要意义。然而，在对证券市场与产业成长的关系上，金融发展理论却触及很少。究其原因，一方面是基于西方经济学本身缺乏对产业层面的研究，另一方面由于在大多数发展中国家，证券市场尚处于培育阶段，市场功能不能充分发挥，证券市场对经济发展、尤其对产业成长的作用不能显现出来。事实上，在经济发展的一定阶段，证券市场与大规模资本积聚相适应，有力地推动了产业的发展，从而成为产业成长的助推器。同时，证券市场发展也依赖于产业的发展，缺乏产业发展的基础，证券市场将成为无水之源，无本之木。因此，产业能否成长是判断一国证券市场存在合理性的重要标志。马克思资本积累与股票市场理论，揭示了产业发展对资本积累的依赖以及证券市场对资本积累的作用，而希克斯关于“工业革命不得不等待金融革命”来完成的命题，对于我们理解产业成长与证券市场的关系都有极重要的启示。

第一节　马克思的启示：推动产业成长是证券市场的最基本的作用

19 世纪，股份制已经对资本主义经济产生了重要的影响，作为一种新型的企业组织形式，股份制促进了企业规模的扩大，推动了社会生产力的发展。马克思非常关注股份制和股票市场的发展，对股份制和股票市场的形成、运行和作用等作了科学的研究和阐述，并揭示了股份制和股票市场的一般规律。在论述股票市场作用时，马克思指出：随着生产社会化程度提高，“生产规模惊人的扩大了”，需要与之对应的巨额资本为之服务，而股份制使大规模资本积聚成为可能，促进了产业的集中与生产规模的扩大，“假如必须等待积累去使某些单个资本增长到能够修铁路的程度，那么恐怕直到今天世界上还没有铁路。但是，集中通过股份公司转瞬之间就把这件事完成了”[①]。德国的交易所正把完全闲置的和半闲置的资本动员起来，迅速集中到少数人手中，通过这种办法“提供给工业支配的这些资本，导致了工业的振兴——市侩的德国终于开始变成一个现代国家”[②]。

对股票的性质，马克思也作了深刻的阐述，马克思说：“股票，如果没有欺诈，它们就是对一个股份公司拥有的实际资本的所有权证书和索取每年由此派生出的剩余价值的凭证”[③]，“如果这是股票，那它就只是有权取得未来剩余价值的所有权证书”[④]，股票只是取得未来收益的一种凭证，是一种虚拟资本，“它们只代表取得收益的一种权利”，但是这种权利是可以在流通中交易的，“它们每天都可以易手……铁路本身虽不能输出，所有权证书却是可以输出的”。[⑤]

马克思对股份制与股票的论述对我们理解证券市场与产业成长的关系有重要的启示意义。证券市场的融资机制和分配机制，决定了证券市场与产业资本形成及产业发展之间具有内在的逻辑联系：

1. 产业成长对资本积累的依赖。资本积累是生产规模扩大的基础，“每一个资本，都是生产资料或大或小的积累”，资本的积累，扩大了“大规模生产和特殊的资本主义的生产方式的基础”[⑥]。可见，资本积累为生产规模的扩大提供了基础。产业成长在一定程度上是生产规模扩大的结果，它通常表现为产业规模的扩大和产业结构的优化。无论是规模扩大还是结构优化都需要

① 《马克思恩格斯全集》第33卷，人民出版社1972年版，第688页。
② 《马克思恩格斯〈资本论〉书信集》，人民出版社1976年版，第409－410页。
③ 《马克思恩格斯全集》第23卷，人民出版社1972年版，第387页。
④ 《马克思恩格斯全集》第25卷，人民出版社1974年版，第519页。
⑤ 《马克思恩格斯全集》第24卷，人民出版社1972年版，第235页。
⑥ 《资本论》第1卷，人民出版社1974年版，第685页。

以生产要素供给的增加为前提，实际生产要素的供给包括土地、劳动力、资本、技术和管理。从长期看，土地是固定的生产要素，如不运用资本，土地就没有多大用途，因此，土地依靠资本才能发挥功效；劳动力供给在很大程度上并非取决于数量，在大多数国家，人力资源十分丰富，因此，起决定作用的是劳动者素质，人力资源的开发与有效利用，对产业成长具有重要的意义。人力资源的开发，无论是体力投资还是智力投资都是以资本投入为条件的，尤其是智力投资，与物质资本投入存在着高度的正相关关系，因此可以说，生产要素供给的增加，是与资本积累相伴生的，没有资本积累，就谈不上生产要素的增加和任何的产业成长。因此，马克思强调："资本主义的商品生产——无论是社会的考察还是个别的考察，——要求货币形式的资本或货币作为每一个新开办的企业的第一推动力和持续推动力。"①

技术进步作为一个经济学范畴，一直得到人们的普遍关注，并把产业的发展归因于技术进步和由此带来的技术运用。之所以如此，首先是技术进步改变了要素的组合比例和要素的结合形式，促进了资源的有效配置；其次是技术进步引起和促进了产业结构的提高，并促成了新产业的形成。技术进步在很大程度上是要依赖资本积累的，因为技术进步一般与生产的"迂回"过程的延长同时实现，迂回的过程越长，所需增加的资本量越大。而在技术进步中，虽然"节约劳动型"和"节约资本型"技术进步对要素投入的要求不同，但在现实中都保留了传统的资本投入方式：即在一定的技术条件下，预付必要的资本用于扩大再生产，提高生产能力。因此，在逻辑上我们可以得出这样的结论：产业成长离不开体现技术进步的资本积累。

2. 证券市场对资本形成的作用。在马克思所处的时代，证券市场主要以股票市场的形式存在着，虽然股票市场还处于发展初期，市场功能还不完善，但马克思认为，股票市场导致了资本的集中和"工业的振兴"，为工业的发展提供了必要的积累，是"像蒸汽机那样的革命因素"，"交易所朝着集中的方向分配，大大加速了资本的积聚"②。股份制不仅为大规模生产积累了巨额资

① 《资本论》第2卷，人民出版社1974年版，第393页。
② 《马克思恩格斯〈资本论〉书信集》，人民出版社1976年版，第406页。

本，成为“发展现代生产力的强大杠杆”，而且促进了产业的生成与发展，“在工业上运用股份制形式，标志着现代各国经济生活中的新时代”①，使依靠单个资本积累不可能发展的产业建立起来了，如果没有股份制，恐怕“到今天，世界上还没有铁路”。在这里，马克思特别强调了资本积聚对“铁路”产业的重要意义，正是有了股份制，有了资本积累，修建铁路这件事才在“转瞬间”就完成了。股份制克服了小资本积累缓慢和数量有限的矛盾，为产业成长的大规模资金需要提供了保证，如果没有股份制，铁路这种需要大规模积聚资本的产业发展方式是不可能形成的。因此，证券市场对提高资本积累水平的特殊意义，就在于它不仅是小资本积聚为大资本的手段，而且是现代企业制度建立的基础，是企业大规模生产和产业规模扩大的前提。

证券市场在资本积累上的作用主要体现在两个方面：一是证券市场在资本形成中作为融资中介，促进了储蓄向资本的转化；二是使资源得到有效配置，提高了资金的使用效果和总的生产函数。在缺乏金融中介时，各部门只能依靠部门内自我融资形成积累，积累速度极其缓慢，而金融中介的出现，加快了融资的步伐，为社会将闲置资本转移到生产领域提供了可能。在其中，证券市场的作用表现得尤为突出：（1）证券市场融资的长期性，克服了银行中介短期融资的缺陷，有利于企业融集长期资金，有利于企业扩大生产规模，提高经营效率，并可增强企业对金融宏观调控的适应能力和企业技术创新能力。（2）证券市场的直接融资功能，能够满足股份制企业大规模和迅速筹措资本的要求，扩大了企业融资范围。（3）证券市场的利益选择性，有利于形成资产的有效配置机制，证券市场利用联结资本供求的中介地位和资本的价格机制，通过股权和债权流动，促进了企业资产的流动和重组，提高了资产利用效率。（4）证券市场对融资企业的监督机制，有利于企业加强管理，提高经营效益，增强企业活力。

3. 产业成长是资本形成的基础。资本的来源是生产剩余，资本形成是生产规模不断扩大的结果。马克思在谈到资本形成时指出：“把剩余价值当作资

① 《马克思恩格斯全集》第12卷，人民出版社1962年版，第37页。

本使用，或者说，把剩余价值再转化为资本，叫资本积累”①、“积累就是资本规模不断扩大的再生产”②，但马克思同时又指出：“用于消费的收入（这里撇开工人不说，因为他的收入等于可变资本）的扩大，首先表现为资本的积累。”③ 在这里，马克思将资本形成的外延扩大到了收入领域，由于消费者不可能把全部收入用于消费，而是会将消费剩余用于生产投资，其结果是扩大了资本形成的范畴。这一结论似乎与马克思的资本形成理论相矛盾，其实不然，马克思在论述生产剩余是资本积累的来源时，撇开了流通领域资本形成的条件，而将资本形成范畴放在生产过程中来讨论，把资本积累看作是生产过程的一个要素，强调了生产过程的积累对资本形成的重要意义。但在对资本形成渠道的分析中，马克思并没有忽视消费—储蓄的过程，而是强调除了剩余价值外，“新的货币资本还可以从其他方面产生”④。马克思关于资本形成的论述对我们理解资本形成具有重要的意义：首先，资本形成是与生产过程联系在一起的，生产规模的扩大是资本形成的基本条件。其次，从资本形成的具体条件和渠道分析，资本形成不仅包括企业自身积累的转化，还包括个人消费剩余的积累，因此，需要在收入分配与资金分配之间建立一座桥梁，通过建立有效的金融分配机制促进资本的形成。

从生产过程中的资本形成看，由于“积累就是资本规模不断扩大的再生产”，资本形成往往是产业成长的结果，因此，生产规模和产业规模对资本形成有重要的影响。即便在英国，圈地运动和海外扩张对英国资本形成起了一定的作用，但其对资本形成的意义都没有产业成长对资本形成的贡献大。一般认为，海外掠夺和圈地运动是英国原始积累的主要来源，但是，从海外掠夺的收入看，其大部分用于购买奢侈品、形成财政收入和进入了金融市场，只有少部分用于直接生产投资。由于海外掠夺比国内投资得到的利润更多，海外掠夺者对国内投资并无热情，因此，海外掠夺对资本形成的作用十分有限。从圈地运动看，圈地运动虽然促进了英国纺织业的发展，但没有资料能

① 《资本论》第1卷，人民出版社1974年版，第635页。
② 同上书，第637页。
③ 《马克思恩格斯全集》第25卷，人民出版社1974年版，第572页。
④ 《马克思恩格斯全集》第24卷，人民出版社1972年版，第553页。

够证明，纺织业资本向其他产业转移。[①] 因此，英国工业化进程中资本的形成仍应看作是工业本身积累的结果。表2－1显示了英国资本形成率的变化，在工业积累过程中，积累的水平是与产业发展规模相适应的，在相当长的时间内，英国的资本形成相当缓慢，只有到20世纪后，当英国的产业发展形成了一定规模，产业发展能够促进资本积累水平的提高的时候，其资本形成率才相应提高。

表2－1　英国资本形成率的变化

时　期	统计范围	资本形成率（年）
1770～1800年	英格兰和威尔士	6.5％
1820～1850年	联合王国	9％
1905～1914年	联合王国	14％

转引自刘伟：《工业化进程中产业结构研究》，中国人民大学出版社1995年版，第129页。

对产业成长与资本积累、证券市场与资本积累的分析表明，产业成长与证券市场存在一种正向的关系，推动产业成长是经济发展中证券市场最基本的作用。产业发展的水平和速度在很大程度上是由积累水平决定的。在市场经济中，积累是由金融中介实现的，金融的作用不仅在于能有效地将国民收入剩余转化为投资，而且能增强社会资金的流动性，提高资金的运行效率。资金流动性加强，无疑能以较少的资金发挥较多资金的作用，创造更多的积累。以金融作为积累手段，可以充分发挥市场选择的优势，将有限的资金导向最有效率的投资项目，提高资金的积累效应。但是，在资金积累机制基本相同、金融资产数量大致相等的国家，却存在着经济增长率的较大差别，这表明，金融对经济增长的贡献并不完全是由金融资产数量决定的，在很大程度上，金融资产的积累效应影响了金融作用的发挥。

① 刘伟：《工业化进程中产业结构研究》，中国人民大学出版社1995年版，第128页。

金融资产的积累效应取决于金融提供的投融资机制的完善程度。在没有证券市场介入时，融资体系的运动是以银行信用为主体进行的，由于银行信用只能解决经济运行中货币数量的需要，而无法适应经济运行的结构性需要，往往导致货币运行与经济运行的不对称。证券市场介入后，货币供给对经济运行的适应性进一步加强，证券市场不仅为经济运行增加了资本供给，而且使资本配置更符合经济结构的需要，使融资机制更趋完善，整个社会资金的使用效率也趋于提高，因此，证券市场为经济增长提供了货币资本动力。

另一方面，资本集中在带来规模效益、造就大企业的同时，也使得产业规模获得巨大发展，从而促进了产业成长。与采用其他渠道刺激产业成长不同的是：一，证券市场集中资金的速度和规模为产业快速增长创造了条件①。二，证券市场集中投资、分散风险的特征，为投资者提供了新的投资机会，也为筹资者克服对银行资金的依赖提供了十分便利的融资渠道，极大地推动了产业群的兴起。三，证券市场在集中和分配资本的过程中，有效地克服了分散投资中的资源浪费和技术落后，提高了集约配置资源的水平，使潜在的生产能力得以扩散，从而加快了产业成长的进程。总之，善于发挥集中优势和结构优势的证券市场为产业成长创造了条件。作为产业成长过程中特殊的资金分配手段，证券市场不仅在一定程度上促进了产业的成长，而且透过产业成长，使其自身获得了发展。证券市场的作用与功能，要求其本身具有一定的物质生产的基础，失去这个基础，难免会陷入虚拟经济泡沫的泥潭。在大量现实的金融事件中我们可以看到，证券市场的虚假繁荣非但没有促进产业的发展，反而损害了证券市场本身的发展。因此，证券市场存在的意义，是在促进产业发展的同时，使其自身获得繁荣与壮大。建立起证券市场与产业发展的良性互动机制，就能保证证券市场在发挥影响产业发展作用的同时，获得自身的发展。所谓证券市场是产业成长的条件，实际上是建立在证券市场自身发展与产业扩张同时实现的基础上的，因此，我们可以这样认为，产业成长是证券市场最基本的作用。

---

①《马克思恩格斯全集》第46卷（上），人民出版社1979年版，第120页。

第二节　金融发展理论的一个盲点

金融发展理论虽在关于金融与发展问题上做出了十分重要的理论贡献，但是，缺乏对产业层次与证券市场相互关系的研究，不能不说是该理论的一个重大缺陷。

金融发展理论研究了金融发展与经济发展的关系，强调在金融发展与经济发展之间存在着一种正向关系：经济发展是金融发展的基础，决定着金融发展的广度与深度，同时，金融发展作为经济发展的动力，推动着经济的发展。

在美国经济学家戈德史密斯的研究中，“金融发展是指金融结构的变化”①。金融结构则包括金融相关率（全部金融资产价值与全部实物资产价值之比）、金融工具在各个组成部分尤其在长短期债券和股票之间的分布、金融机构与非金融机构的金融工具发行额之比、非金融部门的内部融资和外部融资的相对规模、各类金融机构的相对规模和相关程度等。戈德史密斯认为：由于各国金融发展的起始时间和所处的经济发展阶段不同，其金融结构有较大的差别，但金融发展的道路却是大体一致的，发展中国家将沿着发达国家金融结构的发展道路发展。因此，从某种意义上说，发展中国家普遍存在着金融结构升级的问题。对发展中国家的金融结构升级而言，金融相关比率的提高固然重要，非金融机构发行比率提高同样不可缺少。发展中国家金融结构落后的主要原因是以配给代替市场配置，缺乏有效的金融市场，缺乏市场分配资金的渠道。金融结构升级就是要扩大市场融资的比重，发展以商业银行和其他金融机构为中介的间接融资和以证券市场为形式的直接融资。在这里，以市场为导向的商业银行和证券市场的发展具有同样举足轻重的作用。

一般认为，在金融发展与经济增长之间存在大致平行的关系。“随着总量的和人均的实际收入及财富的增加，金融上层结构的规模和复杂程度亦增大”。几个统计较充分的国家的资料表明，“经济飞速增长的时期也是金融发

① 雷蒙德·戈德史密斯：《金融结构与金融发展》，三联书店1998年版，第32页。

展速度较快的时期"①。"金融上层结构对经济发展影响的理论探讨可以精简成一个判断，即以初级证券和次级证券为形式的金融上层结构加速了经济增长，改善了经济运行，为资金转移到最佳的使用者手中提供了便利；也就是说，把资金转移到经济体系中能取得最高效益的地方"②。但是，戈德史密斯认为在他自己的分析中，金融发展和经济发展之间的联系还是不明确的，"我们无法弄清这种联系究竟意味着什么，是金融因素促进了经济的发展，抑或金融发展是由其他因素引起的经济增长的反映？"③ "由于经济增长理论目前的状况以及目前对金融发展缺乏足够透彻的历史研究，我们不可能在这一领域得到明确的答案。"④ 尽管戈德史密斯对金融发展与经济增长之间的关系没有作出明确的结论，也未作进一步的研究，但他提出的金融发展与经济发展之间存在平行的关系、发达国家和发展中国家在金融结构和金融发展方面存在的差异、以及金融上层结构能够改善经济运行的观点是在一定程度上肯定了金融发展对经济发展所起的正向引导作用。事实上，以后其他经济学家对于这一问题的进一步研究证明了这一点。

继戈德史密斯之后，美国经济学家罗纳德·麦金农和其同事爱德华·肖分别出版了《经济发展中货币与资本》、《经济发展中的金融深化》两部著作，这两部著作分别从"金融压制"和"金融深化"的角度论证了金融与经济发展之间的关系。他们指出，发展中国家经济落后的一个重要因素是金融因素。由于金融被压抑，资本不能得到有效配置，经济发展严重受阻，因此，政府应取消对金融活动的各种干预，实现金融自由化，金融深化与经济发展可形成良性循环。

麦金农认为，欠发达国家经济落后的重要原因是经济被严重分割，由于市场的"不完全"，经济单位处于割裂状态，"企业和住户被严重隔绝，以致他们面对的土地、劳动力、资本和产品，有着不同的实际价格，并且难以获

① 雷蒙德·戈德史密斯：《金融结构与金融发展》，三联书店1998年版，第41页。
② 同上书，第307页。
③ 同上书，第41－42页。
④ 雷蒙德·戈德史密斯：《金融结构与金融发展》，三联书店1998年版，第389－390页。

得同等水平的生产技术"[①]。这种分割性的存在，使得市场价格难以反映资源的稀缺性，"由此产生的实际收益率差异，反映了现有资本的不合理配置，并会阻碍新资本的积累"[②]。由于政府的管制和通货膨胀等原因，欠发达国家的实际利率 d－p＊很低甚至为负，阻碍了人们投资的积极性和资本的形成。欠发达国家要摆脱贫困，必要的措施是消除"金融压制"，即通过资本市场的自由化使利率高到足以反映资本稀缺的程度，以促进资本的自由流动和投资。

肖则认为，"金融机制会促使被抑制的经济摆脱徘徊不前的局面，加速经济增长；但是，如果金融领域本身被抑制或扭曲的话，那么，它就会阻碍和破坏经济的发展"[③]。因此发展中国家要摆脱经济落后和金融抑制的状况，就必须进行金融改革，即"金融深化"。金融深化首先是货币深化，实行利率自由化，从而实现货币供给的外在化和实际的货币需求；其次是消除金融机构设置的障碍，打破银行的垄断，鼓励银行业的竞争；最后，当经济得到发展后，应逐步建立证券市场，扩大金融工具的范围和期限。总之，"金融深化的目的是要取消金融抑制条件下的配给制，代之以价格机制和分权，以选择竞争性的投资机会"[④]。

麦金农和肖从货币金融的角度探讨了发展中国家不发达的原因，为发展经济理论开辟了新的研究领域。发展中国家不发达的原因，除了技术、人口等实物因素，还有金融被压制、金融市场欠发达等金融因素，金融的落后，既限制了金融体系动员和分配资金作用的发挥，又限制了政府货币政策的实施。因此，发展中国家应从取消对金融的管制入手，实行利率自由化，放开资本市场，允许资本自由流动，实现资源有效配置。

无论是戈德史密斯的"金融结构"理论，还是麦金农和肖的"金融压制"、"金融深化"理论，都从不同角度阐明了证券市场对金融发展和经济发展的重要意义。在戈德史密斯看来，金融结构升级的全部要义就在于金融相关率的提高。但是，即便是金融相关率相等，由于金融构成不同，其对经济

① 罗纳德·麦金农：《经济发展中的货币与资本》，三联书店 1998 年版，第 6－7 页。
② 同上书，第 12 页。
③ 爱德华·肖：《经济发展中的金融深化》，三联书店 1998 年版，第 1 页。
④ 同上书，第 140 页。

发展也有不同的意义。在工业化国家最常见的金融结构是金融相关率较高，约在1左右，同时，股权证券对债权证券的比率上升，金融机构日趋多样化，银行体系的地位下降。通过对19世纪以来有记载的有关国家资料的分析，戈德史密斯还证实，国内非金融发行与国民产值之间的比率，四强国家（英国、法国、德国、美国）最高，欧洲其他国家次之，在世界其他地区，该比率更低①。肖从金融深化的命题出发，认为欠发达国家金融改革和金融自由化的重要步骤之一是要建立证券市场，这是发展长期金融的关键。但是，在受压制的金融体系中发展证券市场是没什么益处的，它可能会导致融资成本增加、金融风险加剧。因此，深化货币改革是金融深化的关键，但是建立和发展证券市场却仍是受压制经济中发展长期金融的最终要求。

尽管格利、肖和麦金农提出了金融发展可促进经济发展这一重要命题，并提出证券（资本）市场发展对经济发展的重要意义，但是，在他们和其他学者对这一问题的研究中，我们都难以发现他们对证券市场与产业关系的研究，究其原因，仍是由西方经济学特定的研究对象决定的。

西方经济学主要从两个层面研究经济问题，其一是单个经济单位层面，即微观层面，其二是国民经济层面，即宏观层面。微观经济学主要研究个体经济单位的行为及其后果，微观经济学有三个特点：一是分析单个生产者和消费者的经济行为，即单个生产者如何获得最大利润、消费者如何获得最大效用问题；二是分析单个市场的价格问题；三是分析所有单个市场价格的同时决定，即市场均衡问题。这三个方面都是以企业或消费者“个体”为研究对象，因此，作为企业集合的“产业”被排斥在微观经济学的研究之外。宏观经济学则从国民经济整体运行出发，研究国民生产总值、国民收入、总投资、总支出、货币发行等指标的变动及其关系，以及国民经济运行中出现的各种问题，如失业、通货膨胀等。由于只对国民经济总量，而不对再生产运行过程进行分析，因此在宏观经济学中，介于生产和交换关系之间的产业概念被抽象掉就成为逻辑上的可能。由于在以微观经济学和宏观经济学构成的西方经济学中，“产业”的概念已经被抽象掉，因此，当有关学者从金融角度

① 雷蒙德·戈德史密斯：《金融结构与金融发展》，三联书店1998年版，第111页。

研究经济发展问题时，舍弃“产业”层面而只从企业和个人投融资角度和政府的货币政策角度来进行分析，就成为一种必然。

事实上，产业发展是与经济发展共生的现象。经济发展史实证明，产业发展是与一定的历史条件和一定的经济发展阶段相伴随的，一国的经济发展水平不仅表现在其人均国民收入水平上，同时也表现在产业发展上。很难想象，一个人均国民收入很高的国家，其产业发展和产业结构仍处于很低的水平。应该说，经济发展的过程也就是产业成长和产业结构变迁的过程，同时，产业成长和产业结构变迁的过程也是经济发展的过程，配第－克拉克定理显示，尽管各国经济发展存在很大的差异性，但都要经历这样三个发展阶段：即从以农业生产为主的低收入阶段发展至以制造业为主的国民收入增长阶段，再发展至以第三产业为重心的国民收入高速增长阶段，随着各产业间收入差距的出现，劳动力也依次由第一产业向第二产业移动，再由第二产业向第三产业移动。霍夫曼对工业结构演进规律的研究证实，随着经济的发展，霍夫曼比例（消费资料工业的净产值与资本资料工业的净产值之比）逐渐下降，说明在经济发展过程中，会出现轻工业产值的比率下降，重工业产值的比率上升的趋势。从克拉克和霍夫曼的研究中，我们不难看出，在不同的人均国民收入水平上，有相应的产业发展水平、产业结构与之对应，伴随着产业成长和产业结构升级，经济呈不断发展之势。

在发达的市场经济国家，产业成长和产业结构的形成是一个市场选择的过程，市场这只“看不见的手”不仅调节着资源的配置，而且也调节着产业的生成与发展。与此相反，一些后发国家在其产业尚未形成竞争力、不能与先进国家自由竞争时，就不得不由国家直接干预实施产业保护和发展战略，以促进本国产业壮大和产业结构提高，实现产业成长和“产业结构高度化”。但是，随着时间进入到20世纪70年代，“发达国家已形成的产业结构走到了尽头”[①]，这样，发达国家和发展中国家实际上都面临着改造传统产业、发展新兴产业、实现产业结构升级和提高本国产业竞争力的问题，由政府制定产业发展规划并由政府资助和扶持新兴产业发展和对传统产业的改造，已成为

① 杨治：《产业经济学》，中国人民大学出版社1978年版，第90页。

包括发达国家在内的所有国家共同关注的问题。而对急于摆脱贫困、实现工业化的发展中国家来说，促进本国产业成长、提高本国产业竞争力就比发达国家更为迫切。战后日本通过规划产业结构高度化目标、建立“主导产业”的成功经验，也刺激了这些后发国家把制定产业政策、规划产业发展作为其经济发展的战略目标，并组织实施。在一些新兴工业化国家，由国家确定产业发展方向、并支持相关产业发展的实践也取得了明显效果。

然而，由于缺乏充裕的资本，在发展中国家的产业成长过程中，资本形成必然成为一个核心问题。一个国家要保证一定的经济增长，推进产业成长，就需要有相应的储蓄水平，即一定的资本积累规模。资本积累对产业成长的意义在于，一方面支持了产业规模的扩大和产业结构的提高，另一方面在积累总量一定时，通过对部门实行有差别的资金分配，保证了一些产业的优先发展。资本积累不足是发展中国家产业成长的主要障碍，通过强制储蓄动员国内资金，加快产业成长是发展中国家采取的主要手段，这种资金动员方式对保证重点产业成长，尤其是基础产业成长起了重要作用。但是，强制储蓄对资本形成的作用存在着局限性。由于政府关注的产业发展与市场选择的矛盾，政府动员资本的功效往往趋于下降，其结果不仅难以满足新产业成长的资金需要，而且会阻滞原有产业的结构调整。因此，当各国经济进入集约发展阶段后，金融机制就成为融集资金，促进资本形成和产业成长的重要手段。在发展中国家受压制的金融体系中，金融机制对引导资本形成的作用是非常有限的，由政府制定的不适当的低利率和缺乏有效的金融工具导致了储蓄率下降，资本积累减少。麦金农和肖的金融深化理论旨在强调：以利率市场化和金融资产多样化为特征的金融深化将有利于储蓄的提高和投资水平的增加。事实上，作为金融深化的重要形式，证券市场不仅促进了资本形成机制的完善，加速了资本流动，而且为产业成长的大规模积聚资本提供了便利。因此，证券市场与产业成长的关系不可能割裂开来。金融发展理论和产业发展理论没有把二者结合起来分析，不能不说是该理论结构的重要缺陷，最终导致了人们对产业成长的融资机制和证券市场功能的片面理解。

第三节　希克斯命题的启示

产业成长的一个基本动因是技术创新，熊彼特认为创新就是“建立一种新的生产函数”，把从来没有过的关于生产要素和生产条件的新组合引入生产过程，经济发展则是不断实现这种新的组合。人们甚至认为，英国工业革命的巨大成就就归因于技术进步。但是诺贝尔经济学奖得主约翰·希克斯则认为：18 世纪的许多技术发明并没有点燃英国工业革命之火，相反，具有高度流动性的金融市场使长期的和巨大的投资成为可能[①]。希克斯认为，纺织机器对英国工业革命有极其重要的作用，但是从更广泛的角度分析，它只不过是工业革命的一个支流，甚至，它只是工业革命的一个附带结果而不是动因。技术进步固然是一场真正的革命，它使得劳动生产率提高，生产成本下降，但也仅是“固定资本的一个转换器”，只有在金融市场相当发展、资本流动性加强与利率下降时，这个“转换器”才能发挥作用。科学“是在这种发展已经使新的固定资本货物变得十分合情合理地便宜时才成为固定资本的主要转换器”[②]。因此，“工业革命不得不等待金融革命”来完成。

希克斯的这一命题旨在说明：技术进步只有与金融革命相结合才能共同推动产业发展。当具有高度流动性的金融市场能为产业发展提供必要的资金支持时，技术进步才能在产业发展中发挥作用，无论社会怎样取得技术进步和运用这些技术，资本积累都是必不可少的，金融发展是这种资本积累的前提。希克斯的这一命题对我们理解证券市场与产业成长的关系具有重要意义：

1. 金融与产业因素如技术相结合才能产生积极效应。经济发展越来越依赖于金融为媒介进行，金融对于经济发展的意义在于大规模资本的积聚，依赖于现代市场经济中最重要的制度——信用制度，信用制度克服了资本分散和规模狭小的限制，使资本集中和社会分工成为可能。从形式上看，金融的作用仅仅表现为资金融通的中介，但现实并非如此，事实上，金融是作为经

---

① 约翰·希克斯著，厉以平译：《经济史理论》，商务印书馆 1987 年版，第 131 页。
② 同上书，第 134 页。

济发展的推动力和先导力量对经济发展起作用的。首先，金融作用于经济表现为资金融通活动，通过直接融资和间接融资来集中资金，作用于经济，形成对经济运行的渗透与调节。由于金融运行机制能够保证资金供给与需求在数量上大体匹配，因而能有助于经济的正常运行。其次，在市场经济体制下，金融作用于经济是在充分体现融资双方利益的基础上市场选择的结果，这种选择既保证了资源的有效配置，有利于促进合理的产业发展与增长，同时也有利于保证投融资双方利益的最大化。再次，金融发展中的创新机制，扩大了资金融通的渠道，增强了金融业积聚资本的能力，促进了经济在更高层次上的发展。

一般意义上的经济增长是指一国生产的商品和劳务总量的增加，包括更多的产出和产出效益的提高，在生产过程中经济增长则表现为投资增值。由于金融运行本身的特征、金融活动服务于经济增长的目的性，决定了金融运行在其形式上也只能表现为投资过程中对利润最大化的追求，因此，金融与经济增长的目标是并行不悖的。由于金融是为实质经济服务的，金融运行只有置于经济运行的背景之下才能产生效用，缺乏与产业发展过程的结合，金融运行中资金的循环往复也就没有意义了。在没有信用的经济中，投资表现为资金运动与实物运动的统一，尽管也存在预付与回流，但由于只存在一重支付和一重归流（G—W－－－P－－－W′— G′），资金运动与实物运动是统一而不可分割的。但是在信用经济中，统一的投资活动被分割的资金运动和实物运动所替代，并相应地分离出金融部门和产业部门，投资过程因此而表现为G— G— W－－－P－－－W′—G′—G′的运动过程，在这一过程中，金融处于资金预付和归流的两极，即第一重支付（G—G）和第二重归流（G′—G′），对生产起了垫支的作用。而增值则是在生产过程，也即产业部门的第二重支付（G—W）和第一重归流（W′—G′）中实现的，没有产业发展过程，增值就不可能发生，脱离生产过程的资金运动（G—G′）是不可能的，也没有现实意义。在这一过程中，金融只是作为投资增值的充分条件，产业发展才是投资增值的决定条件。可见，金融必须与产业结合才能发挥作用，金融运行离不开对经济增长起决定作用的产业发展过程。

发展阶段理论表明，产业发展只能与一定的收入水平相适应。由于受资金等资源的制约，一国只能选择与生存密切相关的产业优先发展，在此基础上，才能发展具有发展性质的产业，这既符合资源配置的要求，也符合资本积聚的可能。但是，发展中国家对现代技术和现代产业的迫切需求，以及缩小与发达国家差距的强烈愿望，要求超越发展阶段优先发展具有现代技术的产业，这就对资金积累提出了更高的要求。在整体经济水平落后、产业层次较低的发展中国家，依靠企业内部积累筹集资金发展现代产业是根本不可能的，唯一可选择的途径是发展信用关系，通过直接或间接融资，积聚资金，用来满足现代化产业的优先发展需要。在这里，信用的发达程度和资金聚集能力，成为制约一国产业发展的重要因素。但是，金融对产业的制约并不妨碍金融对产业发展发挥积极效应，反而从另一个侧面证明了金融对于产业发展的逻辑意义：当信用制度高度发展时，产业的发展才有资金保证；信用制度不发达，就会成为产业发展的桎梏。金融对经济发展的意义只有在产业发展中才能真正显现出来。

金融在产业发展中发挥作用，是金融先行的结果。金融对产业发展是“先行”还是“追随”决定着金融对产业发展是主动“渗透”还是被动“适应”的问题，主动渗透表明金融具有能动地影响产业发展的功能，被动适应表明金融只是产业发展的资金媒介，其对于产业发展既不是原动力，也没有刺激作用。事实上，金融对于产业发展的主动渗透是不言而喻的，因为如果没有金融制度，产业发展就只有可能而不会成为现实，把产业发展的可能变为现实的是资金的导入，金融制度为产业发展提供了巨额的资金，保证了产业规模扩大的资金需要；只有金融先行才能使货币成为推动产业发展的第一动力，如果金融不是先行而是追随，或只是被动地适应产业的资金需要，就有可能形成资金筹集的阻滞，从而阻碍产业的发展。因此，高度发达的金融体系和金融体系的先导作用，是大规模资金积聚和高度流动性的资金形成的前提，是产业扩张的基本条件。

技术创新是产业发展中的一个重要内生变量，技术创新具有规模经济的作用，通过过程创新，使产业发展获得规模经济的收益，不仅如此，创新群集的出现，可以使一些产业发展跨越时间序列，得到优先发展，因此创新常被视为产业发展的主导因素。但是，这一过程若离开另一个主导因素——金融引导，创新也是不可能实现的。虽然在理论上金融引导与技术创新对产业发展的作用力程度并不明确，但是，不可否定的现实是，技术创新促进产业发展必定以资金运动为基础，金融与技术创新相结合不仅使资金投入中体现更高的技术含量，而且使技术创新借助于资本的力量转化为现实的生产力，促进产业在更高层次上的发展。

在这里，我们可用美国经济学家康力斯克（Conlisk）提出的内生技术进步模型对这一问题作进一步的分析。内生技术进步模型将资本密度视为决定自然增长率（在这里，自然增长率是指劳动生产率加技术增长率）的重要变量。康力斯克认为，一国技术进步与人均收入水平有很大关系，在人均收入水平高的国家，较高的教育和科技投入有助于提高劳动生产率，相反，低收入国家只能采用较低的生产技术。但是，技术进步依赖于当前资本密度水平，当一国储蓄率提高时，资本密度会相应提高，资本密度提高使资本－有效劳动比率提高，从而促进更多的技术进步，进而促进生产率的提高。康力斯克将资本密度引入技术进步模型，强调资本密度，也即资本积累对技术进步条件下的经济增长的重要作用，说明技术进步对经济增长的贡献是技术与资本共同作用的结果，技术进步固然会促使生产率的提高，若没有资本积累，技术进步是不可能实现的。如图2－1显示，当储蓄率提高时，长期增长率和资本密度都将提高（长期增长率由 g^* 增加到 g_1^*，资本密度由 k^* 增加到 $k_1{}^*$），自然增长率也相应有所提高。

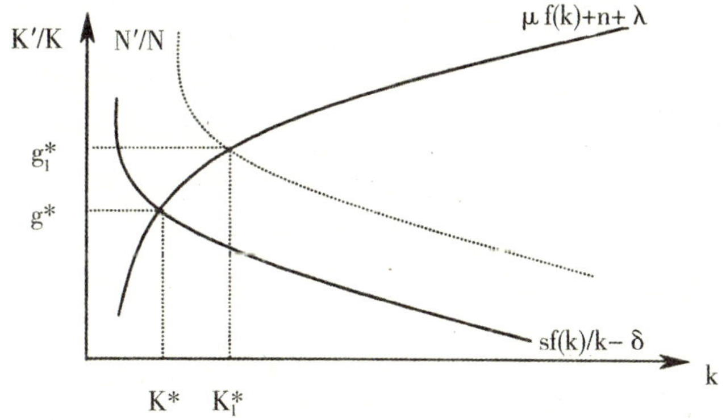

图2－1　康力斯克增长模型

康力斯克的增长模型为我们描述了经济增长中技术进步与储蓄水平之间的关系，技术进步作为内生变量，是经济发展的原动力，加快技术进步，就可以加快一国经济发展的速度。然而，如果没有资金支持，资金缺乏、金融市场功能不全等，必然要扭曲技术创新的机会，阻碍经济的增长。为使技术创新成为可能并能促进经济发展，就要建立相应的储蓄转化为投资的融资机制，将潜在的和未来的技术创新通过资本支持转化为现实的生产能力，达到发展的目的。一般说来，如果技术创新能够转化为现实的生产力，就可透过扩散效应，起到促进产业成长的作用。因此，康力斯克所强调的提高资本密度实质上是要求建立必要的融资体系，促进资本形成，为技术进步提供资金保障。融资体系的建立和完善，实际上是通过资金融通，将经济中的闲置资源集中起来，提高现有资源的利用率，为利用和刺激技术创新、最大限度地提高生产率创造条件，从而起到加速经济发展的作用。

事实上，金融的作用只有在技术进步已经潜在地存在的情况下才能发挥出来，如果没有产业发展的需要，或没有潜在的创新能力，金融的作用也不可能发生，甚至资金融通的各种载体形式也不可能出现。希克斯关于18世纪英国工业革命必须等待金融革命才能完成的命题，既强调了产业革命对金融的依赖，也暗示了金融作用于产业发展所需的条件：金融在资金作用于产业成长和经济结构变化时才具有推动力和先导作用，而且只有在此条件下，产业成长的速度才能加快。如果不是这样，金融只是作为资金余缺的调节器而滞留于交换领域，不仅金融的固有功能无法发挥，就是资金自身的增值也无法实现。因此，金融运行与产业发展相结合才能发挥积极效应。这一结论具有重要的政策意义：从中央银行的宏观政策安排，到自主运行的金融主体，都应该以经济发展的目标作为资金运动的导向，既要发挥引导和配置资源的作用，又要根据市场选择要求分配和使用资金。

2. 证券市场只有通过作用于产业来推动经济增长。从直观上看，证券市场推动经济增长是不言而喻的，因为证券市场加速了资本积累的速度，提高了货币的相对利用规模和资本运行效率。但是这一显而易见的现象经常被经济学家们所忽视。美国经济学家库兹涅茨认为，在现代经济增长中，有近一半的贡献是由要素生产率的提高而引致的，要素生产率的提高，则基于生产要素质量、技术创新、资源配置优化和规模节约等因素的变化。这一研究结论把金融因素排斥在增长因素之外。事实上，在库兹涅茨的增长因素中，无论是劳动、资本、土地这三大基本要素，还是技术创新、资源配置、规模经济等新生增长要素，都必须与金融结合才能发挥效用，缺乏金融因素的支撑，这些增长因素的作用也就无法实现。因此，从根本上说，金融是推动经济增长的决定性因素之一。作为社会实际使用的生产要素的载体，金融代表了整个经济的产出水平，金融的规模和速度决定了经济发展的规模与速度。而在银行信用规模既定的条件下，证券市场规模就代表了经济运行的规模，并决定着经济的增长和扩张。

在分析经济增长时，罗斯托等经济学家把增长看作是一个部门过程，它根植于现代技术所提供的生产函数的积累扩散中。因此，这些发生在技术和组织中的变化只能从部门角度加以研究。罗斯托并不否认总量的概念，但他把总量增长指标看作是部门活动的总结①，如离开了部门增长，经济增长就不会发生。罗斯托的部门增长理论对我们理解证券市场对经济增长的作用有重要的启示：证券市场的作用，一是体现在资金融集而实现的投资增长上，二是体现在优化资源配置而实现的结构调整上，即部门或具体产业的变化上。这两个方面都要直接作用于产业，离开了产业生产过程，无论是投资增长还是结构调整都无法实现。

证券市场所提供的机制是将经济中的剩余提供给实际生产部门，从而扩大生产部门的产出能力，其过程是通过证券的发行和交易，向公众提供投资机会，使储蓄进入资本状态，然后由证券市场向实际生产部门传导，形成生产能力。这样，证券资金就成为产业资本运动的前提，其规模和扩张速度就直接决定着产业扩张的规模和速度。由于证券市场具有充分动员社会闲置资金的能力，能够最大限度地扩充市场经济的资本总规模，从而保证了产业规模扩大的资金需要。但是，我们从罗斯托强调的部门变化的重要意义上看，现代经济增长不仅体现在产业的扩张和产业生产率的提高上，而且体现在产

---

① W·罗斯托编：《从起飞进入持续增长的经济学》，四川人民出版社 1988 年版，序与跋，第 5 页。

业结构的优化上。部门增长不是平行的，而是主导部门渐次更替的过程，一个或几个具有新的生产函数的主导部门的先行发展，促进了经济的增长。在这个过程中，旧的主导部门减退时，新的主导部门就会出现，从而保证平均增长水平的相对稳定，增长的完整序列是“在一连串的部门中高潮的继起并依次关联于主导部门的序列，而这也标志着现代经济史的历程”①。这表明，经济增长过程也是一个产业结构不断提高的过程，主导部门的更替，是产业结构逐步提高的标志。只有不断地产生有序的部门更替，产业结构才能得到提高，增长才能实现，因此，经济增长表现为对产业结构效益的日益依赖，当产业结构合理，部门发展均衡时，经济就呈增长之势，相反，产业结构不合理，市场均衡失效，将阻碍经济的健康发展。

同样，证券市场作用于产业，既是一个作用于产业总量的过程，也是一个作用于结构调整的过程，只有在作用于总量的同时，也作用于结构调整，证券市场作用才能完整地得到发挥。经济发展的任何阶段都可能出现结构失衡，结构调整的目的就是要消除生产和流通中的短缺和过剩，通过劳动和资本的转移实现产出的增加。在现代经济中，这种转移表现为资金在部门间的流动，证券市场的资金分配方式恰恰满足了这种流动的实现。证券市场的融资直接性、方式多样性、产权清晰性可以克服资产转移中自然进入壁垒和制度进入壁垒的障碍，保证要素的自由流动，为资产的转移创造充分的流动性。

证券市场决定着产业结构的状态，即资源如劳动力、资金、技术等在产业间的配置状态，从而在很大程度上决定着资源的配置效果，影响着投入的产出效益。结构扭曲会导致部分资源投入得不到合理的利用，造成资源的浪费。当产业结构及时得到调整，稀缺资源可以在各部门重新配置，劳动和资本能够从萎缩部门转向生产率较高的部门时，就能提高资源的使用效率，从而促进经济增长。证券市场的价格决定机制和传导机制，解决了产业结构调整中信息不对称的矛盾，科学地引导着资源的流向。由于资本证券是一种对未来收益的权力证书，其运动本身即以追求利润最大化为目的，因此，证券市场的资金分配能够保证资本资源获得较高的配置效率。

① W·罗斯托编：《从起飞进入持续增长的经济学》，四川人民出版社1988年版，第7页。

证券市场还促进了主导部门的形成和主导部门扩散效应的实现。在产业结构调整中，主导部门占据核心地位，主导部门不仅能够带来最新的创新成果并促进生产率的迅速提高，而且当主导部门进入成熟期，生产率提高速率和成本降低速率趋于减缓后，又会促进新的主导部门的出现，从而带来更新的技术和更高的劳动生产率。主导部门是经济中的高增长率部门，对资本有很大的吸引力，但是其所需要的巨额资本往往因资本转移和风险分散无法实现而受到阻碍，证券市场集中投资和分散风险的特点适应了主导部门的融资需要，保证了主导部门的发展。在主导部门的更迭中技术创新是决定因素，证券市场特有的新兴产业板块，为创新提供了市场导入和增长的资金支持，对扶持新兴产业的发展并促进新兴产业提升为主导产业创造了条件，从而保证了由主导部门引导的经济增长的实现。

第四节　结　论

对证券市场与产业成长关系的研究表明，证券市场与产业发展是相互作用的，证券市场为产业发展提供资金保障，并在产业发展中获得自身的发展。因此，推动产业成长是证券市场的基本职能，产业成长则是证券市场发展的基础。在过去的10多年，新兴证券市场获得了较快的发展，亚洲证券市场发展的速度甚至超过了经济增长的速度，1994年，东亚国家各交易所的市场总资本已达到该地区GDP的71%（平均数值），然而1994年墨西哥和1997年的东亚金融危机均祸起证券市场，这使得人们对证券市场的作用产生了怀疑。虽然有关墨西哥和东亚金融危机的缘由尚存在很大的争议，但是，其证券市场存在着根本性缺陷却是毫无疑义的。墨西哥和东亚的问题并不在于这些国家证券市场超越经济发展速度而出现膨胀性扩张，而是在于这些国家的证券市场缺乏产业支撑基础。从墨西哥和东亚的证券市场结构看，证券市场相当部分的资金支持了与产业发展无关的资金需求，而另一部分资金则流向了低效益产业，如1994年美国在墨西哥的资金高达450亿美元，却仅有30%的资金进入生产部门，其余的资金则进入债券、股票和货币市场炒作；在泰国的外资中，也有超过一半以上的资金集中在证券市场炒作。1987~1993年，泰国的股价上涨了 6 倍，而股市基金平均收益仅为 11.7%，低于国际平均 12.5%和美国 17.5%的水平。因此，证券市场并未对经济发展起到多大推动作用，恰恰相反，证券市场繁荣导致无效率投资加大，使投资行为严重扭曲，经济泡沫成分加重，最终引发金融危机。当我们今天重新审视墨西哥和东亚的证券市场时，我们不能不强调证券市场与产业发展相结合的重要性，证券市场只有与产业发展结合在一起才能获得稳定持久的发展，脱离产业发展，证券市场不为产业发展服务，就会失去存在的基础，其结果必然形成证券市场泡沫，不仅可能造成证券市场本身的危机，而且影响经济的正常发展。

第三章　产业成长过程与证券市场作用

产业和产业成长是本书研究的出发点。对产业成长的分析表明，产业成长是一个过程，这一过程不仅表现为产业规模的扩张，而且表现为结构的合理化和高度化，因此，产业成长是大多数发展中国家工业化战略的重要组成部分。在经济发展过程中，选择重点产业并加以扶持，带动整个工业化水平的提高，是加快工业化进程和实现经济增长的重要手段。与政府对产业的行政干预机制不同，证券融资机制更能从市场经济的内在要求出发，实现对产业的资源配置。但如何通过证券市场来体现国家的产业政策导向，引导和促成产业成长，则是我们必须研究的问题。一般而言，在市场机制不太完善的国家，政府政策引导或行政支持对产业成长有着重要意义，即便在市场机制较为完善的国家，政府仍然可以通过对市场过程的引导，促进某些产业的成长。将证券市场引入到产业成长过程，可以在很大程度上克服政府对产业行政干预所产生的弊端。然而，在产业成长的不同阶段，证券市场具有不同的作用。因此，我们关注的重点就是把证券市场的功能与不同阶段的产业成长特征结合起来。通过本章对产业成长和产业成长标志、产业成长的阶段性及产业成长的动因的分析，为本书研究证券市场与产业成长的关系奠定基础。

第一节　产业和产业成长

在马克思政治经济学中，“产业”是与资本主义再生产过程联系在一起的，从事物质生产的部门被理解为产业，由于在当时的生产条件下，产品从生产到消费，直接生产消耗了大部分劳动，流通过程消耗的劳动较少，因而流通过程被排斥在产业之外。在现代市场经济中，生产部门不仅从直接生产部门扩大到流通部门，而且扩大到精神生产部门，产业的内涵也发生了变化，国民经济中的各行各业，大至部门，小至行业，从生产到流通、服务以至于文化、教育等都被视为“产业”，产业因此被理解为从事某项生产劳动的企业的集合。

由于在对产业分析时的目的和出发点不同，对产业的划分就形成了有粗有细的若干层次，出现了“产业集合的阶段性”，即以同一商品市场为单位划分的第一层次；以技术、工艺的相似性为根据划分的第二层次；和以经济活动的阶段为根据划分的第三层次。[①] 因此，可以把“产业”细分为同类产品及其可替代产品的集合；同类产品及其可替代产品的生产活动的集合；以及生产经营同类产品及其可替代品的企业的集合。对“集合”内涵的不同理解以及对产业分析的角度和目的不同，形成了多种产业分类方法，有代表性的分类方法主要有：

英国经济学家科林·克拉克采用三次产业分类法，把全部的经济活动分第一次产业、第二次产业、第三次产业：

第一次产业包括农业、畜牧业、林业和狩猎业等。

第二次产业包括采掘业、制造业、建筑业和煤气、电力、供水等工业部门。

第三次产业包括商业、金融保险业、运输业、服务业、公务、其他公益事业。

德国经济学家霍夫曼出于研究工业化及其阶段的需要，将全部产业分为消费资料产业（包括食品、纺织、皮革、家具工业）和资本资料产业（包括冶金及金属材料、运输机械、一般机械、化学工业和其他产业，包括橡胶、木材、造纸、印刷工业等）。霍夫曼分类的标准是产品用途，某产品的用途有75%以上是消费资料的归入消费资料产业，有75%以上是资本资料的就是资本资料产业，难以用上述标准归类的产业就列入其他产业。

“标准产业分类法”是为统一国民经济统计口径而设计的。联合国为统一各国产业分类而颁布的《国际标准产业分类索引》，将全部经济活动分为十个

---

① 杨治：《产业经济学》，中国人民大学出版社1985年版，第16页。

大项，大、中、小、细四级。十个大项是：（1）农业、狩猎业、林业、渔业；（2）矿业、采石业；（3）制造业；（4）电力、供水业；（5）建筑业；（6）批发与零售业、餐馆与旅店业；（7）运输业、仓储业和邮电业；（8）金融业、不动产业、保险业及商业性服务业；（9）社会团体、社会及个人的服务；（10）不能分类的其他活动。在这十个大项以下依次为中项、小项和细项，分别以两位、三位和四位代码表示。本书所涉及产业，以“标准产业分类法”为标准，研究的产业细分至联合国《索引》四位数代码的产业。

产业成长是一个较难界定的概念。从单个产业看，可以把产业成长理解为产业的发展壮大，包括产业集中度的提高和产业竞争力的加强。但是从一国产业的整体发展效果看，产业成长应包括以下内涵：

1. 产业规模扩大。从个别产业看，产业成长表现为产业规模的扩大，产业集中度提高，竞争力加强。产业规模扩大是产业外延上的扩大，表现为产业生产能力的提高，这种外延上的扩张在很大程度上是产业集中度提高的表现。由于追求规模效益，会导致垄断的加剧。但是对一些劳动密集型的产业而言，集中度提高并不集约，分散的生产和经营反而有助于生产率的提高，这类产业扩张倾向于增加企业数量，因此，产业规模扩大，是产业生产能力的扩大，而不具体表现为企业数量的多寡或集中度的大小，达到成长要求的产业应具有足以与国外相关产业抗衡，产品占据国内主要市场的能力。

但是，产业成长是对一国产业整体而言的，产业成长以产业群的出现和壮大为标志，单个产业的壮大对一国经济增长没有多大现实意义。由于技术创新，资金和人力等要素不可能在各产业间均匀分布，产业间存在发展上的差异是不可避免的。在一定的时期内，会出现一些产业相对优先发展，另一些产业发展相对滞后，但这只是产业间结构的变化，并不否认产业成长以集群方式的出现。各国的发展历程表明，单个产业的成长对经济增长的作用极其有限，产业集群的产生和发展对经济增长才有意义。同时，不同的国家在产业发展方式上存在很大的差异。一般来说，欧美等发达国家产业成长是一个自然演进的过程，伴随着技术创新和资金积累，产业成长经历了由轻纺工业向重化工业演进的历史；而后发国家为了实现赶超战略，采取跨越式的发展道路，支持主导产业和支柱产业的优先成长，虽然这些产业成长不是产业演进和市场自然选择的结果，但对经济增长同样起到了促进作用。

2. 产业结构优化升级。产业结构水平的衡量标志是产业结构高度化，产业结构高度化是产业结构由低度水准向高度水准的方向发展，它至少要包含以下三方面内容①：

（1）在整个产业结构中，由第一次产业占优势比重逐级向第二次、第三次产业占优势比重演进；

（2）产业结构中由劳动密集型产业占优势比重逐级向资金密集型、技术密集型产业占优势比重演进；

（3）产业结构中由制造初级产品的产业占优势比重逐级向制造中间产品、最终产品的产业占优势比重演进。

显然，这种产业结构的演化过程是一个由高增长产业替代老产业的过程，也是一个新技术和新发明被不断应用的过程。技术创新是这一过程发生的主要动力，技术创新从根本上提高了产业结构的转换能力。但是，事实也表明，产业结构的升级还与市场需求及资本积累有关，有效市场需求的扩大，使生产扩大和产量增加成为可能；资本积累则为产业扩张提供所需的资本，从而为技术创新和新产业的投入提供必要的启动。因此，产业结构的高度化是技术创新、市场需求和资本积累共同作用的结果。

3. 产业结构效率提高。结构的合理化反映了产业间协调发展的程度，包括一、二、三次产业之间、基础产业与制造业之间、生产资料生产与生活资料生产之间、原材料产业与加工工业产业之间的协调关系。产业结构合理化的实质是通过产业间的协调机制，使产业结构适应产业成长的需要，提高产业结构效率。任何产业的发展都是在与其他产业的相互协调中发展的，由于资源、生产和市场等方面的联系性，一个产业不能脱离其他产业而实现“自我发展”，也不能在被压制或压制其他产业的情况下得到长期发展。同样，在经济发展中，各产业的作用也不是孤立地发挥的，产业间的相互依赖、相互衔接，形成一定的比例关系，共同对经济发挥作用。如果产业间比例关系失衡，必然会导致资源的闲置和浪费，造成部门间投入产出的过剩和短缺并存

① 刘伟，杨云龙：《中国产业经济分析》，中国国际广播出版社1987年版，第28页。

的现象，其结果是瓶颈产业制约了经济的长期发展，总体产出水平下降，经济受到巨大的抑制。产业结构合理化是在产业结构的不断调整中实现的。投资结构合理化和对资产存量进行调整是产业结构调整的重要途径，投资结构合理化使新增投资按照经济发展的要求和合乎其规律的方向，协调产业间的比例关系，达到在扩大规模的基础上产业调整的目的；资产存量调整则通过对现有存量资产的重新组合，达到结构调整的目的。增量调整和存量调整实现的基础是建立新增要素分配和存量资产转移的作用机制和渠道，在市场经济条件下，表现为市场取向的资源和资金分配的有效实现，产业间资源流动的效率提高。产业结构高度化与合理化是相辅相成，相互作用的，产业结构高度化是产业结构合理化的前提和条件，产业结构合理化是在产业结构高度化的基础上实现的，产业结构越高级，其合理化要求越高。同样，产业结构合理化实现的过程本身，也是产业结构高度化实现的过程，产业结构合理化要求对产业间的比例关系所作的调整，实际上促成了产业结构的提高。因此，产业结构高度化和合理化作为产业结构优化的重要组成部分，缺一不可。

由此看来，产业成长由三方面构成：（1）产业规模由小变大，产业内生产企业增加，规模扩大，产业集中度提高；（2）产业结构优化升级，以技术密集型产业和资本密集型产业取代劳动密集型产业；（3）产业效率提高，即产业间联系加强，产业结构和产业组织合理化。产业成长的内涵表明，一国产业成长不仅是产业规模量的变化，而且是产业结构质的变化。产业的规模扩大、结构提高和结构合理化三者缺一不可，三者的共同提高才意味着产业成长。产业成长是在产业结构提高和合理化的基础上的规模扩大，当产业仅仅表现为规模扩张，而结构水平和部门构成未呈现高级化和合理化倾向时，就不能称之为产业成长。

第二节　产业成长过程

犹如人的生命周期一样，产业成长也存在着一个从萌芽到成长、到衰退的过程，产业由盛到衰的过程，反映了产业成长中存在着稳定的规律性：周期性和时效性。[①] 产业成长周期表明，产业发展过程的生命周期是客观存在的，只有承认并充分认识产业成长周期的规律，才能正确引导产业发展的方向，合理调整产业结构，促进经济的良性发展。

美国经济学家弗农在研究产品市场寿命时，提出了著名的“产品市场寿命周期”理论，弗农认为：产品从推向市场到被市场淘汰，要经历投入期、成长期、成熟期和衰退期四个阶段。在投入期，产品市场占有率较低，市场销售数量增长有限；在成长期，产品市场占有率提高，销售增长迅速；在成熟期，产品市场占有率达到顶峰，但销售增长速度减慢；在衰退期，产品销售减少，市场占有率大大降低，并有退出市场的趋势。

弗农的产品周期理论虽然讨论的是具体产品的生命周期，但产品生产是与产业存在紧密联系在一起的，产业的存在总是以生产一种或几种产品为标志，唯有提供具体的产品或服务，产业才有存在的意义。因此，产品生命周期与产业成长周期基本上呈对应的关系。借鉴弗农的“产品市场寿命周期”理论，我们可以把产业成长划分为四个阶段：形成期、扩展期、繁荣期和衰退期。

一、形成期

形成期是产业从萌芽状态发育成一个独立新产业的过程。形成期是产业演化过程中的一个基础环节，产业从无到有，从萌芽到成型，经历了一个初始的发展过程。在形成期，生产某种产品的企业群已经出现，并能生产出标志该产业存在的标志性产品，虽然产业规模较小，企业数量有限，产品的市场占有率也很低，但作为产业形成标志的产品商业化已逐步显现，分工协作的生产体系也已建立，产业进入发展的初级阶段。

产业形成阶段表明：从萌芽到形成，某一产业已经存在，但是该产业仍处于发展初期，距产业成长和成熟还有相当的距离。产业从“萌芽”到“形成”，需经历一个发展过程，如果这一过程符合产业发展规律，并有相应的资源和技术条件与之匹配，则该产业就可建立扎实的基础并得到良性发展，反

① 王先庆：《产业扩张》，广东经济出版社1998年版，第18页。

之，产业发展就会出现扭曲，甚至提前夭折。制约产业形成的因素很多，归纳起来主要有：

1. 资本的注入。资本注入使大规模地追加在某一产业的投资成为可能，从而成为产业形成的基础。产业形成是在各种物质要素结合的基础上实现的，资本、技术、劳动力等要素共同形成对产业发展的推动力，如果没有大规模资本的注入，其他要素只能在缓慢的基础上结合，对产业形成缺乏推动力。正是有了资本的投入，为新兴产业注入发展的能量，才使产业得以启动、形成和发展。

2. 技术创新和技术成熟。一个新产业的出现，必然是与新技术的发明与运用联系在一起的，技术创新促进了新产品和新工艺的产生，而技术的进一步成熟则是产业形成的条件，技术的进一步成熟，使新产业的商业化，规模化成为可能，而缺乏技术创新与技术发展，产业形成则是无法实现的。

3. 资源的稳定供给。资源供给是产业形成的物质基础，产业形成是以该产业向社会提供产品和劳务为标志的，产品生产和劳务生产的基础是资本、技术与相应的生产资料、能源、劳动力的结合，没有资源的有效供给，产业形成就成了无水之源。各国在产业结构上的差别表明，资源约束是产业形成的重要因素，各国优势产业大多是建立在本国优势资源基础上的。当然，通过进口可以解决本国资源缺乏的矛盾，但这恰恰说明资源供给对一国产业形成具有重要意义。

尽管资本、技术和资源对产业形成有重要的意义，但决定产业形成的内在动因却是市场有效需求的变化。产业的基本功能和存在意义是向社会提供商品和劳务，满足人们的各种需求。如果没有人们对某一产品和劳务的需求，生产该产品和劳务的产业也就不可能存在。因此，需求是产业存在和发展的根本动因，只有生产出符合社会需要的产品和劳务，产业才有生命力，需求不仅决定着产业的规模，而且决定着产业的结构、层次和趋向。随着社会的发展，人们新需求的不断出现，需求层次越来越高，产业也会在更高层次上产生，其速率也将越来越快。

产业形成是通过多种渠道实现的，通常有新创产业、产业分化和产业重组。在我国，由于许多行业一直实行计划管理、行政分配，随着经济体制向市场经济转轨，这些行业都存在着向产业化转化的要求，因此，我国的产业形成还存在“产业化”这一渠道。新创产业是指由于新的社会需要出现和技术创新相结合而自然孕育的新产业的产生过程，这一过程也经历了孕育与萌芽的发展过程，但与其他产业没有相关关系。产业分化是指经过充分发育后，从母体中分化出新产业的过程，新产业在母体中孕育成熟后，由于母体已无法提供新产业所需的环境，自然会从母体中分离出来，从而形成新的生产领域。产业重组既可理解为产业分化的一种形式，也可理解为产业形成的一个渠道。笔者认为，应将产业重组理解为产业形成的一个渠道，因为产业重组与产业分化是有根本区别的，其区别在于，产业重组是通过产业间的重新组合、配置而产生的新的产业载体，产业分化则是从母体产业中直接孕育新产业的过程，二者在形成载体上不仅有量的区别，而且有质的不同。中国的产业化过程是将现有的生产行业推向市场的过程，通过市场化，使这类行业真正成为商品和劳务的生产者和提供者。

二、扩展期

产业扩展是产业发展壮大的阶段，在这一阶段，产业规模扩大、企业数量增加、产品市场占有率提高，这一阶段是产业生命周期中最具生命力的时期，不仅产业的增长速率在这一时期增加最快，而且产业在这一时期能得到充分扩张。

产业扩张通常表现在三个方面：一是产业生产能力扩张。产业生产能力扩张是产业内企业生产能力提高和产业整体规模在量上的综合反映，具体表现为产量的提高，产业内企业数量的增加是产业生产能力扩张的重要表现形式，企业数量增加可使产业内总体生产能力加强，产出增加，所以可以将产业生产能力提高理解为产业内“外延的扩大再生产”。二是产业的区域扩张，产业区域扩张是指随着产业规模的扩大，产业在区域间的转移，直至达到国内的市场需求边界。产业区域扩张不是产业在地区间的平均分布，而是根据区域比较优势、资源状况、利益导向以及市场结构等因素作出的合乎规律的规模扩大，在产业成长中，这种区域性的扩散会一直持续到该产业占据全国的空间而自动停止。三是产业组织扩张，产业组织扩张是指产业内的企业向集团化、大型化发展，产业内集中度提高，从而导致产业规模经济效益的提高。产业规模经济效益是指由产业内规模扩张、集中度提高而造成的产业内分工最终导致的生产效率的提高，产业集中度提高而导致的产业内分工使成本下降，生产效率提高，产业内弱小企业可从专业分工中获得比较利益。但是，产业集中度提高不是绝对的，由于产业间存在技术利用差异，有的产业规模经济效益显著，产业集中度较高，而有的产业则宜于采用小型化、分散化经营，集中度相对较低。因此，产业组织扩张对那些宜于采用集约生产方式的产业而言是必要的，但劳动密集型和技术含量较低的产业更适宜中小企业形式。

从形成期到扩展期，产业发展的关键是资源的供给，资源的有效供给能够为生产提供源源不断的生产要素，保证产业扩张的物质需要。产业成长的资源约束表现在三个方面：一是有限的资源如何在产业间分配的问题。在资源短缺的情况下，增加某一产业的资源供给，必然会引起密集使用该资源的产业生产规模扩大，而使其他产业生产规模缩小，导致有的产业资源供给充裕，有的产业资源供给不足，从而直接决定不同产业的发展速度和发展规模；二是资源供给机制和供给渠道问题。产业能否获得和如何获得所需资源在很大程度上取决于资源的供给机制，有效的市场融资机制和风险分散机制是促进新兴产业成长的决定因素；三是资源转移问题。从长期看，产业发展是有消有长的，客观上存在在产业间进行资源转移的问题，资源转移的结果扩大了接受资源转移的产业规模，缩小了另一种产业的规模，资源转移需要实施适度的产业政策并建立有效的市场分配渠道和机制。

三、繁荣期

繁荣期是指产业经过长期的扩张后，生产能力达到最大规模，产品市场容量达到极限，产业规模处于相对稳定发展势态的发展阶段。繁荣期的产业具有以下特点：一是产业生产达到生产可能性边界，产业规模达到市场最大容量水平；二是该产业的产品已达到或接近市场饱和水平，处于供需均衡状态；三是该产业已成为主导产业或支柱产业。由于到达繁荣期后，产业发展趋于成熟，产品性能、生产工艺、技术运用都处于稳定状态，维持繁荣的主要手段是进一步加强技术改造，完善产品性能，促进产品更新换代。

进入繁荣期后，产业发展的趋势是逐步走向衰退而进入衰退期。但是，这一过程不是一成不变的，通过技术创新和工艺改造，不仅可以人为地延长繁荣期的期限，而且可以创造新的产业成长高峰。技术改造和技术改造投入，构成繁荣期延长的主要因素。

四、衰退期

衰退期是产业发展的必然阶段。在这一阶段，产品市场占有率降低，生产萎缩，产业规模呈缩小的趋势。衰退期是产业生命周期中延续时间最长的一段时期，衰而不退是这一时期的最大特点，因此衰退期产业存在较多资源闲置，需要通过各种手段和渠道对衰退产业进行调整，发挥资源的最大利用效率。

对衰退产业的调整，是各国经济发展和结构调整中所面临的重要问题，对衰退产业进行调整，是要实现资源在产业部门之间的重新配置，消除产业结构的矛盾，加速产业结构的转换。对衰退产业进行调整，可以解决衰退产业的退出问题，并使有限的资源得到合理的使用。

对衰退产业的调整，可以通过企业自发的调整和政府能动的调整两个渠道来实现，由于存在市场失效（如垄断），企业自发的调整往往受资源流动的限制，需要辅之以政府调节机制才能实现。通过政府对市场进行的直接干预，如向新兴产业转移衰退产业的资本和劳动，可以减缓衰退产业对社会和劳动力的震动，消除生产要素流动的障碍，从而实现产业的顺利转移。另一方面，对衰退产业进行保护，延长其生命周期也是对衰退产业进行调整的有效手段。但是，这种保护必须以有重新复苏可能的产业为扶持对象，否则不仅难以实现调整的目标，反而会导致资源的更大浪费。

第三节　产业成长的不同阶段中证券市场作用

证券市场对产业成长发挥着重要的作用，但是在产业成长的不同阶段，证券市场的作用范围和作用力度存在较大差异。这是由于在产业发展的过程中，产业规模、资金需求结构和需求方式对证券市场资金供应规模和方式有着不同的要求。

一、产业形成期

产业形成期是产业从萌芽到逐渐成型的一段时期，产业从萌芽到形成，除需产业本身符合市场需要、具有发展的条件和潜力外，还需有外部为其提供的资本、劳动和物质资源，其中资本是决定性因素。由于形成期产业前景不明确、投资风险较大，资金来源受到很大限制，在一定程度上，资金供给制约着产业的形成。尽管新兴产业并非完全是高新技术产业，但它的资本需求与高新技术产业创业期的资金需求有很大的相似性，即其所需资金要以投资方式加以确定，而不能通过信贷关系形成。之所以如此，是由于新兴产业存在很大的风险，投资者对该产业的投资回报不仅体现在产业的利润上，还体现在产业发展潜力的价值和产业的知识产权上，因此，只有通过股权投资，才能确定这种产权价值；而股权投资在一定程度上又比信贷贷款有更大的资金来源保障，能够保证产业扩张的连续性资金需要，从而促进和保障新兴产业的发展和形成。因此，证券市场对产业形成有很大的存在意义。

但是，主板市场对股权融资有很大的限制，尤其对上市公司的规模、经营时间和经营业绩的规定，事实上已把新兴产业拒之场外。发达国家的成功经验是在主板市场以外，建立与主板市场相分离的第二板市场，或在主板市场内建立专门为新兴产业服务的二板市场板块，无论是独立的二板市场还是二板市场板块，其要解决的主要问题都是新兴产业的资金筹措和产权价值的界定问题，通过二板市场，为大量规模小、有潜力的产业尤其是新兴高科技产业提供融资机会，并通过股权转让，对投资价值进行评价。二板市场的存在，对形成期的产业发展起到了巨大的促进作用，是产业成长的基本保障。

二、产业扩展期

扩展期是产业发展速度最快的时期，在规模、布局和组织形式上，产业都得到了快速扩张。在成长期内，产业内的企业往往不是以单纯追求利润为目标，而是为了获得最大的成长率和拥有产业内最大的市场份额，因此，产业内企业必然要大规模地扩充生产设备和生产能力，产业投资就表现为巨大的规模扩张。产业扩张所需巨额资金较难通过银行信贷资金予以满足，只能通过股权方式筹措。经过形成期的发展，产业内企业已形成一定的规模，有些企业已获得较快发展，无论是资产数量，还是利润指标都已达到上市要求，因此，通过在主板市场的上市就成为这一时期产业融资的主要来源。

利用证券市场为产业成长提供扩张资金，解决了产业成长中的资源约束问题。从资源在产业间分配看，有效的证券市场所形成的定价机制和信息传递机制，保障了资源向最有效率的部门流动，使资本资源获得了最大的收益。从资源供给机制和供给渠道看，证券市场克服了行政分配资金的缺陷，其所创造的各类期限和各种种类的金融工具，满足了各类资金需求者的融资要求，从而创造了高度流动性的供给机制。从资源转移看，证券市场的高度流动性，不仅创造了资产形态转换和资产流动机制，而且提供了多种低成本的资产重组机制，保证了产业间资源的有效转移，从而提高了资源利用效率。

三、产业成熟期

进入成熟期后，产业发展处于相对稳定状态，生产能力趋于饱和、市场容量趋于稳定，产业发展的目标由提高产业成长率、扩大生产能力改为维持产业规模和延长成熟期的期限。这样，成熟期产业就把开拓产品市场和提高生产率作为这一时期的主要任务，开拓产品市场既包括开拓新的产品市场空间，也包括对原有产品的性能改造及新产品的开发；提高生产率则是为了降低生产成本、提高效率、增强产业竞争力。因此，在成熟期，以新产品开发和产业技术改造为主要内容的创新居于重要的地位。新产品开发和技术改造所需的资金，可以通过银行信贷或企业内部自筹获得，也可利用证券市场，通过上市公司配股或发行企业债券筹集。对上市公司而言，利用配股方式筹集资金是最节约的融资方式，发行企业债券则可充分动员社会闲置资金，减少对银行信贷资金的依赖。由于具有预期利益引导机制，证券市场不仅具有一般意义上的筹资功能，为成熟产业筹集资金，延长产业成熟期，而且能够产生甄别功能，引导资金向开发潜力较大的部门流动，从而扩大这些产业成熟期的延长期，甚至使一些已经成熟的产业重现生机，获得再一次扩张。

四、产业衰退期

在衰退期，产业需求下降、市场萎缩、生产能力过剩，相应地，出现了资源闲置现象，具体表现为劳动力失业和资本设备闲置。国民经济正常运行要求对衰退产业进行及时调整，以防止由产业衰退而导致的资源浪费和产业结构老化，如果不对衰退产业进行调整，把资源继续投向衰退部门，就会使生产能力过剩和亏损缺口加大，同时抑制新兴产业的资源需求，最终阻碍产业结构的优化和产业结构合理化。

对衰退产业进行调整，有扶持和退出两种方式。大多数国家的产业政策都倾向于对衰退产业进行扶持，其政策运用有对资本的调整援助和对劳动的调整援助。但是，从根本上看，这些政策都仅仅是改变了产业生存的外部环境，产业若要继续生存，仍需进行自身的调整。对衰退产业进行扶持，不能解决衰退产业存在的根本矛盾，反而会加大资源浪费的程度，形成产业结构固化，阻碍经济的发展。对衰退产业的调整的正确做法应该是退出而不是扶持，产业退出是逐步从衰退产业中转移资本和劳动力，实现减产、停产直至停业。事实上，产业退出同样是一个产业结构升级的过程，产业退出意味着资源从衰退产业转向新兴产业，增加新兴产业的投入，扩大生产规模，从而推进产业结构优化。与产业扶持一样，产业退出在很大程度上受政府产业政策的影响。但是在市场经济条件下，产业退出仍是市场机制自动调节的结果，当市场需求下降、产业收益递减时，企业会自动对该产业的投入进行调整，从而克服由产业衰退而导致的收益下降。

因此，对衰退产业进行调整，无论是扶持还是退出，都需要一个自动调节机制，其中最重要的就是资本流动机制。资本流动消除了资源在产业间转移的障碍，加速了产业调整的速度。证券市场是实现资本流动的有效场所，其特有的流动性不仅能加速资本转移的速度，而且能够实现产权的转移，从而真正实现产业的退出和转移。产业调整过程中出现的控股、参股、兼并或收购，在很大程度上都必须依赖证券市场的运作，证券市场功能的缺位或不健全，会影响资产重组和资产转移困难，形成对产业结构调整的障碍。

第四节　证券市场推动产业成长前提分析

从以上分析中可以看到，证券市场对产业成长意义巨大。但是，我们应当认识到，证券市场推动产业成长是与一定的经济发展阶段相联系的。在工业化过程中，一些国家的产业快速扩张，并形成对外源资本的极大依赖，股权融资和债务融资对推动产业成长曾经起过重要作用。对发展中国家而言，由于企业留存利润少，内源融资比重低，外源融资就比发达国家要重要得多。不过，发展中国家外源融资存在很大的局限性，主要表现为信贷融资导致企业负债率过高。而作为外源融资的重要来源的证券市场尽管获得很大的发展，然而受客观条件制约，并未取得预期的效果，甚至对经济发展产生了负效应。究其原因，除了制度性限制外，还在于发展中国家的市场机制还未充分建立，证券市场发挥效用的前提条件还不具备。经济的货币化程度、储蓄水平与储蓄倾向、金融资产化程度、企业制度与市场经济的一致性等因素，是构成证券市场有效运行的前提，一旦缺乏这些前提，证券市场的发展将受到很大限制，其作用效果也可能发生扭曲，证券市场功能很难真正得到体现。在这里，有必要对这些前提进行具体分析。

一、证券市场推动产业成长的货币化与储蓄水平前提

在理论上，经济剩余构成了整个经济发展的物质基础，它表明一国可用于追加投资的潜力，动员经济剩余并用于生产性的投资是经济发展和产业成长的必要条件。由于储蓄者与投资者不是同一主体，经济剩余往往不能完全表现为现实的投资能力。因此，需要建立相应的机制，加速经济剩余的积累，使潜在的剩余转化为现实的投资，这首先需要货币化的实现，其次需要储蓄水平的提高，这样才能使经济剩余变成为具有高度流动性的资产，并满足投资者对金融资产的高度需求，从而提高经济剩余的利用效率。尽管动员经济剩余还需要其他条件，但货币化和储蓄水平无疑是一个社会经济剩余转化为投资的重要条件。

经济货币化是指经济活动中以货币为中介的交易份额的逐步增大，是

“相对于自给自足的生产和物物交易而言，货币的使用正日益增加。人们可以在没有价格压力的情况下把更多的货币投入流通中”（阿瑟·刘易斯，1990），货币化的实现意味着经济剩余的控制和支配逐步由实物分配改为更多地采用货币交易来完成。因此，货币化对经济剩余的意义在于：第一，货币化极大地改变了商品贸易的条件，节约了商品交易的费用，促进了供给和需求平衡的实现；第二，在发展中国家的经济中，以货币作为交易媒介的范围扩大促进了专业化的形成，提高了部门间的相互依赖程度，从而使交换进一步扩大，生产率进一步提高；第三，货币化取代物物交易，实际资源将得到充分的使用以促进投资的增长、产出的增加和货币收入的提高，从而导致经济剩余的增加。

货币化是一连续的过程，但在不同的国家差异很大。不仅各国、各地区存在货币化程度的差异，即便在一国不同的发展时期，这种差异性也同样存在，因此，货币化对经济增长的意义是有时间制约的。随着时间的推移，货币化对经济的意义会逐渐降低。然而，在发展的一定阶段，尤其在发展中国家的经济起飞阶段，货币化却有特殊的意义，这是由于在实物经济向货币经济的转化过程中，货币使用范围扩大，金融体系在资源配置中的作用增强，使经济剩余在量上获得大幅度的增长，以货币为计算单位的经济剩余能够在部门间得到合理的配置。

经济剩余的动员潜力取决于储蓄水平和储蓄倾向。一国的总储蓄水平在很大程度上是由收入水平决定的。凯恩斯认为，储蓄与收入水平保持相当稳定的关系，而且储蓄率主要取决于收入水平，因此，储蓄是收入的函数，用公式表示为：

$$S=f(y)=-a+sY$$

其中：S 为储蓄函数；a 为自发性消费；s 为边际储蓄倾向。

但是，在对凯恩斯理论的验证中，经济学家发现，储蓄－收入比率并没有完全和总收入同步增长。凯恩斯的结论即使能从大多数国家的资料中得到验证，但仍有一些国家没有出现储蓄随着收入的增长而提高的倾向。库兹涅茨对美国历史资料的研究证实，在相当长的一段时期内，美国的储蓄没有出现与收入的同步增长。这一发现至少可以说明，储蓄与收入之间并不存在唯一的线性关系，一些非收入因素可能影响储蓄倾向。在弗里德曼的持久收入假说、莫迪里亚尼的生命周期理论和杜森贝里的相对收入假说中，储蓄行为及其决定因素的前提仍然是消费－收入关系，并且仍用收入函数作为分析工具，但收入已不是唯一影响储蓄水平的变量，利率、财富占有形式等因素也对储蓄倾向有较大的影响。

以上各种假说的结论都在实践中得到了验证。① 这些结论也从另一个角度表明，收入水平是决定储蓄率的一个因素，甚至是决定因素，而其他因素（财富占有形式、心理因素等）对储蓄水平也有重要影响，其中利率的影响尤为明显。利率直接决定了储蓄水平，实际利率的上升会提高来自持久性收入的储蓄。储蓄与利率的关系所作的检验也证明二者之间存在着线性关系，赖特、波金斯认为，储蓄和利率弹性在0.2～0.4之间，即利率每提高1%，储蓄率将提高0.2%～0.4%。②

毫无疑问，一个国家不存在相应的经济剩余，没有相当程度的净储蓄，就不可能有任何资本市场的存在，也就谈不上利用证券市场对资本的动员问题。假定证券市场已经存在，人们的货币资产能否证券化，能否转化为推动产业成长的产业资本，还取决于很多其他的因素。

二、证券市场推动产业成长的资产金融化前提

资产金融化程度是指金融资产的价值与经济产出之间的关系，反映了社

---

① 刘易斯（1954）、库兹涅茨（1960）、赫萨克（1961）等对凯恩斯的绝对收入假设进行过专门的检验，结果证实，企业家、政府官员和非劳动收入者的储蓄率一般较高，计量经济的大量研究成果也倾向于证实刘易斯的假定“储蓄随着国民收入的增长而增长，因为储蓄者的收入随着国民收入的增长而增长。”（霍利斯·钱纳里（1975）：《发展的格局》，中国财政经济出版社，第25页）

赖特指出，储蓄的利息弹性约为0.2（科林·赖特：《储蓄与利率》刊于《对资本收入的征税》布鲁金斯学会，1969年），这从一个侧面证明了弗里德曼持久收入理论中储蓄由利息、财富占有形式决定的假定。生命周期假说解释了“消费函数之谜”并对“二战”期间美国数据对其生命周期模型进行了模拟，结果发现，短期财产变现的边际消费倾向接近于利率水平，消费倾向并不高。为生命周期理论提供了证明。（杨思群：《资本积累与资本形成》，社会科学文献出版社1998年版，第56页）

“示范效应”是从美国的实际情况中研究出的结论，在美国现实经济中得到了验证。

② 科林·赖特：《储蓄与利率》，布鲁金斯学会1969；迈克尔·波金斯：《税收、储蓄和利率》，《政治经济学杂志》1978年4月，第3－27页。转引自张岩贵：《发展经济学精义》，中国经济出版社1998年版，第214页。

会资产总量中金融资产价值提高的趋势。金融资产中非银行性金融资产的规模反映了金融发展的程度。因此衡量资产金融化程度，除了金融资产总量，还应考虑金融资产的结构。从发展过程看，货币化的过程也是资产金融化程度的渐次提高过程。在货币化初期，金融资产主要表现为现金货币，在经济得到一定发展后，金融资产则以现金和银行储蓄两种方式表现出来，当货币化进程推进到相当程度后，金融制度便会作出多元化金融资产的安排，除银行体系得到充分发展外，非银行金融资源——债券、股票、保险等金融资产也会获得较大发展，这是由取得最优货币化后资本市场不可避免的“残余分割性”决定的①。因为经济中不可能排斥非银行金融资源，除非银行体系的融资成本绝对低于其他金融资产成本，并提供高于其他金融资产的流动性。伴随着货币化的进程，金融资产的发展经历了一个巨大的飞跃，尤其 20 世纪 50 年代后发生在发达国家的金融创新引致的大量的新的金融工具的运用，极大地改变了货币资产的结构，非银行金融资产日益成为人类资产占有的重要组成部分。1950 年，美国的货币市场工具仅为 28 亿美元，与广义货币的比为 0.015；到 1993 年，货币市场工具总额达到 21034 亿美元，与广义货币的比值达 0.526；保险基金和退休基金与 GNP 的比值在 50 年代初约为 0.2，1965 年上升至 0.34，1993 年则上升至 0.77②，1993 年，美国股票市值和债券市值与 GDP 的比值分别达到 0.83 和 1.12，与货币供应量的比值达到 1.30 和 1.74。

资产金融化实现了金融资产数量的扩张和结构的提高，为金融资产的自由流动创造了条件，从而成为证券市场发展的前提，其主要表现为：

1. 资产金融化将资产价值以金融工具形式表现出来，实现了资产的产权明晰化。资产金融化的一个重要方面就是资产证券化。资产增值是资产存在的基本要求，资产的增值只有进入经济过程才能实现。由于存在较大的分散

① R·I·麦金农：《经济发展中的货币与资本》，上海三联书店 1988 年版，第 139 页。作者并未对“残余分割性”作更多的解释，以本人的理解，“残余分割性”是指在货币化程度提高后，融资方式将向着多元化方向发展，非银行融资产生对银行融资的替代，这是资本市场发展过程中不可避免的现象。

② 王广谦：《经济发展中的金融化趋势》，《经济研究》1996 年第 6 期，第 34 页。

性，个别资产难以直接进入生产过程，因此，绝大部分的资产要借助于某种载体才能成为生产过程的直接要素，资产金融化就是实现了以金融工具为媒介的价值转化。金融工具将零星分散的资产聚合成资产整体，从而构成经济运行的物质基础，作为经济运行主体的企业借助于金融体系聚合的资本，进行直接生产活动，在生产过程中实现资产的保值增值。在这里，资产所有者与运用者的关系通过金融工具这种契约凭证联系在一起，这些包括债权和股权凭证的契约凭证规定了资产的所有权或资产的使用权及收益权，从而外化为一种产权关系，资产的交易就成为一种产权交易。这种产权交易的内容是：资产所有者为了达到增值的目的，把资产的使用权让渡给资产需求者使用，在形式上继续持有资产的所有权，并同时享有资产的收益权，资产需求者利用所融集的资金从事直接生产经营活动，并承担约期还本付息及支付股息的义务。

产权明晰化规范了金融资产的交易。由于产权的权能是有边界的，当选择了金融交易工具，也就相应确定了这种金融资产的作用范围和利益边界，交易双方的权利在产权范围内得到规范，如果一方超越产权制度的边界，发生违约行为，就要承担相应的违约责任。产权交易的规范化，确保了资本要素市场的正常发展。首先，产权的明晰化降低了投资风险，促进了资本要素供给的增加。由于资产交易以契约性凭证作为约束，违约者要承担违约的责任，这就迫使借款者最大限度地降低成本、提高收益，从而最终保证了资产供给者的利益。其次，产权的明晰化使交易费用大大降低，提高了融资双方的交易积极性。"交易费用是个人交换他们对于经济资产的所有权和确定他们的排他性权利的费用"①，著名经济学家张五常认为，交易费用的差异是基于"投入产出的物质属性不同，制度安排不同，以及不同的合约规定所付出的执行和谈判努力不同"②。由于存在交易费用，作为资本的生产要素的价格就会有差别，只要产权界定是清楚的，市场就会允许和鼓励产权所有者，根据交易费用最低原则，选择那些交易费用较低的资产组合方式和契约方式，可供

---

① 思拉恩·埃格特森：《新制度经济学》，商务印书馆1996年版，第16页。

② 张五常：《交易费用、风险规避与合约安排的选择》，载《财产权利与制度变迁——产权学派与新制度学派译文集》，上海三联书店、上海人民出版社1996年版，第138页。

选择的资产组合越多，交易费用就越低。资产金融化的实现促进了竞争性的金融市场的形成，降低了交易费用：一方面增加了可供选择的资产组合，另一方面扩大了信息来源，并降低了谈判及执行成本，因而对经济产生了良好的效果：一是增加了资本要素的交易，扩大了对金融资产的利用；二是通过竞争性金融资产选择和资产组合，提高了资产的使用效果；三是促进了规范的信用规则和金融秩序的建立和完善。

2. 资产金融化是实现资产价格市场化的前提。资产价格市场化是指由供求关系相互作用而导致的资产价格的形成及其波动。在市场经济条件下，作为生产要素的资本品与其他商品一样，其价格决定的前提是市场。但是由于资本的运用不仅关系到一国经济的产出水平，而且关系到一国的投资结构和分配结构，各国政府均自觉或不自觉地将资本分配作为控制和干预经济的手段，因此，在各国经济中都存在着程度不同的政府对资本价格的控制和干预。在发达的市场经济国家，政府主要通过中央银行的贴现利率来实现对市场利率的指导，而资本价格仍由市场决定。但是在发展中国家，包括新兴的工业化国家，普遍存在对资本市场的人为控制，政府利用各种手段，控制资本的价格并实行资本的配给。近年来这种状况有所改变，一些新兴工业化国家基于本国经济发展的相对成熟，在本国金融市场上放宽了对利率的控制，一些欠发达国家出于对发达国家的学习与模仿，也放松了对本国银行的利率管制，实现了“金融自由化”。

金融资产市场价格机制的形成是金融深化的最明显表现。金融深化，一方面意味着利率水平能够真实反映资本的供求关系和各类经济主体的储蓄和投资意愿；另一方面，金融体系必须能提供更多的可供选择的金融资产，满足各类资金供应者和需求者的需要。如果这类市场仍是低效率的，金融深化就不可能实现。金融深化“意指金融职能和金融机构的专业化——有组织的国内金融机构和市场会获得收益”，“金融深化扩大了货币体系的实际规模，也为其他金融机构——从证券市场交易商至产业银行和保险公司带来了获利机会”。[1] 因此，金融深化既是利率市场化的表现，也是资产金融化和金融资

① 爱德华·肖：《经济发展中的金融深化》，上海三联书店1988年版，第7页。

产多样化的表现。

事实上，无论是发达国家还是欠发达国家，都存在着金融资产的差异性，存在着银行信贷与非银行金融资产在风险程度和利率结构上的较大区别。当银行信贷的实际收益低于非银行资产收益时，非银行融资就会从银行信贷中分离出来，直接参与资本的分配过程。非银行金融资产的出现，向流通过程提供了更多的可供选择的金融资产，并提供了相应的竞争机制，从而为金融资产市场价格的形成创造了条件。当存在股票等非银行金融资产时，人们就可以通过股票等融资渠道获得资金，这些渠道为经济提供了相应价格水平下的高风险资金来源。非银行金融资产的出现不但扩大了融资渠道，而且增加了金融市场可供选择的金融资产，使投融资双方获得了自由选择的工具，保证了竞争性价格的形成。

总之，资产金融化便利了资本的自由流动。资本流动是资源在不同用途之间进行分配；资源在部门间的分配是一个由平衡向不平衡过渡和新的平衡不断被建立的过程，市场需求的变化，要求不断地建立新的资源分配比例。资源配置不仅包括对新资源的运用，而且包括对现存资源的重新分配。资本是社会资源的一部分，与其他资源不同的是，资本的配置既需要有保证其正常运行的机制，也需要有表现资本特征的外在形式，运行机制是决定资源配置效率的前提，资本的外在特征则是决定资源配置方式的条件。当资本以实物形式表现出来时，资本固定在某种形态上，在方向上和规模上都受到很大限制；资本货币化的实现，打破了资本在数量、部门以及区域上的限制，实现了资本社会化，促进了资本在更大范围内的流动。但是，资本流动性的大小还取决于资本的形式，资产金融化使资本能够以人们所希望的各种方式表现出来，既满足了投资者资产多样化和风险分散化的要求，也满足了筹资者资本结构合理化的要求。因此，资产金融化实现了资源的自由流动，从而加快了产业发展的进程。

三、证券市场推动产业成长的制度前提

证券市场推动产业成长还需要一定的制度前提。尤其在发展中国家，没有一定的制度保障，证券市场与产业成长之间就不可能形成一种互动的

机制。我们对制度前提分析的重点是产业成长与金融体制相结合需要的组织前提。产融结合的组织体系是整个产融结合机制的基本构架。一个功能健全的、发达的组织体系对于实行高效率的产融结合至关重要。无论各国产融结合机制差异多大，其组织体系总是由产融结合的主体、中介机构、场所等构成的。

（一）产融结合机制的主体

金融资本与产业资本结合的效率，首先取决于产融结合的主体是否具有独立利益和明确产权界区的产权主体。具有独立利益和明确产权界区的产权制度安排下的银企关系，是有效率的市场性的债权债务关系，股东与企业经理人员之间是权利与责任相对称的委托－代理关系。然而，当国家的国有银行与国有企业并不是独立的产权主体，并具有超经济特权的依附性时，产融结合机制就不可能牢固地建立在包括破产清算可能性在内的合约安排基础之上。市场性的银企关系，意味着以主债权银行为核心的企业破产兼并机制的存在和有效运行，确立银行债权人在企业破产清算机制中的优先和主导地位，由银行在市场竞争机制作用的基础上来确定资产转让价格。

（二）产融结合机制的中介组织

产融结合需要相应的中介机构。但是，假如资产、资信评估机构和审计机构缺乏独立性，并且存在行业内的不正当竞争，会使得企业披露的财务信息很难成为可信的投资依据。产融结合机制还需要建立专门的担保机构、支付结算结构，还要健全产融结合机制的中介机构，例如，建立完善独立的外部会计师事务所、资产评估机构、资信评级机构；资信评级的指标体系应包括产业分析、企业竞争能力、财务状况、拟建项目的盈利能力和风险程度及偿债能力、债务资产比率等内容，并要确定不同指标在资信评级模型中的权重；高效率的投资银行也是其中重要的环节。

（三）产融结合的场所

借贷市场、证券交易所市场和场外交易市场是产融结合的重要场所。借贷市场是主要的产融结合场所。证券交易所市场要满足产权交易的需要，作为证券交易所市场的重要补充的场外交易市场也要得到应有的发展，证券交易所市场与场外交易市场必须是不可分割的。另外，股票市场的发展要与企业债券市场同步发展。建立统一大市场，消除市场分割，促进资本市场的均衡发展，这是产融结合重要的外部环境。例如，发展面向中小企业的资本市场，就能为中小企业的产业投资提供一个低成本高效率的金融资本与产业资本结合的场所，并由此促进中小企业的产权交易和资产重组；发展场外交易市场，并把它与证券交易所市场连通，建立不同上市标准的证券交易市场，形成一个“证券交易所市场－场外交易市场”的相互流动的、梯级型的一体化市场，能够促进上市公司的股票在这两个市场间有序流动；同时，货币市场与资本市场间的连接也十分重要，如果资本市场的资金融通受阻，必然影响证券公司业务的开展以及货币市场与资本市场的均衡发展。银行业务与证券业务的相互分离是必要的，但必须建立为证券公司及证券业务提供短期资金融通的机制。

第四章　证券市场推动产业成长的机制分析：核心企业成长

企业是由一系列要素组合而成的经济单位，通过生产或经营过程，企业把土地、劳动、资本、技术与管理等生产要素投入转化为一定的产出，以谋求利润的最大化。企业成长意味着企业能够有效地利用各要素组织生产或经营，实现规模扩张、提高竞争能力。较之一般企业，核心企业不仅具有更有效的生产或经营能力，而且具有更强的资本动员能力，因此，核心企业具有比一般企业更快的发展速度。同时，核心企业具有明显的产业带动效应。产业成长就是建立在核心企业成长的基础上的。证券市场对产业成长发挥作用的有效途径，首先是通过证券市场推动核心企业成长来完成的。证券市场的宏观效率，从根本上取决于能否形成以核心企业的成长为开端然后带动整个产业发展的融资机制。不可否认，证券市场的作用机制是受一定的条件制约的。但是，在经济发展的一定阶段，具有竞争优势的核心企业与较低成本的融资方式相结合，无疑有利于产业成长。

第一节　企业竞争能力和核心企业概念

竞争优势是企业生存发展的基础，是企业提高经营绩效、获得发展壮大的核心。美国经济学家迈克尔·波特指出："竞争优势归根到底取决于企业所能为客户创造的价值"。因此，企业竞争优势表现为企业在市场经济中相对于竞争对手所创造的价值量的大小，企业为客户提供的价值量越大，其竞争优势越强。从价值量的角度衡量竞争优势，实质是通过企业的市场表现来衡量其开拓市场、占领市场的能力。企业的竞争优势具体表现为在市场竞争中，能够充分利用有限的资源，在设计、生产、销售等经营活动领域和价格、服务等方面为消费者提供更多的价值，为企业创造更多的利润，从而促进企业不断扩展。从这一角度分析，企业竞争优势来源于企业的市场力量，而所在产业的竞争结构也在一定程度上影响着企业的竞争优势。

但是，提高质量、降低价格是有边界的，价值量的提高在市场竞争中受到很大限制。20 世纪 90 年代兴起的“企业能力理论”很好地解释了企业竞争优势的缘由。企业能力理论认为：企业的竞争优势不是源于外部条件，而是取决于企业的内部能力，面对相同的市场环境和资源供给，一企业能够创造出有别于其他企业的使用价值，是基于该企业具有相对于其他企业运用资源创造价值的独特能力。当一个企业能在企业内部资源的组织运用和与外部资源的协调上发挥优势，并利用相同的资源创造出更高的使用价值时，该企业就具有了竞争优势。而企业的内部能力，是企业知识积累的结果，企业的知识不仅体现在技术进步上，而且体现在组织管理上，新知识的融入、价值观的传递以及管理经验的扩散，成为提高企业内部协调能力和竞争优势的基础。因此，企业内部能力、资源和知识的积累是企业获得超额收益和保持企业竞争优势的关键①。

企业能力理论不仅解释了企业竞争优势的根源，而且解释了优势企业推动产业发展的机制：企业“运用资源创造价值的能力”是“先进技术的和谐组合”。所谓先进技术既包括科学技术，也包括管理、组织及营销等方面的能力，这些先进技术的建立和运用，不仅极大地提高了优势企业的竞争实力和产品的市场占有率，而且通过学习和模仿，建立了产业内相似的能力、资源运用和知识结构。尽管企业间在关键技术、市场占有等方面仍存在激烈竞争并有较大差距，但仍有较多的先进技术扩散于产业内部，从而形成产业发展的合力。

然而事实上，企业能力理论仅仅解释了企业竞争优势的一个重要方面，即企业技术先进所起的作用。应该看到，先进技术只是企业竞争能力的一个方面，在缺乏资金动员能力的情况下，技术先进性也只是使企业获得竞争优势的一个潜在因素，把这种潜在的可能性变为现实，只有先进技术与融资能

① 李建明：《企业核心能力分析》，《中国工业经济》1998 年第 11 期，第 53 页。

力相结合，正如本书第二章引证希克斯命题所阐明的那样：点燃 18 世纪英国工业革命之火的是具有高度流动性的金融市场，因为它使长期的和巨大的投资成为可能；技术只有与金融相结合才能产生效果。因此，具有现实意义的企业竞争优势只能是技术优势与融资优势的结合，为此我们有必要提出核心企业的概念。

在这里，我们把核心企业定义为产业内具有相对竞争优势、持有无形资产和资本动员能力、能够与其他企业产生关联效应，并能够带动产业成长的企业。本书提出核心企业的概念，是笔者观察到在一国的某一产业内，往往存在着一个或几个企业，这些企业具有较之其他企业更强的资本吸收和技术创新能力，较强的管理和营销能力，它们的优先发展，能够带动整个产业的发展。因此，这些企业存在的意义不仅在于使个别企业获得竞争优势的利益，而且使产业发展获得较大的扩张力。“核心”是指最根本、最重要的部分，核心企业代表了产业内最重要的生产力，其成长是衡量产业成长的标志。与产业内其他企业相比，核心企业具有以下特点：（1）具有技术的先进性，并能获得与新技术相关联的新的生产函数；（2）具有融资优势，能够为企业规模扩张动员资本；（3）具有管理和营销能力等无形资产；（4）其发展的效果超过了企业本身，即核心企业不仅能实现企业本身成长，而且能带动整个产业成长。具体分析如下：

1. 技术优势。技术创新是企业在市场竞争中取胜的关键，企业的创新能力取决于四个要素，它们分别是：企业的产权形式、创新的资金来源、承受风险的能力、技术开发能力①。企业的产权形式是指企业的法律形式，这种法律形式决定了企业与创新成果的关系，从而决定着企业创新的动力。创新资金来源是企业能否进行创新的物质保证，通常，资金来源越充足，企业创新能力就越强。企业承受风险的能力在很大程度上取决于企业的规模，企业规模越大，其抗风险能力越强。技术能力决定了企业的技术开发实力。与一般企业相比，核心企业在这四个要素上有不可比拟的优势，由于核心企业在产业中规模最大、实力最强，能够筹措巨额资本，又具有较强的抗风险能力，

① 柳卸林：《技术创新经济学》，中国经济出版社 1993 年版，第 69 页。

创新能力在产业内也是最强的，因而，其技术的先进性代表了整个产业的先进程度。核心企业的技术不仅存在于生产领域，而是体现在生产、组织、销售等各个方面，波特指出：技术不仅存在于生产领域，“企业所涉及的任何技术都可能对竞争产生影响”，“技术包含于企业的每一项价值活动中……技术可普通如一套简单的人事活动程序”。

2. 融资优势。企业融资能力与企业规模、技术正相关，相对而言，规模大、技术先进的企业，更容易获得外源融资。由于现实经济中存在着机会主义、市场风险等不确定因素，资金供应者面临着较大的风险：一方面，企业可能采取机会主义行为，用财产转移、破产等欺诈方式逃废债务，另一方面，企业可能因经营不善等原因出现亏损而无法归还贷款。因此，资金供应者在寻找资金需求者时，总是把需求者的信誉、还贷能力作为决定是否借贷的首要因素。核心企业的信用等级高、资信好、还贷能力强，向其发放贷款的风险小，交易成本、监督成本也相对较低，具有较强的融资优势。事实上，作为产业内生产力的代表，无论是规模，还是成长性，核心企业都要高于同类企业，是产业内最具融资能力的企业。各产业内的核心企业大多是上市公司的现实表明，证券市场为核心企业发展提供了重要的融资渠道。

3. 价值优越性。价值优越性是指企业在创造价值和降低成本方面的优势。如上所述，核心企业具有技术上的先进性，在产品开发、市场营销、售后服务、市场反应等方面较之相关企业有更强的能力，能够为消费者带来价值创造和价值增值。当企业能充分运用其核心优势、以较低的成本开发出更适于市场需要的产品，并且能通过企业规模优势降低生产成本、给消费者带来实惠时，其价值优越性便能在市场竞争中体现出来。四川长虹 1996 年率先大幅度降低彩电价格，就是集团在规模生产、产品设计、市场开发等方面节约了大量成本的基础上实现的。长虹自身生产率的提高不仅引导了中国家电产业的新一轮竞争和结构提升，也给中国的消费者带来了巨大的价值增加。

4. 产业带动效应。产业带动效应是指核心企业在产业的发展中起到的示范和推动作用。企业能力理论认为，企业是一个开放的系统，企业的运行需要和其他企业进行协作与配合，企业所需的各种资源来源于协作企业，同时，企业的产品也需要通过其他企业销售出去，缺乏与其他企业的合作，企业是无法运行的。在产业内部，尽管企业间存在着较强的竞争，但企业间的相互合作也是不可避免的，尤其在创造新的资源和开辟新的市场方面，企业间有很强的合作需求，一方面是基于产业整体竞争的需要，另一方面是基于企业间相互依赖的共存关系的需要。由于竞争与合作，核心企业与其他企业之间形成了相互依存的关系，这种依存关系造就了同一产业内各类企业相互协调、共同发展的局面。在发展过程中，非核心企业存在着向核心企业学习的动力，这一学习过程不仅导致了单个企业技术水平和资源利用能力的提高，而且导致了整个产业技术水平和资源利用能力的提高，因此，客观上核心企业起着带动产业内其他企业发展和产业整体水平提高的作用。

产业内核心企业与其他企业的差异暗示着核心企业具有特殊的资源运用能力和成长优势，尤其在资本动员和技术创新方面，核心企业具有其他企业不可比拟的先进性，是产业内生产效率最高、发展速度最快的企业。核心企业的成长所产生的扩散效应，使之成为产业成长的关键。当核心企业处于发展阶段时，首先会实现企业成长效应，即企业规模扩大和市场占有率提高。企业规模扩张的直接后果是使企业平均生产成本降低，生产率提高，从而提高了企业的规模经济效率，无论是以增加资本投入的方式，还是以合并的方式扩大企业规模，都将导致产业集中度提高和产业总体竞争力的加强。其次，核心企业成长也产生了技术扩散效应，带动了整个产业技术水平的提高。技术创新是核心企业生存和保持竞争优势的基础，如果核心企业的技术优势仅仅存在于本企业内部而不扩散，就无法真正有效地推动产业成长，在产业内部，利益机制驱使各类企业不断地吸收和采用新的技术，从而产生了对新技术的学习与模仿。随着更多的模仿者进入市场，核心企业的垄断利润将趋于下降，这将促使核心企业进行新地技术创新，这种不断的创新、模仿的过程，又促进了产业技术水平和劳动生产率的不断提高。再次，核心企业新资源的利用和产品市场的开拓，扩展了产业发展的范围，并在与相关企业的协调与合作中，带动了相关企业的资源利用能力的提高，从而提高了产业总体实力。

第二节　资本利用能力与企业成长

决定企业成长的两个基本因素是技术进步和资本扩张，资本扩张的速度取决于企业能否有效地动员和利用资本，即企业资本利用能力问题。美国经济学家斯拉费（Salah Serafy）认为，经济发展中的资本利用能力是“与经济吸收能力相关的、能生产性地使用资本的能力”①，根据这一定义，企业的资本利用能力是与企业吸收能力相关的动员和使用资本的能力。由于企业特定发展阶段的技术水平、生产经营状况及管理能力直接规定着企业动员和利用资源的能力，从而决定了企业吸纳资本的规模，在企业发展的不同阶段，资本利用能力存在着较大差别。因此，在分析企业成长与资本利用能力时，应从动态的角度进行理解：其一，企业资本利用能力是与企业的成长阶段相联系的，企业规模和技术水平决定了企业资本利用能力规模的大小，成长中的企业比停滞成长的企业有更强的资本吸收能力；其二，企业资本利用能力是个变化的经济指标，随着内部条件和市场结构、组织形式的变化，企业资本利用能力会作出相应的调整与变化。因此，我们可以进一步把企业资本利用能力理解为：与企业成长阶段相联系的、受一定技术水平和管理水平制约的动员和利用资本的规模和限度。

吸收资本的目的是要实现资本效用的最大化，从而实现企业利润的最大化。资本利用能力效益最大化原则是企业所吸收的资本量的边际收益（*MR*）等于边际成本（*MC*），只有当企业吸收资本的边际收益大于或等于边际成本时，筹集资本扩大投资才有现实的意义，否则，如果吸收的资本不能给企业带来相应的投资收益，或投资收益低于筹资成本，企业就没有筹资的必要。

企业利用资本的边际成本呈现先降后升的U型特征，在投资初期，资本投入的增加会导致投资收益的提高，边际成本是递减的，但随着投入的增加，超过投资的最佳边界后，投资效率就会下降，边际成本上升。资本的边际收益则是先升后降的，企业资本利用的最佳点是边际收益与边际成本的切点，

① 斯拉费：《吸收能力、收益需求和石油的供给》，世界银行重印系列213号。

但是在现实中，这种合意的状态很难达到，可能出现的情况是边际收益与边际成本相交，如图4－1所示，*MR*与*MC*在*AB*两点相交，其对应的资本利用能力形成一个由A_1至A_n的区间，在区间A_1—A_n内的任何一点，企业利用资本的边际收益都大于边际成本，符合边际收益大于边际成本的原则（图中有斜线部分），这一区间即为企业利用资本能力的最佳区间。

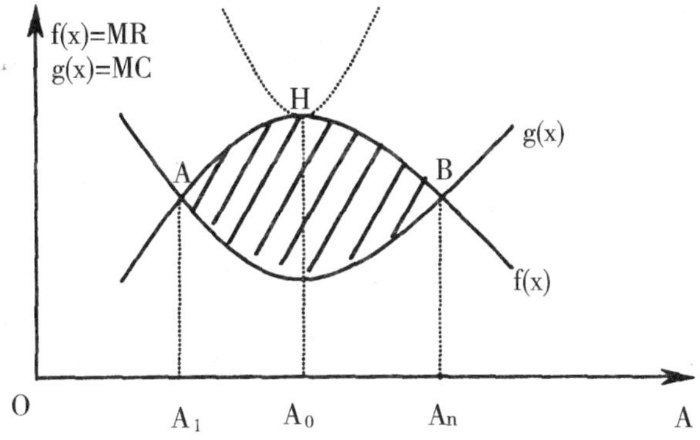

图4－1 企业利用资本的边际成本与边际收益

通常，企业成长有内部成长和外部成长之分，内部成长是企业通过推行内部管理战略获得的，它是一种产品扩张战略，即在现有资本结构下通过整合内部资源、提高管理能力和组织效率，不断开拓产品市场，保持和增强企业的竞争力。外部成长则是通过外部交易，包括兼并收购、长期融资、资本结构多元化等措施，扩大企业的经营规模，提高竞争力，外部成长主要采用资本扩张方式（赵炳贤，1997）。相对于企业的两种成长方式，企业的资本来源就有内源资本和外源资本之分，内源资本是企业的自有资本，是企业生存发展的基础，也是企业获得外源资本的财产保证。外源资本是企业通过银行信贷、证券市场等方式筹集的资金。外源资本与内源资本是互补性的，在企业成长的一定阶段，外源资本吸收能力就取决于企业资本利用的总规模和内源资本规模，因此在量上存在着这样的关系：企业的资本利用能力＝企业资本利用总量－内源资本总量。

在内源资本一定的条件下，企业吸收外源资本的规模是有限度的，这是由于企业的生产规模、技术结构以及市场需求是有边界的。在可利用的资源范围内，企业所吸收的资本可使其投资收益最大化，如果所利用的资本超过其资本吸收能力，超过的部分将由于闲置而造成浪费，导致资本利用效率的下降。在图4－2中，Q_1是企业自有资本条件下的投资规模以及相应的边际收益*M*，在*M*点，企业最优生产规模还未实现，随着企业利用外源资本的增加，生产规模由

Q_1 移向 Q_0，投资边际收益增加，到达 N 点，在 N 点，企业投资收益达到最大化（见图中有斜线部分）。但是如果企业此时继续扩大外源资本规模，投资由 Q_0 增至 Q_R（见图4－3），企业投资收益则呈下降的趋势，追加的投资非但没有为企业带来相应的收益，反而产生了负效应（见图4－3中有斜线部分），因此，企业合意的利用外源资本的规模是在企业生产的可能边界内的资本利用规模，超过这一规模，投资的边际收益将低于边际成本，投资是无效率的，资本的投入不能在生产过程中获得增值，甚至不能得到有效补偿。

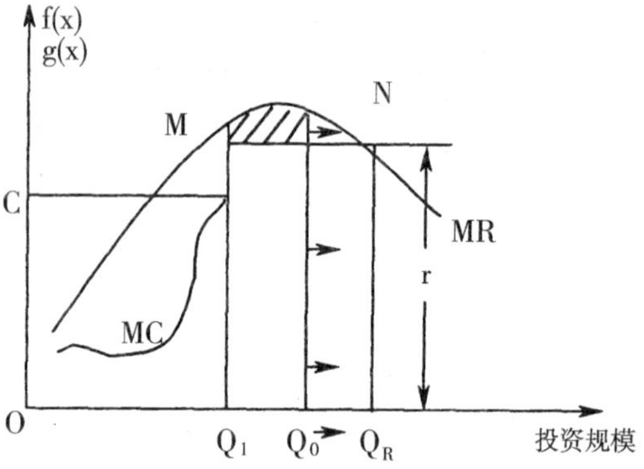

图4－2　企业投资规模与收益变化

经验数据表明，资本结构不仅在国别上，而且在同一国家的不同发展阶段都存在较大的差异，但是这些差异不是随机的，而是有规律可循的。发达国家的企业内源融资所占比重较大，发展中国家的企业对外源资本的依赖则较大，这是由于在欠发达经济中，社会财富规模较小，企业积累能力弱，不得不依靠外部资本来扩大生产规模，随着经济的发展和企业积累能力的提高，企业内源融资所占的比重则会越来越高。这一现象表明，外源融资对发展中国家企业扩张具有特殊的意义，资本市场发展和金融制度的改善有助于加快发展中国家企业的扩张。从资本吸收能力看，企业对外源资本的依赖程度越大，资本的吸收能力对企业制约程度就越大；从量上看，企业外源资本是内源资本的替代，企业利用资本总量与内源资本的量差决定了企业外源资本的利用规模。但是，上述边际分析表明，企业资本利用能力仍取决于企业利用资本的效率：在边际成本曲线一定的条件

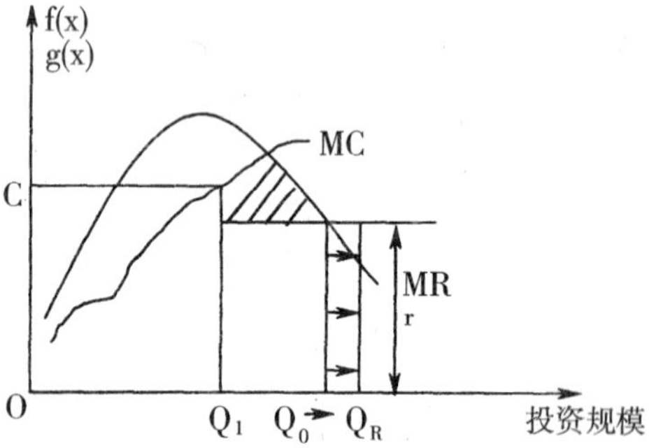

图4－3　企业投资规模与收益变化

下，企业资本利用能力就取决于资本的边际收益，边际收益扩大，资本利用能力就能相应地得到提高；而当资本的边际收益曲线一定时，边际成本就决定了企业的资本利用能力，边际成本下降，企业资本利用能力也会相应提高。

制约企业资源配置效率、从而对企业资本的边际收益和边际成本产生影响的因素主要有企业规模、技术进步、企业内部组织在协调、激励、创新等方面的作用，以及这些因素功能的发挥程度、各国的金融制度安排。

1. 企业规模。每个企业都有资本扩张的需求，随着生产规模的扩大，资本积累的规模和速度会进一步加大。产业内企业规模的大小直接影响企业动员和利用资本的能力。图4-4表明不同规模的企业在利用外部资本方面的差异①。通常大企业有比小企业更强的资本利用能力，因为在市场竞争中大企业具有明显的竞争优势，在技术开发、市场营销、售后服务等方面都比小企业有更有利的条件，能够取得更高的效益，具有扩大生产规模和稳定成长的能力。

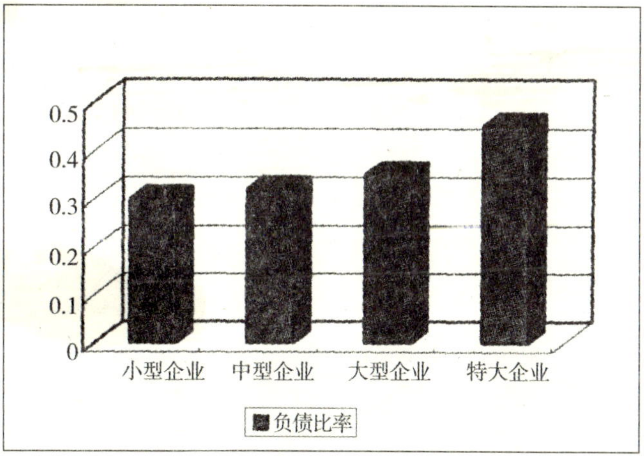

图4-4　发达国家各种类型企业债务融资比率

从某种意义上说，企业规模的扩张是企业制度的演化过程，从合伙制到公司制，从单个企业到企业集团，都是以企业规模扩大为表现形式的。在这

① 转引自郭树华：《企业融资结构理论研究》，中国社会科学出版社1999年版，第69页。资料来源：Kunt and Maksimovic（1996b）。

一过程中，小资本的集中和大资本对小资本吞并即利用资本集中方式进行的资本积累，大大加速了企业规模的扩张和企业制度的演化进程。这种以资本为纽带的扩张，一方面说明资本对企业规模扩大的特殊意义，另一方面说明随着规模的扩张，企业利用资本的能力进一步增强了。

企业规模对资本利用能力的影响还体现在动员和使用资本的形式上。企业外部融资包括银行信贷、发行股票、债券、商业票据等多种方式。小企业由于资信能力弱，融资条件苛刻等限制，融资大多只能以银行信贷方式进行，资本利用规模也因此受到极大限制。与此相反，大企业资信高，还贷能力强，在资本市场上有较高的信誉，通过股票、债券等融资方式可以动员超过自有资本若干倍的资本。不仅如此，在不断兴起的全球企业兼并浪潮中，大企业通过资本市场控制了越来越大的资本，尽管企业兼并中不乏小企业吞并大企业的案例，据统计，在美国 20 世纪 60 年代和 80 年代的两次兼并高潮中，小企业兼并大企业的比例已达 20%①，但大企业对小企业的兼并仍占绝大多数，说明大企业在兼并中具有规模优势，兼并使企业资本动员和吸收能力大大提高。在美国最近的兼并中，公司每兼并 1000 美元的资产，其自有资本仅 100 美元②，企业由此控制了超过自身资本规模 10 倍以上的资本。

2. 技术进步。熊彼特将技术进步的过程分为三个阶段，发明、创新和扩散。发明是指进行研究开发，创造出新产品的技术构想，发明不一定形成技术创新。创新是发明成果的产业化，新产品、新工艺和新制度在商业活动中的应用构成创新的过程。扩散则是成熟技术被众多企业模仿采用的过程。技术进步对企业生产率的贡献主要体现于资本和劳动的节约上，通常把生产函数的变化不影响资本与劳动平衡的技术进步看作是技术中性的（图4－5a），

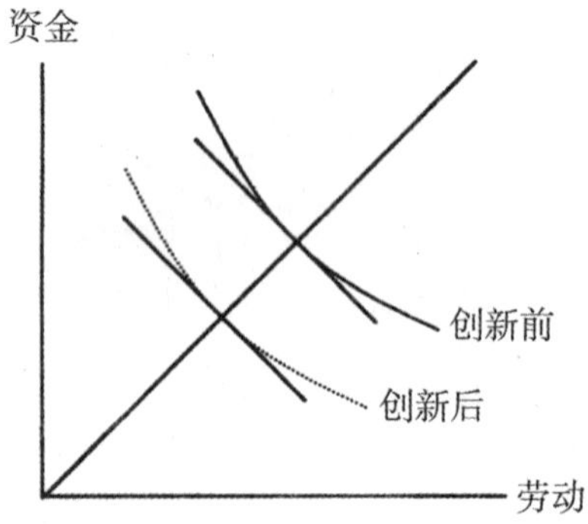

图 4－5a　中性的技术进步

① 龚维敬：《当代垄断资本主义经济》，上海三联书店 1991 年版，第 52－53 页。
② 同上书，第 23 页。

但是技术进步常常是非中性的，表现为资本或劳动节约上的偏差（见图4－5b、4－5c），形成资本节约型的或劳动节约型的技术进步。

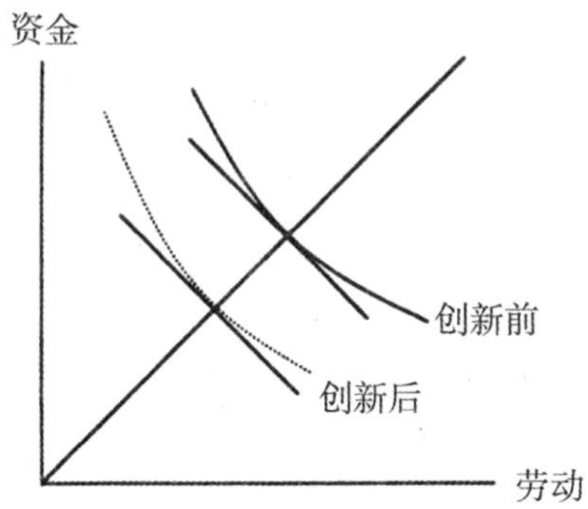

图4－5b　资本节约型的技术进步

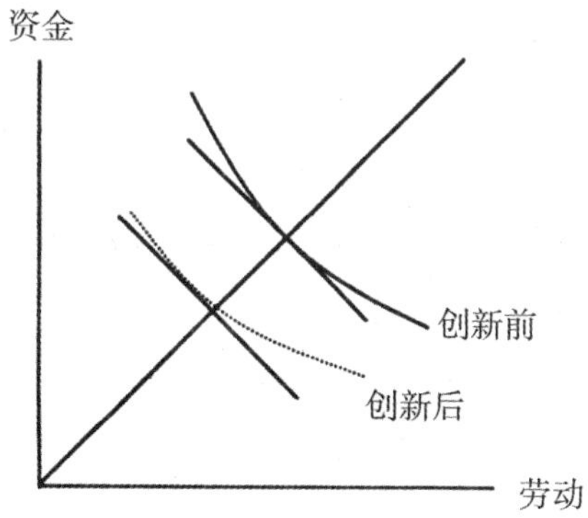

图4－5c　劳动节约型的技术进步

无论是中性的还是节约资本或节约劳动的，技术进步都形成了对生产要素的节约，在其他条件不变的情况下，技术进步都将导致产出的增加和成本的节约。在图4－6中，*MR*为企业边际收入曲线，*DD′*为企业需求曲线，技术进步后企业利润最大化的条件是$MR=MC_1$，技术进步使产量从Q_0增加至Q_1，价格则由P_0降至P_1。从图中可以看出，相应于向上倾斜的边际成本曲线，任何能降低边际成本的技术进步都将导致产出的增加。

企业产出的增加和成本的节约，必然对资源的使用产生影响，由于技术进步会导致生产率的提高，增强了资本的吸收能力，同时技术进步所导致的企业规模的进一步扩大，也增强了企业吸收资本的能力。斯通曼（Paul Stoneman）利用柯布－道格拉斯生产函数分析了技术进步对生产要素投入的影响，结果证实：在技术中性和非技术中性的情况下，技术进步都将引致就业和产出的增加，并使企业由规模不经济转向规模经济，在这一转变过程中，资本和劳动力等生产要素的投入都会增加，同时产出也

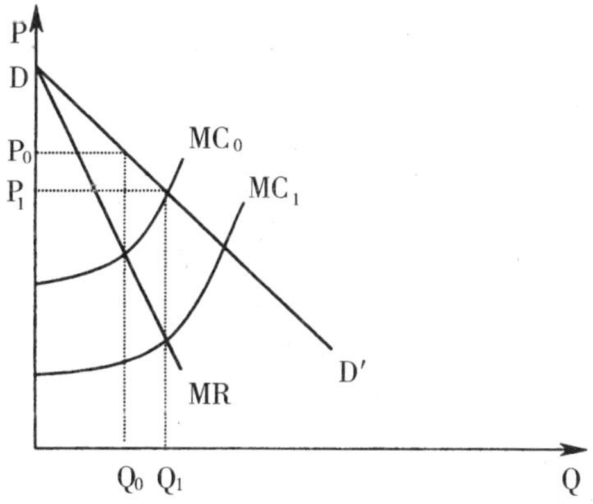

图4－6　技术进步与产出变化

相应地增加。在技术进步的条件下，产品的需求弹性越大，企业的扩张规模就越大，对资本的需求和吸收能力就越强。虽然在大多数情况下，技术进步是成本节约的，但由于技术进步导致了产出的扩大和规模经济，因此，从根本上说，技术进步对资本的需求和吸收能力是扩大的①。

3. 企业制度。企业是生产经营活动的主体，其主要作用是向社会提供产品或服务，以获得最大利润。对企业而言，利润是决定其生死存亡的关键，对利润最大化的追求决定了企业要在市场竞争中不断利用新工艺、开发新产品、扩张企业规模，并尽可能地在企业内部节约使用资源，以达到“资本效用”的最大化。企业之所以为“企业”，就在于企业作为独立的生产经营者，有追求利润最大化的冲动并有为之进行努力的生产经营活动，否则，就不能称之为企业而只能作为从事生产活动的“工厂”②。与工厂不同的是，企业有自我经营、自我发展、自负盈亏、自我约束的经营机制，能够最大限度地节约成本、优化资源配置，推动企业自身的不断发展。现代企业制度是企业运行机制形成和发挥作用的基础。以公司制为核心的现代企业制度的特点是企业出资者所有权与企业法人所有权相分离，从而形成多元的产权关系：企业所有权的分解，要求出资人和企业法人各自承担相应的权利与责任，出资人享有资产的收益权和重大决策权，与之相对应是出资人必须依法向公司注入资本金，企业法人依法享有对法人财产的占有、使用、收益和处置权，并以法人财产对其经营活动负责，以其全部资产对企业债务承担责任。出资人与企业法人的这种基本的财产关系，要求通过企业法人财产制度、产权交易制度和公司治理结构的建立及规范加以确定，它具体表现为在公司内部建立财产所有者、法定代表人和管理者的委托代理关系和相应的激励与约束机制：即由股东组成的股东大会作为公司的最高决策机构，由股东大会选出的董事会代表股东的权利行使股东大会的权力，董事会选拔聘用总经理，并赋予其相应的经营管理权，股东不仅可以“用手投票”，也可“用脚股票”约束董事会和经理人员的决策和生产经营活动，从而谋求资本投资利益最大化。因

① 斯通曼：《技术变革的经济分析》，机械工业出版社 1989 年版，第 180－184 页

② 小宫隆太郎：《现代中国经济——日中的比较分析》，商务印书馆 1993 年版，第 71 页。

此，现代企业制度的建立，从根本上解决了企业内部的资本利益关系，充分体现了企业作为资本物化和组织化的特征①。现代企业的这种资本运作特征，扩大了企业动员资本的范围，大大提高了企业利用资本的规模，保证了企业在可使用的资源范围内的规模扩张。由此可见，企业产权制度的完善有利于提高企业的资本利用能力，加速企业资本积累速度，从而有利于提高资本的利用效率。

4. 金融制度。与上述三个因素不同，金融制度是作为外生变量影响着企业吸收资本的能力的。企业外源资本是通过金融渠道融集的，一国金融体制的发展，对企业拓展融资渠道、增强资本利用能力有重要的影响。金融制度不仅会影响企业的融资方式选择，还直接影响着企业利用资本的能力：当一国间接融资居主导地位时，企业融资选择的余地很小，银行信贷往往制约企业融资需求的扩张，从而影响企业的资本利用规模。当一国金融制度较为健全，能为企业提供间接融资和直接融资的各种融资渠道时，企业就可选择最适合于自己的融资方式，从而大大节约融资的成本，提高资本的使用效率。肯特（Kunt）和迈克什维克（Maksimovic）对32个工业化国家和发展中国家1980～1991年的企业负债－股本比率的研究表明，资本市场的发展能够增强企业的融资能力，对发展中国家，效果更加明显。

金融制度对企业融资能力的影响还在于，金融制度决定和影响着资本市场的运行效率，从而影响着企业融资能力。有效率的金融制度能够为投融资双方提供必要的信息，降低信息成本和监督成本，提高资金的使用效率。当一国资本市场健全时，企业往往会选择长期融资，这意味着在发达的资本市场中，投融资双方成本的降低和风险的减少。反之，当一国金融制度不完善或效率低下时，企业往往选择短期借贷方式融资，以避免融资风险。这就直接决定了企业在资本利用能力上的差异：长期融资表明企业有一个在较长期的区间内还本付息的能力，从而进一步表明企业有潜在的发展能力和资本利用能力；相反，短期融资表明企业发展前景的暗淡和资本利用能力的低下。表4－1通过工业化国家的长期融资结构，表明发达的金融制度与企业融资能

① 张南：《中国产业结构调整的金融机制》，陕西人民出版社1998年版，第173页。

力的关系，说明这些国家的企业有较强的资本利用能力。

表 4－1　1986 年发达国家外源融资状况

国家	国内银行对企业的信贷额与 GDP 的比率	股票市值对 GDP 的比率	债券市值与 GDP 的比率
美国	70.90	49.85	23.27
日本	104.22	85.31	4.74
德国	86.58	25.79	0.13
法国	80.03	19.54	5.63
意大利	33.04	21.17	0.68
英国	53.85	83.70	2.48
加拿大	44.21	50.56	7.42

资料来源：郭树华：《企业融资结构理论研究》，中国社会科学出版社 1999 年版，第 66 页。

从影响企业资本利用能力因素的分析中可以看出，在同一产业中，资本利用能力相对较强的只能是产业内处于成长阶段的核心企业，核心企业所具有的规模优势、技术优势及成长优势，能够最大限度地降低投资风险，符合资本追求低风险、高回报的要求。而资本动员优势又促进了核心企业的进一步成长。

第三节　企业成长过程中的融资成本－收益分析

企业的内源融资，一般不发生融资成本，但由于企业用自有积累进行投资，存在着放弃其他投资的机会或利用其他方式融资的机会，因此，企业内源融资存在着机会成本问题。内源融资的比重越大，机会成本就越高。尽管如此，在条件许可的情况下，企业一般仍然愿意最大限度地使用内源资本，因为内源融资不仅可以避免较大的风险，而且可以避免较高的交易费用和交易成本，相对于其他融资方式而言，内源融资收益较高。但在这里，我们对内源融资的机会成本和收益问题存而不论，主要研究外源融资的成本与收益问题。

企业外源融资采取债务融资还是股权融资方式，以及如何确定一个债务融资和股权融资的比率，是至关重要的，它直接关系到企业的投资成本和企业价值的实现，从而决定和影响着企业成长的规模和速度。企业选择融资方式主要取决于两个因素：一是资本的成本，即企业进行融资而必须支付给投资者的报酬；二是资本的收益，即不同融资方式给企业带来的融资收益的净增加量，不同的融资方式有不同的成本和收益。

从债务融资看，其成本主要包括三个方面：一是企业对债权人固定的利息支付；二是破产成本；三是代理成本。

债务融资是资金的借贷行为，以约期还本付息为特点，债权人暂时让渡资金的使用权，但要求债务人在契约规定的时间内归还本金和利息，利息率是事前规定的。企业进行债务融资，要按契约支付利息，这就构成了企业基本的成本支出。

破产成本来源于债权人约期行使资本的收益权而可能引发的企业破产的可能性，如上所述，债务合约要求约期还本付息，企业必须在规定的时间内按事先规定的标准向债权人支付本金和利息，当企业不能按合约要求支付本金和利息，也不能从其他渠道融资时，就可能导致财务状况恶化，企业面临破产的风险。在企业融资结构中，债务融资的比重越大，企业的破产风险就越大，当企业选择100%的债务融资时，企业面临的破产风险最大。虽然债务融资所引发的破产风险及由此而带来的破产成本很难量化，但在企业决策过程中确实存在①。

由于存在违约风险，债权人出于资金安全的考虑，要对企业的经营状况进行监督，从而形成债权人的监督成本。由于债权合约对企业还本付息的有关条款作了明确规定，其支付的利息是固定的，只要企业能够履行对合约的承诺，约期还款，债权人对企业的监督就没有必要，监督成本也是不存在的。但是，由于债权人和股东之间存在代理问题，股东就会有损害债权人利益的倾向，为了防止股东损害行为的发生，债权人要在合约中增加有关条款，以限制导致债权人利益受损的行为发生。事实上，要保证合约涵盖限制企业所有的损害行为，并保证合约得到完全实施，其监督成本是很高的。如果债权人能够在事先预见到企业可能采取的损害行为，在合约中作出明确规定，并

① 李扬，何德旭：《经济转型中的中国金融市场》，经济科学出版社1999年版，第115页。

通过借贷价格得到体现，监督成本最终将由企业来承担。

代理成本是由于股东利益与债权人利益发生冲突而产生的，史密斯（Smith）和威勒（Warner，1979）[①] 对股东和债权人可能发生利益冲突的情况作了总结性归纳，认为股东可能会做出四种有害于债权人的行为：一是改变分红政策，如提高分红利率，这将损害债权人利益；二是企业违背事先约定，发行比前期债券有更优先清偿权的债券，侵蚀债权人利益；三是股东改变投资项目，将债权人资本投资于高风险项目，产生所谓的“资产替代”；四是股东为防止投资失败的损失，有意识地降低投资比率，造成债权人损失，一旦上述情况发生，债权人的利益将受到很大损害。债务融资比重对股东的行为决策有重大的影响，债务融资比重越高，股东越有损害债权人利益的冲动。当债权人意识到与股东之间的利益冲突时，便会在合约中对股东的行为加以限制，股东将承担相应的成本。

股权融资的成本主要有向股东支付的股息或红利、交易成本和税收成本。

股票是一种所有权资本，企业无需向股东还本，但却要向股东支付红利或股息。红利和股息是不固定的，在很大程度上取决于企业当期的经营绩效，红利和股息构成企业股票融资的成本基础。由于股息和红利不固定，且可以实物支付（如派送），在股票融资中，股息和红利占总成本的比重不大，股票融资的成本主要体现在交易成本和税收成本上。

交易成本是指企业在发行股票时发生的成本。在正常情况下，企业是通过委托证券机构来完成发行工作的，证券机构为企业提供招股、包销、发行等工作，企业要支付包销折扣、管理、税收等费用，这些构成企业股票融资的基本支出，是股票融资的固定成本。在信息对称的市场经济中，股票价格能够完全反映企业的经营状况，发行股票不存在额外的成本与费用。但是市场信息往往是不对称的，信息不对称会导致投资者作出错误的判断，典型的情况是股价严重偏离企业的实际经营状况，形成对股票价格的高估或低估，当股价被低估时，企业融资的交易成本加大，资源得不到有效配置。

① Smith, C. and Warner, J.: “On Financial Contruction: An Analysis of Boarcd Covenant”, *Journal of Financial Economics*, 7, 1979, p. 117.

金融市场噪声理论认为，由于信息不对称，加之投资者分析能力存在差异，部分投资者会对市场作出错误反应，作出错误定价，使金融商品的价格偏离金融资产的实际价值，形成不完全价格。当股票发行市场出现噪声时，投资者可能会对企业发行的股票作出消极反应，比如，把好企业的股票与坏企业的股票同等对待，对好企业的股票不进行积极地价格支持等。一旦噪声出现，企业就将面临较大的交易成本，最典型的情况是企业不能按实际价值发行股票，使好企业为差企业所拖累，企业的融资成本增大。

税收成本是在企业融资中发生的成本。在股票融资中，存在着对企业利润和股东收益的双重征税，而相对于股票融资，债务的利息计入成本，具有冲减税基的作用，因此债券融资是免税的，这就使得股票的税收成本要远高于债务融资的成本，从而形成融资选择中的劣势。尽管企业可能通过改变利润分配方式，减少现金分配，提高公积金的比重，降低税负，但这与股东的利益发生矛盾，长期实行会严重损害股东的利益，股东“用脚投票”的结果是企业资本流失、股票价格下跌。

融资成本分析从一个方面说明了企业融资结构多样化的理由，要全面理解企业为什么选择股票融资或债券融资，还需对融资收益进行分析。融资收益是选择某种融资方式给融资者带来的直接收益或好处。对融资成本一收益进行比较，有助于企业作出合理的选择，也有助于理解证券融资对企业成长的意义。

债务融资的收益主要体现在税收减免和负担转嫁上。各国大多允许债务利息计入成本，使企业获得了免税优惠。资本结构理论认为，增加负债融资可使企业得到更多的免税优惠，从而增加企业的价值，使企业市场价值达到最大化的企业融资结构是负债比例达到100%。由于能从免税优惠得到好处，企业倾向于增加债务，但是现实中，企业并非采取100%的债务融资，究其原因，仍在于个人所得税会抵消税收减免的好处，由于利息所得税要高于股票的利得税，投资者倾向于股票投资，当企业税收减免高于个人利息所得税时，企业利用债务融资比较有利；相反，个人所得税的税收损失大于企业税收减免的好处时，有利于企业股权融资。

负担转移是企业采取债务融资的另一个重要理由。债务融资有按事先规定的标准还本付息的特点，由于利息标准是事先规定的，企业的债务负担不随企业经营业绩的变化而变化，当企业获得较高利润时，向债权人支付的利息并不相应增加，企业可以获得较高的利润留成。不仅如此，当在约定的期限内出现通货膨胀时，企业可从通货贬值中得到负担转移的好处：通货膨胀造成本金贬值和实际利息下降，企业还本付息的实际支出减少，从而间接地增加了企业的实际收益。

股票融资的收益主要来源于溢价发行、股息的延期支付和通过股票价格的示意作用提高的融资收益率。股票价格往往与实际价值有较大的背离，这种背离不仅体现在二级市场交易中，而且存在于股票的发行过程中。在公司上市时，公司大多以高于公司实际资产价值的价格发行股票，从而形成溢价收入。溢价发行之所以为投资者接受，是股票投资者享有对该公司的一定权利，其中最重要的是股利的分配权，股东预期能够从公司的未来收益中获得高额的回报，因而认可这种溢价发行方式。尽管各国在股价定价方式上有较大差异，但溢价收益是普遍存在的。以中国为例：1998 年，中国在沪深两地共发行 A 股 109 个，筹集资金 437 亿元，发行股票的平均市盈率为 14. 31 倍，平均发行价格为 5. 65 元，109 家上市公司共获得了 360 亿的溢价收益，1999 年，股票发行的平均市盈率上升到 18 ~20 倍，上市公司从发行溢价中获得的收益也有大幅度的提高。

股票融资的最大收益在于股票无需还本，只要公司不结业，便可无限期地占用这笔资金。企业对股东只承担支付股息的义务，但是，股息支付也并不完全采用现金方式，企业往往利用配股、派送等方式替代现金红利，甚至延期支付，这一方面是基于避免双重课税的考虑，另一方面则是基于企业利益的考虑，企业可以从不分配或派送等非现金分配中得到融资的利益。在发展中国家，这种情况较为普遍。

股票融资的收益还体现在通过股票价格的示意作用，并通过股票融资的类别（如优先股、普通股）以及与其他融资工具的替代，来提高公司的融资收益率。股票价格的示意作用表现为通过股价的高开，吸引投资者，并通过股票再融资使投资者产生很强的高收益预期，吸引更多的投资者，增加企业的融资收益。而股票融资的类别以及与其他融资方式的替代，亦可影响企业的整体收益率，如以优先股替代普通股、或以债券替代优先股等都会导致企业股票融资收益率的不同提高[①]。马萨里斯（Masulis，1980）的研究表明股票融资或回购会使股票收益增长21%、戴恩（Dann，1981）的研究结论是股票回购使股票收益提高15.4%，维米勒伦（Vermaelen，1981）则认为回购可以使公司股票收益增长13.3%。因此，以债券融资回购股票为主要方式的融资替代会提高股票的价格，增加企业的收益率。

从上面的分析可以看出，债务融资的成本小于股权融资，收益则大于股权融资。如果考虑内源融资，企业的融资成本从小到大的顺序为：内源融资成本<债务融资成本<股权融资成本，与此相对应，融资收益则为：内源融资收益>债务融资收益>股权融资收益。迈尔斯（Myers）和马吉勒夫（Majluf）考察了信息不对称对企业融资成本的影响，认为信息不对称会使企业尽量减少对股权融资的运用。企业的信息主要掌握在企业管理者手里，投资者对企业的经营状况知之甚少，当企业采用债务融资时，意味着有还本付息的能力，从而对投资者发出企业经营业绩良好的信号，而采用股权融资，则向投资者发出了企业经营不佳的消极信号，使投资者对企业失去信心，导致企业市场价值的下降。因此，“最优融资顺序”应该首先是内部积累，其次是债券融资，最后是股票融资。一些经验数据也支持这一结论，1965～1982年，美国企业的资本来源中，企业内部融资占61%，债务融资占23%，股票融资占2.7%。佐京（Rajan）和英格里斯（Zingles，1995）分析了七个最发达国家企业的资本结构，结果发现各国企业的资本结构有惊人的相似之处，对美国企业融资的影响因素同样也影响着其他国家。

但是，发展中国家却存在着与发达国家相反的情况：在金融压抑的条件下，发展中国家确实普遍存在着对银行信贷的极大依赖，但是一旦金融市场开放，企业就会产生股权融资的强烈冲动，导致股权融资比重大幅度提高，证券市场资源紧缺。依据“企业融资方式的选择依据于各种融资方式的成本－收益分析”这一命题，显然发展中国家在债务融资与股票融资的成本－收益方面与发达国家存在着较大差异，这种差异性决定和影响了发展中国家企业的融资方式和融资结构。

---

① 郭树华：《企业融资结构研究》，中国社会科学出版社1999年版，第135－136页。

发展中国家企业留存利润普遍较低，存在着对外源融资的极大依赖。在过去的10年里，发展中国家的内源融资占全部资金需求的比例仅为12%～58%，同期，西方七国的内源融资比例达到52%～100%①，外源融资在发展中国家比发达国家要重要得多。由于缺乏有效的资本市场和可供选择的融资工具，发展中国家的外源融资主要以债务融资为主，这就造成了发展中国家普遍存在的企业高负债状况，胡祖六统计了亚洲国家与欧美发达国家的信贷规模，发现亚洲国家的信贷规模要远高于发达国家，见表4－2：

表4－2　若干国家信贷规模比较

国　家	比　率（%）
亚　洲：	
日　本	207
泰　国	157
韩　国	134
新加坡	114
中　国	96
印　尼	63
欧美发达国家：	
美　国	58
英　国	123
法　国	52
意大利	75

资料来源：胡祖六：《银行问题与亚洲金融危机》，清华大学中国经济问题研究中心，1998年4月，No.199806。

从上表可以看出，亚洲国家的信贷规模比发达国家要高得多，这种信贷

① 王鹭：《发展中国家的资本结构、企业融资和金融中介》，《世界经济与政治》1999年第3期，第50页。

规模的扩张并不是金融深化的表现，而是反映了这些国家对信贷资本的严重依赖，表现为这些国家普遍存在的企业高负债，日本、韩国、中国、泰国企业的负债都在70%～90%以上。[①] 在前面的分析中已经阐明，企业负债率越高，破产成本越大，而在以银行储蓄为主的发展中国家债务融资结构中，银行为了避免过期的贷款变成呆账，常使用追加贷款的办法维持企业的运行，这不仅不能化解破产风险，反而使破产风险进一步加剧，因为银行增加贷款非但没有激励企业改善经营管理，提高经营效率，反而提高了企业不断从银行获得贷款的预期，最终使债务/股权比例超过谨慎的水平，加大了破产成本，韩国大企业的破产无不源于此。

与过度负债及银行负债相联系的是监督成本高。资本结构理论认为，债券的监督成本几乎为零，因为债权人可从企业破产中获得优先的偿债权。债务融资的监督成本主要体现于银行的借贷活动中，银行以集中的方式向企业提供贷款，可以直接观察企业的生产经营情况，对企业的收益进行监督。一般而言，可观察到收益的融资方式的成本要高于不可观察到的融资方式的成本，作为可以直接观察企业的收益状况的融资方式，尽管存在着较高的效率，但由于违约的比例较高，银行不得不付出较高的监督成本，而发展中国家对信贷方式的过度依赖，更进一步提高了该项成本。应当说，作为可观察收益的融资方式，股权融资也存在监督成本问题，但是，股票投资者通常从企业公开的资料中获得企业的有关信息，并且“用脚投票”对企业的收益状况作出反应，监督成本要比银行低得多。

发展中国家存在的对股权融资的巨大需求，还在于发展中国家特定发展阶段存在着对资本结构调整的要求，同时股权融资确实能给发展中国家的企业带来可观的利益。

发展中国家的企业一般都处于企业生命周期的成长期。处于成长期的企业首先是以规模扩张为表征的，这就需要进行大规模的投资，企业投资规模除受企业融资能力制约外，还受企业投资决策的制约，企业的债务/股权比例影响着企业经理人员的投资倾向，当债务比例过高时，企业破产风险加大，

① 周天勇：《高负债发展模式的金融风险》，《经济研究》1998 第 5 期，第 4 页。

破产概率提高。由于企业破产后，债权人可享有优先清偿权，破产的成本将全部由现有股东承担，这就迫使企业放弃许多投资项目，即使是那些好的投资项目，从而制约了企业的规模扩张，因此，从企业成长的角度出发，企业倾向于增加企业的股权比例，增加股票发行。另外，成长期企业普遍存在着资金短缺，表现为现金流入小于现金支出。债务融资要求约期还本付息，企业现金的缺乏，往往不能提供所需还本付息的现金，导致企业破产风险加大，而企业选择股权融资，并不需要还本和支付固定的利息，从而节约了企业的现金支出，为企业规模扩张提供了积累资金来源。

事实上，在缺乏股权融资的经济中，仅仅依靠内源资金和债务融资，企业规模扩张是会受到很大制约的，企业规模经营只能是个次优的高负债/股本比率，企业规模也可能是个次优的规模经济（郭树华，1999）。发展中国家高负债实际上成了企业规模扩大的障碍。负债/股本比例有一个最高限度，超过这一限度，企业将无法继续获得债务融资，企业规模的扩张也就不可能实现。增加股权融资将降低企业负债/股本比例，整合企业的资本结构，提高企业的价值。企业增加股权融资，可以突破企业现有外延资产规模的制约，实现规模经济，而资产规模的扩大和资本结构的改善，又会向潜在的投资者传递企业经营状况和发展前景良好的信息，有助于企业进一步扩大债务融资。因此，股票融资是发展中国家高负债资本结构下的最优选择。由于股票融资能够分散企业的风险，加上企业发行股票，定期公布企业生产经营的有关信息，降低了投资者的监督成本，从而也降低了企业的融资成本。

对新兴市场来说，发行股票的利益还来源于股价的溢价收入和股利分配政策。如上所述，股票发行存在溢价收入，尽管发展中国家的利率普遍较高，但发展中国家的股票市盈率仍高于发达国家（见表4－3），股价的溢价收益也远高于发达国家。

4 –3　世界主要证券市场市盈率比较

年份	中国上海	中国深圳	中国台湾	纽约	东京	韩国	中国香港	泰国	新加坡
1996	31.20	35.42	29.00	15.70	85.30	18.70	16.40	13.30	21.50

资料来源：赵晓雷：《中国资本市场的实证研究》，《财经研究》1998 年第 10 期，第 9 页。

股利分配政策也给发展中国家企业股权融资带来了巨大收益。在发达国家，采用现金红利较为普遍，但是在发展中国家，上市公司大多选择股票红利的分配政策，即以配股或送股替代现金或实物分配。由于发展中国家企业的盈利能力较低，派送的现金红利很少，股东更乐意接受股票红利，这就使发展中国家的股票成为既无需还本又无需付息的融资方式，以股票红利替代现金红利，实质上是将股票融资成本中的大部分，即付息成本转嫁给了投资者，减轻了企业现金支出的负担，增加了企业融资收益。在股票红利中，配股是用二次融资来扩大企业的收益来源，送股（包括暂不分配）则用股东的红利扩大了企业规模，其最终结果都增加了企业的融资收益，配股和送股还扩大了企业的股权资本比重，为企业扩大债务融资创造了条件。

因此，可以得出结论：发展中国家企业发行股票的综合收益要高于发达国家的股票发行收益，也高于发展中国家的债务融资收益。正是这种高收益、低成本使得发展中国家的企业更多地选择外部股权融资，1995 年，发展中国家股票交易额达到了世界股票交易额的 17%，而在 1985 年，这一指标还不到 3%。[①] 其实，进一步分析发达国家的资本形成过程便可发现，在工业化过程中发达国家也存在着对股权资本的极人依赖，在第一次世界大战前的四分之一世纪里，新发行的证券占国民生产总值的比例在英国至少是 8%，在法国和德国是 6%，在美国是 5%，股票在全部新发行证券中的比例在美国是 40%，

① Ross Levine：《股票市场：经济增长的强心剂》，《金融与发展》1996 年 3 月号，第 8 页。

法国是33%，德国是25%①。因此，发展中国家与发达国家的工业化时期有着相似的股权结构，从中也可以进一步推论，在工业化时期企业成长需要依赖外部股权资本。

第四节　证券市场、企业成长与产业成长的关系

美国经济学家格利和肖从“初始经济”人手分析了发展中国家金融与经济的关系。格利和肖指出：“初始经济的增长能力受其金融制度的限制。在只有货币没有其他金融资产的情况下，储蓄、资本积累和从储蓄到投资的有效配置都受到抑制，这种抑制又滞缓了产出与收入的增长速度。从这个模式中可以看到对实际增长的某些抑制。”② 依格利和肖之意，发展中国家经济增长受阻的原因是经济缺乏有效配置资源的金融机制，由于金融资产单一，不能为经济提供所需的融资工具，资本积累受到阻碍。因为“初始经济要积累资本，必须有国内储蓄以供应资金”。但“初始经济的金融制度向私人支出单位只提供一种金融资产，即货币，来引致储蓄。它不允许企业发行自己的金融工具来引致消费者储蓄，也不允许政府发行非货币债务。金融制度也不试图通过提供不同种类的金融资产或者允许金融资产有外现利率来刺激私人储蓄。”③ 因此，经济发展受到很大阻碍。

格利和肖的观点表明，金融资产多元化对经济增长有特殊的意义，金融资产多元化既扩大了企业融资渠道，又满足了经济增长对市场金融的要求。当经济中只存在一种金融资产时，货币资产难以有效动员储蓄，扩大储蓄规模，企业部门只能依靠内部积累来满足投资需要，市场动员储蓄的作用降到了最低点。由于存在着政府对金融的控制，初始经济既不存在储蓄市场，也不存在竞争性的投资市场，更不存在根据利率选择项目的融资机制，金融不能有效地聚集闲置资本进行集中性的大规模投资，因此，“私人证券发行和把

① 安·阿格迈依尔：《形成中的证券市场》，《世界经济译丛》1995年第3期，第31页。
② 约翰·格利，爱德华·肖：《金融理论中的货币》，上海三联书店1988年版，第12页。
③ 同上书，第42页。

证券出售给储蓄者的市场，对于私人企业积累和配置资本来说必不可少。”①在这里，格利和肖强调了证券市场的作用：证券市场能够动员储蓄、聚集资本，为企业扩张和成长提供资金保证。发展中国家经济增长之所以缓慢，与企业规模小和证券市场不发达有极大的关系，企业扩张需要增加低风险和低成本的外源资本，如果金融不能为企业提供合意的资本来源，企业的发展必然受到影响。

证券市场的出现创造了一个金融与微观主体的储蓄、投资活动直接相联系的机制，使企业摆脱了对银行融资的过度依赖，实现了融资选择的多样化。证券市场对企业成长的意义在于：证券市场把产业中具有发展潜力，有成长业绩的企业挑选出来，通过证券融资使其获得进一步发展的资金支持。通过扶持产业内核心企业，证券市场促进了产业成长。当经济中缺乏证券市场时，核心企业规模扩张所需的资本很难得到满足，对产业发展的带动效应也难以显现出来，因此，证券市场是企业成长的资本保障。在发展中国家，证券市场的这一作用表现得尤为突出。

利用熊彼特的创新模型，我们能够更好地理解证券市场与企业成长之间的关系。熊彼特把创新视为资本主义经济发展的动力，并为此提出过两个著名的创新模型。在1912年出版的《经济发展理论》中，熊彼特提出：创新是新的生产要素的组合，企业创新是基于外在的技术发明、企业家的冒险精神，具有冒险精神的企业家充分认识到新技术的未来潜能，将新技术引进生产过程，实现了新的生产组合，从而获得了垄断利润。熊彼特的这一创新思想可用图描述如下：

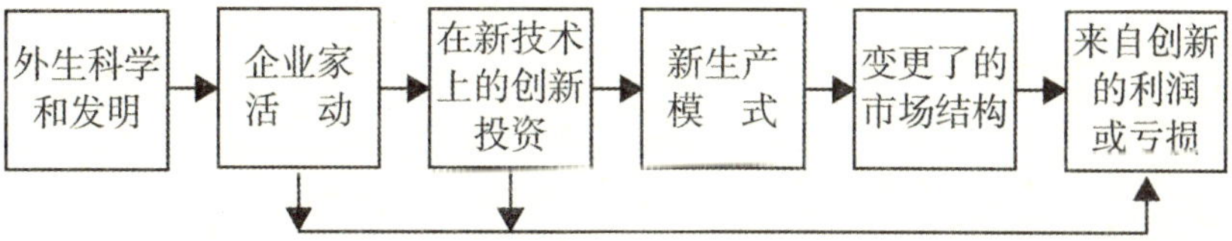

图4－7　熊彼特创新模型Ⅰ

① 约翰·格利，爱德华·肖：《金融理论中的货币》，上海三联书店1988年版，第44页。

在1947年出版了《资本主义、社会主义和民主》一书中，熊彼特又提出了关于创新问题的新见解，由强调企业家能力转而强调大企业在创新中的作用，由强调技术是外生的转而把技术创新看成是企业内生的，其原因在于他看到了大企业具有更强的R&D的能力。熊彼特创新模型Ⅱ可描述如下：

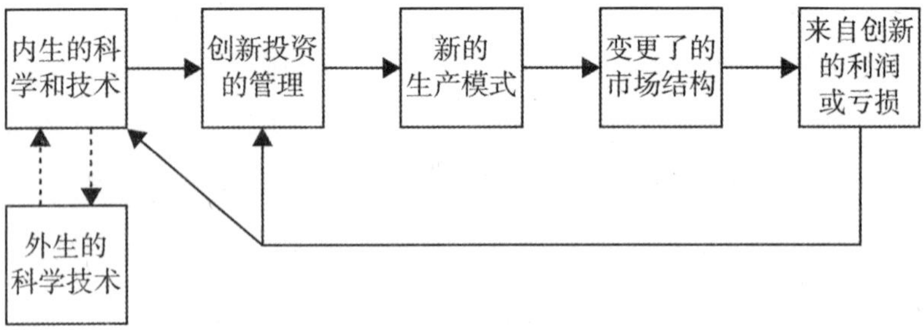

图4－8　熊彼特创新模型II

熊彼特的两个创新模型在现实中都能得到印证，因此模型II并不排斥模型I的合理性。无论是创新模型I还是创新模型II，新技术的投资都被看作是创新实现的关键。由于创新“最先需要的是信贷”，“企业家由于发展进程而成为债务人”，因此，信贷是“为了授予企业家以购买力而进行的对购买力的创造，但并不单纯是现有的购买力的转移。”在这里，信用被熊彼特赋予了重要作用：信用使新的生产要素的组合成为可能，缺乏信用，创新就不可能实现。因为生产要素在“实现新的组合之时，可就确实出现了一个有待弥合的缺口”，信用的出现正是为了弥补这一缺口，使潜在的技术优势变成了现实的生产能力，为企业创造了垄断利润。

从熊彼特创新模型中可以得到如下推论：

第一，信用推动了企业创新，而创新实现了新的生产要素的组合，因此，信用也是企业发展的动因。

第二，在创新模型中，熊彼特虽只强调了信贷弥补缺口的作用，但却与存在着多元化金融资产的现实相吻合，在信用因素中应该加入直接融资的方式，这样，推动企业创新的信用因素就扩展为金融因素，这也是与现实经济运行过程相吻合的。

第三，证券融资特有的分散风险的功能使其在企业创新中具有比银行信贷更大的优势，在促进企业创新方面证券市场有特殊的功效。

由于熊彼特所强调的信用是创新性信用，其本身即已暗示：与经济发展相伴随的金融机制是适应经济的变化而不断进行调整的过程，现实经济的运行，就是金融工具和融资方式的创造与流转的过程，当经济中新的生产要素组合出现时，需要相应的金融工具和融资方式与之配合，否则金融瓶颈就将成为经济发展的桎梏。因此，金融工具和融资方式的创新以及金融资产量的扩张既是经济发展的结果，也是经济发展的条件。作为经济中企业组织形式（股份制）创新的金融保障，证券市场是必不可少的，也是十分有效的，证券市场使企业规模扩张达到了极限，并促进了产业组织形式的更高级形态——企业集团的形成和发展，从而达到了推动产业成长的目的。

证券市场对产业成长推动的特殊作用在于：证券市场为企业成长，从而为产业成长创造了有效供给，也就是说，产生于企业融资之前证券市场的存在，创造了一个现存的融资环境来满足企业的融资需要。与银行信贷被动适应不同，证券市场具有“供给引导”的性质[①]，即在企业产生引致增长的需求之前，就提出了供给，从而产生了引致投资的效应，促进了核心企业的成长和发展。由于证券融资是有条件的（比如进入门槛），向证券融资的接近，意味着企业规模的扩大和效益的提高，以及该企业向产业内核心企业的逼近，因此，证券市场的供给引导不仅能刺激企业成长，而且最终起到了推动产业成长的作用。

证券市场的供给引导意味着现存的金融机制为企业融资创造了一个机会，使企业能够在规模扩张时获得必要的资金支持，如前所述，这种扩张性资金支持在发展中国家（或工业化时期）效果会更加明显，因为证券市场的供给引导能够引致规模性的创新性投资，满足企业成长期的资金需要。工业化实现后，证券市场对产业的推动效果会逐渐减弱，金融机制也会相应作出调整。这一结论也可从肯特（Kunt）和迈克什维克（Maksimovic，1995）的研究结

① “供给引导”见杨敬年编：《西方发展经济学文献选读》，南开大学出版社 1995 年版，第 307 页。

果中得到印证。肯特和迈克什维克选择了三十个发达国家和发展中国家作为样本，结果发现，在发达的市场经济中，股票市场发展会使股票融资对债务融资产生替代效应，股票融资扩大了企业融资渠道，而在新兴股票市场的经济中，股票市场的发展会产生风险分散效应和信息汇集效应，从而有助于改善企业的融资结构、提高融资功能，促进企业的发展①。

① Asli Demirguc – Kunt and Vojislav Maksimovic："Stock Market Development and Firm Financing Choice"，*Policy Research Working Paper*（1461），World Bank，1995，p. 20 – 21，35.

第五章　证券市场推动产业成长的机制分析：产业选择

我国作为发展中国家，资本资源相对稀缺，产业结构的非均衡演变，表明在证券融资过程中，有必要进行产业选择。通过产业选择，可以把有限的资本资源与主导产业、战略产业相结合，这是加快产业成长、推动结构升级的基础。在证券融资中，重视产业选择的关键地位与作用，也是我国与工业化国家利用证券市场实现配置资源功能的不同之处：我们不仅关注企业利用资本的能力，而且更重视企业上市后的产业带动效应；后者则重视企业选择，并通过相对完善的市场机制实现产业均衡。产业选择可通过产业政策、资本市场政策等来体现。作为发展中国家，为了实现股权融资的产业成长效应，我国的上市公司标准必须考虑与国家的产业政策相吻合的问题。

第一节　产业成长与产业结构转换

产业成长的过程，实质上就是一个产业结构转换的过程。现代经济发展史表明：一个国家（或地区）的经济发展过程，不仅仅表现为国民生产总值或国民收入的增长，而且必然伴随着产业结构的演进。随着经济发展，产业结构将发生相应的显著变化并呈现出一定的规律性。从这个意义上，我们可以说，产业结构的演进过程也就是经济发展的过程。或换句话说，产业结构的演进不仅是经济发展的后果，而且也是经济发展的条件。因此，要取得和保持经济发展的高速度、持续性，重要的就不仅仅是增加投资、增加就业以及扩大经济规模，而且更要注意产业结构的及时调整与转换，从推动产业结构高度化及合乎规律的演进转换中求得经济发展的速度与效益。

在一定的内部资源禀赋、生产力发展水平、社会经济条件和外部国际环境条件下，由于国家的发展战略与干预方向、方式和程度的不同，产业结构演变可能会以不同的方式进行，在后起的发展中国家尤其如此。产业结构理论研究证明，不同的产业结构状态实质上代表着不同的资源配置状态，带来的国民收入水平也有所不同，在较长时期内对国民经济的发展有着深远的影响。在经济发展中，产业结构转换是伴随总量扩张和水平提高而必然发生的经济过程。伴随着经济的发展，各个产业的规模并非同时扩大，一些产业相对增长较快，另一些产业相对增长较慢，甚至个别产业还出现收缩。这种结构变化是产业间比较优势得到发挥的体现，被称为产业结构的高度化。

从产业结构变化的角度来分析经济发展，可以看出经济发展与单纯经济规模扩张或数量增长有所不同，它不仅包括经济增长这一数量增长的内容，还包括产业结构有序的演进中所实现的产业结构高度化，以及因此而带来的经济效率的提高和社会生活的进步。但是，究竟是什么内在因素推动了产业结构不断变化呢?

一、技术变革的“推力”作用

经济发展在很大程度上取决于众多技术创新实践。技术创新不仅使新兴产业呈现出发展快和效率高的特征，进而支撑整个经济的持续增长，而且通过其扩散与诱导作用，推动着传统产业的技术变革及其生产率的提高。技术创新是从提高劳动生产率和推动产业结构演进这两个密不可分的方面来促进经济发展的，三次工业革命所导致的经济与产业结构的巨大变化有力地证明了这一点。在技术创新的作用下，主导产业将会出现依次更替，这成为产业结构演进的显著特征与标志。因此，可以说，经济发展过程或工业化过程，实质上就是技术创新或技术变革推动下的产业结构演进过程。

二、需求结构的“拉力”作用

需求结构相应的变动并呈现出层次性及其演变的有序性，不仅意味着产品选择变化的必然性，而且意味着主导产业更替的必然性。增长较快的产业部门，往往是那些获得较多技术创新的部门。然而，每一项重大的技术创新之所以获得成功，不仅由于其对预期报酬作出及时的反应，而且由于其对需求结构变动也作出了响应，从而对那些潜在需求较大的产业部门的增长产生强大的推动作用。技术创新不仅直接导致了产业结构演进以及由此而产生的人们生活和工作条件的不断变化，而且又导致了在此基础上产生的新一轮的更高需求。

三、创新诱导与产业关联的复合作用

产业部门之间存在的关联效应，导致某一产业部门的技术创新不仅提高了本部门的生产率与生产能力，而且也会引致其他部门的技术创新。创新诱导和产业关联的复合作用，极大地推动着产业结构的演进，特别是推动着主导产业的依次更替。日本经济发展中三次主导产业的变迁过程即是明证，它们相互关联与促进，形成日本经济发展中的一股强大推动力。这三个主导产业是：第一，火力发电；第二，以大量廉价优质电力为前提而发展起来的石油精炼、石油化工、钢铁、造船业等产业；第三，以原材料工业所提供的大量廉价优质原材料为前提而发展起来的汽车、家用电器等产业。从日本经济发展中三次主导产业的依次更替中可以发现：创新诱导和产业关联的“复合”作用，是解决产业瓶颈进而成功地推动产业结构演进的重要动因。

四、对外贸易的发动机作用

对外贸易及资本流动的扩展，推动着各国进出口结构的不断变动，也影响着各国产业结构的变化。国际贸易新技术理论认为，创新产品初始垄断优势以及其后技术转移与扩散造成的垄断优势的丧失，决定着国际贸易的格局变动，从而影响一国产业结构的变动与演进，并对加速产业结构的高度化起到发动机的作用。

显然，以上方面并不能完全说明决定产业结构演变的各种因素，但是，它们构成了加快产业结构变化的重要方面。任何国家只要把握或者强化这些因素，即意味着具备了推动产业结构转换的能力。在现代经济发展过程中，这种产业结构转换能力的高低决定着各国经济的盛衰，决定着各国之间经济实力对比关系的变化。世界经济发展的历史表明，每当产业结构国际性大调整之际，就会引起国家间经济实力此消彼长的对比关系变化。产业结构转换

能力的强弱，往往是国家间在经济实力较量中孰胜孰败的关键因素。远的不说，20 世纪 80 年代以来美国与日本之间竞争优势的较量，以及美国通过技术创新带动结构调整重新确立在全球经济中绝对优势地位的情况，就充分证实了这一点。因此，排除经济发展道路上的结构性障碍，加快结构升级，就必须具备较强的产业结构转换能力，这不仅对发达国家适用，而且对于我国这样一个发展中大国同样是适用的。

一般而言，较强的产业结构转换能力有三个主要特征：（1）产业结构本身不会因为资源和要素供给的制约或其他经济和社会原因，造成很强的转换刚性，即产业结构在调整和转换上具有一定的弹性；（2）经济体制内部存在着产业结构转换中资源再配置和要素流动所必要的经济机制；（3）政府具备适时推进产业结构转换的经济调控能力。显然，国家实施产业政策的决心和手段对于形成强有力产业结构转换能力十分重要，因为没有国家的有效干预，没有产业结构政策，仅靠市场机制实现产业结构的高度化是一个缓慢的过程，而且难度很大。但是，从大量的案例来看，如果只依靠国家的干预和产业结构政策，有成功的纪录，也给很多国家带来失败的经验与教训。事实表明，国家的干预和产业结构政策并不能够完全满足产业结构转换能力的三个主要特征，换言之，它们不足以推动产业结构升级与优化，不足以使结构变化的上述动因有效地发挥作用，或者说产业成长的效果不理想。

然而，我们应该看到，在完全实行货币经济的条件下，金融资本，尤其是以取得收益和增值为目的而进入金融市场交易且最终进入实际产业部门的那部分以股权权证为主体的金融资本与产业的结合，在产业结构高度化过程中取得了其他机制不可替代的作用，因为这种产融结合的机制最大程度地满足了产业结构转换能力的三个特征。现代经济运行要求产融结合机制具有强的约束力、低的交易成本、适度流动性和较高的透明度，以保证金融资本与产业资本结合的效率。资产证券化不仅满足了这方面的要求，而且也满足了企业需要分散创业和经营风险的要求。资产证券化包含三方面的内容，即实物财产的证券化、融资工具的证券化、金融资产的证券化。在工业化国家，资产的证券化在产业成长和结构转换中产生了十分明显的作用。没有资产的证券化，高科技产业的发展、企业的大规模重组、产业组织优化与产业集中度的提高都很难实现。

在我国这样一个发展中国家，之所以要利用资产的证券化来推动产业成长与产业结构转换，还基于其他的因素：（1）资本市场的效率基础。它包含这样一些条件：良好的产业基础与企业运营绩效；产业与金融结合的主体必须是具有合理的治理结构的产权主体；一个健全的市场取向的金融体系，能够有效地把金融资本导向实际的经济部门；抵御各种投机行为和迅速修复被投机行为所造成的损害；货币市场与资本市场相互融通；金融资本投资的理性化和社会长期资产管理的专业化；市场的流动性强等。毫无疑问，这些条件在发展中国家是比较欠缺的，我国同样如此。（2）资本来源的短缺与融资代价。大多数发展中国家在资本积累方面都有三个特征：第一，资金十分短缺，资金的价格或利率高；第二，可供出口的产品少，外汇短缺，由市场决定的汇率水平高；第三，经济剩余少，资金动员能力弱（林毅夫，1994）。我国目前尽管储蓄余额较大，但是相对于庞大的剩余劳动力总量，可动员的资金其实是有限的；从长期看，资金的价格还会相对较高。由于可动员的资金作为资金融资的来源还很有限，其证券市场的规模总是要小于工业化国家。

由此看来，一方面我国产业成长需要资产证券化作为产业与金融结合的机制，另一方面，由于受发展水平的制约，证券市场的效率和证券市场的资本动员能力都相对偏弱，这样在客观上要求把有限的直接融资的证券资本投向一些关键性的产业，从而将有限的资本与带动效果好的产业结合在一起。因此，要利用资产证券化来推动产业成长，必须有一个产业选择问题。

第二节　证券融资中产业选择的意义及选择基准

我们之所以在证券融资中进行产业选择，还在于在现实经济中客观存在着能动地加快结构转换的可能，这种情况在工业领域尤为明显。

经济发展的经验表明，在工业化的不同阶段，产业体系具有不同的结构特征。从资源配置的角度看，工业结构重心由劳动密集型产业为主，逐步转变为以资本密集型产业为主，进而发展到以技术密集型产业为主。从产业体系的结构特征来看，工业结构演化的轨迹大致是按以下的顺序进行的：

(1) 由以轻工业为重心演化到以重工业为重心的产业结构状态。工业化由轻工业起步，早期的产业技术革命，首先发生在纺织工业等轻工业领域，使轻工业得到了快速的发展，成为工业发展的主导产业。随后重工业在工业中的比重不断上升，工业化过程出现重工业化的特征。(2) 在工业结构重工业化的过程中，整个工业结构由以原材料等基础工业为重心向以加工工业为重心演变，出现高加工度化的结构特征。(3) 随着工业化的进一步发展，科学技术逐步成为最重要的工业资源，工业结构的演变出现了技术集约化的趋势。一方面，各工业部门采用越来越先进的技术、工艺并逐步实现自动化；另一方面，以技术密集为特征的新兴产业逐步兴起，这些产业迅速成为经济发展的先导产业。

但是，如果国家制定和实施赶超型经济发展战略，政府就必然要更深地介入经济发展过程，从而导致政府主导型的经济增长。在发展的初期，由于原有的经济基础薄弱，基础设施和基础工业难以适应经济高速增长的要求，形成了基础产业的短缺制约。基础产业本身具有投资规模大、盈利低、周期长的特点，短缺制约在较长的时期难以克服。而与工业化国家自然渐进式的工业化道路不同，发展中国家的产业结构变化常常是以突变和跳跃式的形态进行的，经济高速增长带来产业结构的剧烈变动。同时，发展中国家产业结构的变动与国际贸易、技术引进和利用外资的关联程度更高，外部的先进技术和资本积累成为其必不可少的资源。这就使国际经济环境和国际产业结构的变动趋势也成为发展中国家在产融结合中进行产业选择的背景条件。这些特征，在我国也普遍存在。

总之，无论从产业结构的替代可能、经济快速发展的内在需要以及产业的空间转移几个方面来看，都存在着通过产业选择提升结构来加快经济发展的内在条件。关键在于如何把政府的作用与以证券市场为核心的资产证券化的产融结合机制融为一体。

政府的作用通常通过产业结构政策来体现。所谓产业结构政策，就是将现有的产业结构推向具有更高经济效益的产业结构的国家经济政策。通过产业政策的实施，可以优化国民经济的资源配置，而通过产业结构的不断调整优化和高级化，可推动国民经济快速发展。运用产业政策进行政府干预并不仅仅基于弥补市场机制失效的要求，更重要的是为了实施追赶先进工业国的赶超型发展战略，政府期望通过产业政策的实施，能动地缩短其产业结构自我演变的周期，加速产业结构升级，推动经济发展，尽快缩小与发达国家的差距。产业政策与调节总需求和总供给的政府宏观经济干预相比，更深刻地干预了社会再生产的过程，干预了产业间甚至产业内部的资源分配，使市场经济中的政府干预，由经济总量的宏观层次延伸到产业层次。由于产业结构状态、资源条件、市场发育程度不同、市场失效的范围和状况有所差别，产业政策的作用范围、干预力度和实施方式都应根据情况变化作相应调整。并且，随着市场经济的发展和从封闭走向开放，产业政策逐步由直接作用转变为间接作用，由更多的控制转变为更大程度的放开，已成为各国产业政策发展变化的一般趋势。

要把有限的资本通过证券市场配置到那些带动效应大、结构升级效应明显的产业，需要国家制订一个明智的产业政策来作为产业选择的框架和范围。但是，证券市场的运行特点需要我们根据一定的产业选择基准进一步缩小范围。

产业选择基准的第一层次是产业比较优势基准。应当承认，某种产业是否具备比较优势，是该产业能否吸引资本的前提条件。产业比较优势的存在，是对其产生证券投资的基本动因或依据。然而产业比较优势的来源是多方面的，包括产业发展的历史、产业技术的积累和创新，以及资源供给的便利性或产业的市场优势等。概言之，凡是对某种产业的整体素质产生影响的因素，都有可能形成某种特殊优势。应当指出的是，这里所说的产业优势既不是产业的绝对优势，也不是指产业的全球优势，而是相对于某一特定区位即相对于一个国家而言的比较优势。与企业优势相比照，产业优势的一个重要特征是产业的各种优势往往是分散在不同企业中的，或者说产业优势是该产业内各企业优势的集合。例如，一些企业代表着该产业悠久的发展历史，拥有较大的无形资产；另一些企业却代表着产业技术创新势力，或具有稳定的资源供货条件等。当这些企业处于分散状态时，并不能反映某产业的整体优势或比较优势；当这些企业相对集中以后，产业的比较优势便会显现出来。

第二层次为产业内贸易量基准。这是指某一产业内部各生产阶段、生产环节之间的商品交换的规模，也即产业内部初级产品、中间产品以及最终产品之间的交易频度和交易数量。我们在前面曾经指出，我国对优势产业融资的目标之一，是要充分发挥对产业结构跃迁的经济效应。而这一目标实现，在很大程度上有赖于证券直接融资所带来的产业内贸易量的大小。这种交易份额越大，表明在证券融资中进行产业选择的那些产品的供求链越长。毋庸讳言，市场本身不会自动创造出按照产业内贸易量基准进行产业选择的机制，市场力量不会自动向产业内贸易量大的产业倾斜。这种机制的建立离不开政府参数的调节，特别是有赖于国家产业政策和资本市场政策的导向。由此得到的结论是：发展中国家必须将证券融资的产业选择纳入国家的产业政策范围，使其成为国家产业政策的重要组成部分，这是优化产业选择的必要条件。值得注意的是，产业内贸易量是由产业内各生产阶段的关联度决定的，这些产业的扩张，必然会产生较强的产业关联效应，从而带动整个产业成长。

第三节　产业选择重点：主导产业与战略产业

在发展过程中，有目的地选择具有增长潜力的一些优势产业与证券融资相结合，无疑能够加强产业的结构转换能力，带动产业快速成长。

美国经济学家罗斯托最早提出了“主导部门”的概念并进行了系统的分析。罗斯托指出：主导部门是这样一些产业——“在这些部门中，革新创造的可能，或利用新的有利可图或至今尚未开发的资源的可能，将造成很高的增长率并带动这一经济中其他方面的扩充力量”①。罗斯托认为：每一成长阶段都有与之相适应的、起主导作用的部门，即主导部门，主导部门不仅本身具有高的增长率，而且能带动其他部门的经济增长，经济成长阶段的更替就表现为主导部门序列的变化。一个部门成为主导产业的时期，是这个部门在发展过程中增长最快的那一时间间隔：“一个新部门可以视为主导部门的这段时间，是两个相关因素的复合物：第一，这个部门在这段时间里，不仅增长势头很大，而且还要达到显著的规模；第二，这段时间也是该部门的回顾和

① W·罗斯托：《经济成长的阶段》，商务印书馆1962年版，第62页。

旁侧效应渗透到整个经济的时间。”①

主导部门不仅是高速增长部门，而且对其他部门有扩散效应，能够带动其他部门乃至整个经济的增长，主导部门的扩散效应表现在三个方面：一是回顾效应，回顾效应是指处于高速增长阶段的主导部门会对各种生产要素产生新的投入要求，从而刺激这些投入品的发展，加快了这些产业的发展速度。二是旁侧效应，主导部门的出现会引起它周围的一系列变化，包括制度建设、国民经济地区结构、基础设施、人员素质等许多方面，从而改变了主导部门所在地区的产业结构，其影响远远超过了主导部门本身直接投入所带来的影响。三是前向效应，主导部门的发展诱发了新的经济活动和新的产业部门。主导部门的出现，创造了新的工业活动的基础，为新产业的产生创造了条件，同时由于主导部门对技术、原材料供应等需求的增加，为新产业的出现创造了机会，因此，为更大范围和更新领域的经济活动提供了可能。由主导部门的扩散效应所产生的对新技术和新物质的需求，可能远大于主导部门对这些技术和物资的需求，从而为下一个主导部门建立起台阶，甚至直接诱发了新的主导部门的产生。主导部门不仅在技术上，而且在原材料供给上，都具有前向效应，因此，主导部门的发展为相关产业的发展建立了扩张的长链②。

通过对主导部门的分析不难发现，不仅主导部门的产生过程本身就是产业成长的过程，而且，主导部门的扩散效应所导致的生产函数的扩大，为总体的产业成长创造了有利条件，因此，产业成长是主导部门产生、发展和不断更替的结果。在产业成长中，主导部门的作用具体体现在以下几个方面：

1. 主导部门发展与产业成长过程的一致性，决定了主导部门的形成是产业成长的前提，主导部门不仅在量上决定着产业成长的规模，而且在质上规定了产业的结构和结构高级化的程度。主导部门在经济系统中的出现，标志着新兴产业的产生和发展，由于产业间技术复杂性和关联性加强，单个部门一枝独秀已不可能，因此，以“主导部门群”的方式出现，则符合产业成长的客观要求，而主导部门群的交替出现、不断继起，正是产业生命周期的过

① W·罗斯托编：《从起飞进入持续增长的经济学》，四川人民出版社1988年版，第9页。
② 同上书，第7－8页。

程的体现。主导部门的扩张，导致高生产率的生产函数的出现，其本身就是产业成长的过程，它使经济系统中的新产业不断涌现，并在规模上不断扩大。

2. 主导部门的扩散效应带动了产业在更大规模上的发展。经济能够保持持续的增长，是由于为数有限的主导部门迅速扩大的结果，而这些部门的扩大又刺激了有重要意义的其他产业部门的扩大。主导部门的成长“本身就倾向于提高人均产出水平”，并使增长的收入“投入到高生产率的部门，它建立起一条对其他制造业声品的有效需求之链；提出了对扩张城市地区的要求……打开了一种外在经济效应的幅面”。[①] 被罗斯托称之为具有“扩散效应”的主导部门的增长，其效应超过了这个增长部门本身，正如罗斯托所阐明的，主导部门不仅可以带动后向和前向产业的发展，而且可以带动区域经济和经济结构的发展，因此，这种扩散效应促进了新产业的出现和成长，并且创造了下一个新的主导部门产生的台阶。除了主导产业以外，战略产业也是产业选择的重点。在这里，我们把战略产业定义为通过创新引致产业成长并最终对一国经济产生明显作用的产业。通过创新发展的产业，其成长过程需要金融的介入，已无必要在这里作详尽的分析。但是，我们有必要解释战略产业的创新能力在经济发展中的作用。

依据熊彼特的定义，创新是指把一种从未有过的生产要素的“新组合”引入生产体系，这一组合包括以下内容：（1）引进新产品；（2）引进新技术；（3）开辟新市场；（4）控制原材料新的供应来源；（5）实现工业的新组织[②]。由这五类创新活动引起的生产要素组合的变化，促进了经济增长。

但是，增长首先表现为一个部门的过程，创新所导致的经济变量的增加，最终体现在部门指标体系的变化上。“吸收新技术并不是出现在我们所说的国民生产总值或投资这类指数抽象物中，也不是出现在我们称为农业、工业或服务业这类指数抽象物中，技术变化就是，比如说，引进新的良种，汽车装配线上使用机器人操作，发射卫星实现远程通讯”，因此，创新会引起特定部门在经济、制度等方面的变化[③]。既然创新是对特定部门（产业）产生效应

① W·罗斯托编：《从起飞进入持续增长的经济学》，四川人民出版社 1988 年版，第 6 页。
② 约瑟夫·熊彼特：《经济发展理论》，商务印书馆 1990 年版，第 73 页。
③ W·罗斯托编：《从起飞进入持续增长的经济学》，四川人民出版社 1988 年版，第 3 页。

的，创新以及由创新引起的生产函数的变化必然对产业的发展和产业间的比例关系产生影响。

总之，创新是产业成长的重要原因，创新为产业发展提供了动力，改变了产业发展方向和产业结构。创新对产业成长的推动主要表现在以下三个方面：

第一，创新是促进单个产业成长的动因。单个产业的成长是产业在生产、产品和企业组织形式上的扩张，其过程是与创新过程联系在一起的，创新的过程决定着产业的兴衰。在这个过程中，由创新导致了新产业的出现，再由创新使生产规模扩大、生产成本降低、产业规模扩张，进而实现了产业的成长，如果不能完成创新的连续过程，产业发展的过程就会中断，产业成长就不可能实现。

第二，创新决定着主导部门的更迭和有序发展。主导部门的成长表明，无论是市场刺激还是政府引导，主导产业更替都是技术创新的结果，政府固然可以利用强制手段对资源进行非市场化的分配，但这种行为是有限度的，它要受到市场需求，更要受到技术创新力度和产业吸纳能力的制约，创新的渐进过程决定了主导产业发展的有序进程，由政府引导的主导产业的演进也必须遵循创新规律和产业发展规律。

第三，创新是产业结构优化的保证。主导部门的有序演进保证了产业发展沿着技术创新的轨迹发展，从而保证了产业结构的高级化和合理化。产业结构的高级化是指采用先进技术的产业在数量上和比例上的提高，产业结构高级化需要引进新的生产函数，主导部门的扩散效应的组合，是新的生产函数的来源，主导部门的有序更迭，带动了整个产业的技术更迭，从而提高了产业的技术集约化水平，推动产业结构向高级化方向演进。

如何有效地利用证券市场的产融结合机制，把创新之火燃成产业发展之势，把创新源泉转换为战略产业，是任何国家都在考虑的问题，而创业板市场的出现，为创新到战略产业的形成和发展寻找了一种有效的途径。对于如何有效地利用证券市场发挥主导部门与战略产业的带动效应、使创新之火尽快燃成战略产业发展之势，具有十分重要的意义是以下两点：

1. 关于产业成为主导部门的时空制约与融资机会的结合问题。一个产业成为主导部门的时期，是这个部门在发展过程中增长最快的那一时间间隔："一个新部门可以视为主导部门的这段时间，是两个相关因素的复合物：第一，这个部门在这段时间里，不仅增长势头很大，而且还要达到显著的规模；第二，这段时间也是该部门的回顾和旁侧效应渗透到整个经济的时间。"① 在现实的经济运行中，一个产业成为主导产业肯定是受时空限制的，对某一产业的需求，新技术垄断地位的保持，产品的生命周期，宏观经济环境的变化，国内外市场空间，这一切都会成为一个产业在特定时期内增长或萎缩的条件。通过证券市场的股份融资与分散风险的机制，的确可以使产业在短期内获得大量的资本支持，从而有效地实现产业扩张。但是，特定产业的这种可能性只存在于特定的阶段、时间与市场环境。从理论上看，要有效地推进产业成长，对产业的关键融资是在产业成长性充分体现出来之前，即某一产业的市场显性优势还没有通过系列价值指标反映出来时就要发生。因此，如何根据产业发展的关键性阶段与股权融资的特点，在企业上市的推荐与审核机制中体现出对主导产业与战略产业的倾斜，是国家有关部门与证券监管部门在相关规则中必须协调的重点。

2. 关于创新连续性与主导部门、战略产业的融资跟进问题。创新是一个连续的过程，由创新导致了新产业的出现，再由创新使生产规模扩大、生产成本降低、产业规模扩张，进而实现了产业的成长，如果不能完成创新的连续过程，产业发展的过程就会中断，产业成长就不可能实现。显然，创新连续性要求融资的连续性，但是，产业成长的初始阶段的融资性质、条件、规模和要求完全不同于产业的扩张阶段，不同的国家在不同的发展阶段是以有差异的方式解决这一问题的。这一点对于战略产业的成长尤为重要。一方面随着主导部门、战略产业的兴起，需要有资金不断地进入；另一方面，社会或市场则根据产业不同发展阶段的特征，以一种既能实现风险分散又能保证资本供给的机制，来满足产业成长的融资需求。从合伙人集资、利润积累、信贷方式的融资组合，到创业基金、风险投资、企业债券、股权融资的替代组合，这一切表明从方式或手段上也存在着融资结构的演变问题。因此，股

---

① W·罗斯托编：《从起飞进入持续增长的经济学》，四川人民出版社1988年版，第9页。

权融资尽管重要，但要支撑产业成长，必须有多种融资方式的配合；而且，哪种融资方式占主体地位，取决于特定产业的融资要求与其相应的融资环境。

第四节　产业选择与证券市场推动产业成长过程

产业选择对于我国利用证券市场推动产业成长具有特殊的重要意义。在证券市场上，企业选择与产业选择是一个什么样的关系呢？毫无疑问，在工业化国家，投融资双方的重点都是企业，资本的充裕、市场机制的完善等因素使得它们不必考虑产业选择问题。

但是，在国家有意识地要把资本配置给一些对于经济发展十分关键的产业时，产业选择就成为重要的基础。在这种情况下，企业选择与产业选择既可以为同一过程，也可以分裂为两个不同的过程。即使在同一过程中，二者的区别仍然是客观存在的：（1）从选择的方式来看，企业选择是微观投资主体生成过程，这一过程是在市场竞争中完成的，主要取决于各微观经济组织自身的竞争能力。产业选择除了受市场机制的调节外，还会受到国家的产业政策的影响。20世纪70年代以来，东西方国家都不同程度地加强了产业政策的投入，即使美国也不例外。从这个意义上讲，证券投资的产业选择并不完全取决于产业市场的竞争。（2）从选择的目的来看，企业选择的结果是投资者对企业投资——以股票购买的方式对企业进行选择，企业则通过这种方式进行融资，扩大其产品或服务市场，保障垄断企业的高额垄断利润，或者说，为企业的利润极大化开辟新的经济空间。而产业选择不仅是为了保障投资主体的收益增长，还在于为带动产业成长，为产业结构迁跃创造新的途径，以便推动整个国民经济的持续增长。这一选择目标对于发展中国家的证券投资的发展显得更为重要。（3）证券投资的企业选择与产业选择在其选择过程上也是不同的。一个企业要发展为大公司，比较典型的成长阶段似乎是这样的：首先在市场确立强有力的地位；接着开展业务；最后通过积累或直接间接融资来扩大投资规模。而产业选择，并不局限于在产业市场中富于竞争力的新兴产业，而是关注于那些在国民经济中占据重要地位的主导产业。总之，证券投资的企业选择属于微观决策范畴，而其产业选择则同宏观经济发展目标联系更为紧密。因此，二者所依据的决策变量是各不相同的。可以说，企业选择主要发生在证券市场之内，如一级与二级市场；而产业选择则是市场内外力量作用的结果，政府的证券市场政策、法规以及产业政策都对其产生巨大的影响。

证券融资中的产业选择，对于我国利用证券市场推动产业成长的意义十分明显。

首先，它有利于加强主导产业与战略产业在产业体系中的地位和作用。经济的发展，并不完全取决于单个企业在国际市场的竞争能力，而是直接取决于各产业整体素质，取决于主导产业与战略产业的竞争优势。并且，从长期来看，任何企业优势总是以产业优势为支撑的。因此，利用证券融资方式与产业选择结合，提升国家的产业整体素质，是促进产业结构合理化和建立产业竞争优势的客观要求。

其次，证券融资方式与产业选择结合，可以充分发挥我国的产业后发优势，既有利于形成有效的结构转换的途径，也有利于加速工业化的历史进程。由于资源禀赋及经济发展路径的差异，不同的国家往往有着不同的产业成长模式。作为发展中国家，我们可以根据本国的特点，通过产业与证券市场密切结合，增强其后发优势、真正实现结构升级。

再次，优化证券投资的产业选择，是我们提高资本经营效率、推动产业成长和增强综合国力的重要保障。证券市场对于产业成长将具有两方面的作用：资本供给与机制制约。能否合理地利用证券市场资源，是衡量国家动员资本与应用资本的重要指标之一。但是，我们强调证券融资中产业选择与企业选择的特殊性，并不否定二者的一致性。一方面有效的企业选择会增强国家的产业实力，从而进一步拓宽产业选择的经济空间；另一方面合理的产业选择，也有助于优势产业内的优势企业率先拓展更大的市场空间。，并为企业的利润增长提供切实保障。因此，即使从企业选择的角度来看，产业选择也是证券融资过程中不可缺少的环节。由此得到的结论是，我国上市公司选择战略的制定，应当遵循先选择产业，再选择企业的程序。

在根据国家的产业政策确定证券融资的重点产业以后，应通过以下的途径实现先推动企业发展、后带动整个产业的发展的目标：

第一，核心企业培育阶段。它主要完成两项任务，其一是促使该企业的诞生；其二是扶持它的发展，通过这种努力，最终将该企业的成长推进到具有比较优势的程度。假定既定产业已经在其他国家中存在，企业实体及相应的建立方式等可以有这样几种典型选择：（1）完全依靠资产重组带入所必须的技术与管理资源，并以此建立该企业；（2）完全依靠独立的创新开发来建立；（3）依靠并充分利用后发优势，以引进技术和管理经验的形式建立。核心企业培育阶段具有很强的不稳定性。在上述三种不同情形下，都存在企业成长局限在这一阶段、而不再进行后续发展的可能。但是，在正常的情况下，核心企业的要素构成使其有超越这一阶段的内在动力，并进入企业自身能力和竞争力增强的阶段。

第二，比较优势的控制与利用阶段。随着核心企业培育阶段的完成，该企业将拥有许多专门的特殊无形资产，例如技术、品牌、管理、企业家等，这一阶段企业已经具有进一步延伸和拓展市场领域的能力。市场扩张的前提是对该企业比较优势的控制，这又直接由上一阶段的培育形式所决定。在比较优势的控制下，核心企业将利用证券市场对相关企业进行收购、兼并，积极进行资产重组，实现企业比较优势的产业内部化。此时，核心企业进行资产证券化，例如进入二板市场、发行可兑换债券等，将加强企业在规模经济与技术发展方面的优势。

第三，比较优势拓展阶段。作为核心企业带动产业成长过程的一个有机阶段，比较优势的利用，将受上一个成长阶段的性质和外部资源的有效利用等因素影响。例如，在证券市场上进一步融资扩股、拓展现存的营销网络；或进一步开拓新市场。在这个阶段，随着市场与经营的拓展，核心企业将进一步实施收购与兼并，企业多元化经营将会发展。企业的融资结构将发生进一步变化。债权融资、股权融资与其他方式都可能发生，企业内部的公司治理结构将发生革命性的变化。

第四，产业一体化发展阶段。这是以上三个成长阶段的发展延续。在证券市场资本集中效应的作用下，核心企业在同一产业中地位已经在几个方面发生了变化：（1）由于核心企业的作用，该产业在产业群中的重要性突出了，在建立、趋近、追赶其他国家或其他地区同一产业的过程中，核心企业的作用是其他企业无法替代的，甚至因为核心企业而使该产业开始进入世界领先位置。(2) 以核心企业为中心，建立起一体化的产业整体。该产业在生产、经营、营销基础上建立起完整而独立的体系，各个环节、各个阶段都达到较高水平；核心企业不仅创造了较强的产业关联效应，而且促使产业组织结构也产生了变化。(3) 更重要的是，核心企业有能力进行技术、管理、产品类型和质量等方面的独立创新活动，并且这种努力在某些方面、某些环节还处在领先位置。由于核心企业在资本、技术、管理方面的优势能够对整个产业产生外部经济效应，产业的竞争力进一步加强了。

第六章　证券市场推动产业成长的机制分析：产业组织优化

产业组织理论研究了产业内企业的竞争与垄断的关系。理想的产业组织状况应该是：在生产要素投入既定的前提下，既可以保持市场机制下的竞争活力，使产业内企业有足够的改善经营、技术进步、降低成本的动力和压力，又能充分利用规模经济，避免过度竞争带来的低效率，最终实现资源的优化配置。因此，产业组织优化主要是指通过专业化、联合化和企业重组使资源实现有效配置。由于体制原因，我国的产业组织状况的基本特征是超经济垄断与过度分散竞争并存，生产集中度低与竞争抑制并存。要解决这一矛盾，就要借助于证券市场的融资功能和配置资源功能，利用证券市场，实现产业组织优化。本章主要从分析产业组织优化在企业成长与产业成长中的作用出发，研究证券市场推动产业成长，实现产业组织优化的机制。

第一节　产业组织优化在产业成长中的作用

产业组织优化对产业成长的贡献主要来自两个方面：其一，产业成长的来源主要是资本投入的增长、技术进步以及劳动力质量的提高等，而资本的不断投入必须以不断创造出可供投资的利润为条件，产业组织的优化有助于实现规模经济，提高企业利润水平，并有助于技术扩散和劳动力的合理利用。因此，产业组织优化的作用首先体现于其本身能够适应产业成长的需要、并对影响产业成长的内外因素发挥作用。其二，产业组织优化即产业内专业化、协作化和规模化的实现，会带来效率的提高，使生产资源得到更有效的使用，从而有助于增长的实现。一般而言，产业成长过程总是伴随着产业规模的扩大和产业组织的优化。按照生产力优化的原则，在技术和其他经济环境的动态变化中，不断地创造出推动和适应产业成长的产业组织形式和结构，是产业成长过程得以顺利推进的重要条件。

为了进一步明确产业组织与产业成长之间的关系，我们不妨把产业成长抽象为三个过程：产业成长机会的开创；产业成长过程的实现；产业成长过程的协调。在这三个过程中，产业组织优化对推动企业成长和产业成长所起的作用各有不同：

产业成长机会是指产业成长的技术可能性，它是产业成长的初始来源。产业组织优化与产业成长机会的关系可以从两方面来看：一方面，产业成长机会来自技术上的发现和创新，而新技术的应用必然要求有与之相适应的产业组织形式。产业组织必须要适应新的产业成长机会，产业组织优化的速度直接影响产业成长机会能否很快地发生作用。而且，产业组织的多样性和自主性还为各种不可预见的产业成长的机会提供了广泛试验的可能性，这种广泛的试验促进了新兴产业的成长和经济的增长。另一方面，新的产业组织形式为产业成长机会的创造也作出了贡献。正如现代公司制度中有限责任制度和公众持股制度的创新，使风险资金的筹集有了来源，推动了大规模生产和销售的实现。现代产业组织的分散化和大型化并存，适应了技术创新所要求的专业化和系列连续性，为创造产业成长机会提供了基础。

产业组织优化的主要目标就是实现产业成长，即把产业成长机会转化为广泛应用的产品，大幅度提高有效供给，并在现实的市场需求能力的制约下，选择最低的生产成本和组织成本，以最快的速度满足社会需要。在这个过程中产业组织优化的最明显的特征有以下两方面：

第一，企业出现大型化趋势。企业的大型化是大规模生产的必要条件。大型化可以由企业自身积累而实现，也可以通过企业之间的合并实现。从过程上看，企业大型化的作用不仅仅在于利用规模经济降低成本，同时也在于缩短产品普及的时间，也就是推动产业成长率的提高。目前发达国家的主要产业部门多是由很少的几个大企业与众多的小企业共同构成，专业化经济和联合化经济都有体现。

第二，企业频繁重组和不断调整。产业成长的实现过程是一个不断适应情况的过程，也是产业组织不断调整的过程。产业组织的灵活性是产品结构调整的微观基础。据对美国企业合并运动的研究表明，企业的大规模合并往往发生在经济高涨时期，每次兼并都没有使企业的总数减少，因为新生的企业从数字上弥补了被兼并掉的企业，可以说正是这种企业生命的动态变化，构成了产业结构调整的实现途径。企业和产业组织的重组是保持其生机和活力的必要步骤，也是产业组织适应产业成长的重要内容。因此，在公开的证券市场基础上建立有效的产权转移机制，既有利于控制企业代理成本，也可减轻资本调整的阻力，从而实现经济结构调整和产业成长。

产业成长协调过程的主要内容包括：将需求信号和需求变化及时反映给生产者，建立起需求与供给之间的协调，使产业循环得以实现；协调生产者之间的关系，将生产者收益与其对产业成长过程的贡献结合起来，并选择实现产业成长的最佳路径。而这些过程的实现无不依赖于产业组织的专业化、多样化和一体化。产业成长要求不断提高生产率，也就要求有相应的产业组织的专业化分工，而需求又是多样化的，商品的供给和需求必须通过市场交易结合起来，市场的范围和规模又限制了专业化分工，一定的市场规模对应着一定的产业集中，产业的过分集中又易形成垄断。因此，产业组织优化的过程就是通过市场竞争来消除产业内的某些垄断性，并通过专业化经济，使一国的经济发展在更宽的选择范围内实现协调的过程。多样化、专业化、一体化、合并和重组以及参与国际分工，这些基本的产业成长现象反映了产业成长过程对工业组织的内在要求，也是产业组织优化推动产业成长的机理所在。

第二节　产业组织优化效应及其边界

一般说来，为适应经济发展和技术进步的要求，生产规模呈现集中化、大型化并存结合的趋势。与之相适应的产业组织形式向两个方向发展：一是向企业的专业化发展，另一是向企业的联合化、集团化发展。对于产业组织内专业化分工的出现，可以这样解释，即企业的规模受制于企业的功能。在企业的众多功能中，有些是收益递增的，适合于扩大规模，也有些是收益递减的，阻碍企业扩大规模。两者共同作用就制约了规模经济。如果能把收益递增的功能分离出去另立企业，则可以扩大规模，提高效率。而能否实现这样的专业化，要受市场需求的限制，只有当需求足够大时，这种专业化才能有足够的产出规模，才能有高效益。

企业的联合化、集团化是生产力发展，科学技术进步，市场经济发展和生产社会化程度提高的客观产物，也是综合运用专业化协作效益、组合效益和规模经济效益的具体企业组织形态，它是产业组织优化的重要表现形式。在一定条件下，企业无论是采取横向合并还是纵向联合的集中形式都会使成本降低，产生规模经济（如图6－1所示）。规模经济可以体现在企业的不同生产环节和领域，从而使成本降低，即边际成本曲线向下移动。此时，若产量不变，则价格降低，消费者从中受益；若价格不变则产量增加，那么企业可以获得更多盈利。生产率提高可以使企业在竞争中保持优势，因此，企业集中实现了一种能保持收益递增的企业规模。

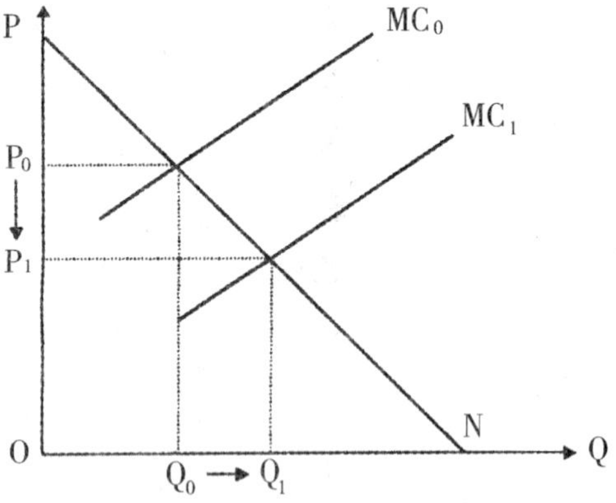

图6－1 企业集中与生产效率提高

但是，在企业集中过程中也存在超过最适度规模而导致非效率的危险。因为在市场容量有限的条件下，企业追求规模经济性和超额利润的结果是使生产愈来愈集中于大企业，从而形成垄断。此时，垄断企业会倾向于控制产量、提高价格，或大企业间勾结、限制价格竞争，形成进入市场壁垒。其结果是社会产量减少、价格提高、新竞争者难以进入，潜在竞争作用消失，从而导致资源配置效率的损失，其他企业和消费者利益受到损害（如图6－2所示）。

以上分析说明，企业为实现利润最大化，所选择的产业组织优化形式往往是企业集中，但是企业集中到一定程度会导致垄断，而垄断的形成必然产生抑制竞争、资源配置效率下降的结果。也就是说，企业在推进集团化战略过程中存在一个产业组织优化的边界，一旦超越这个边界，就会导致产业资源配置效率的损失。那么，如何确定产业组织优化的边界就成为一个值得探讨的理论问题。

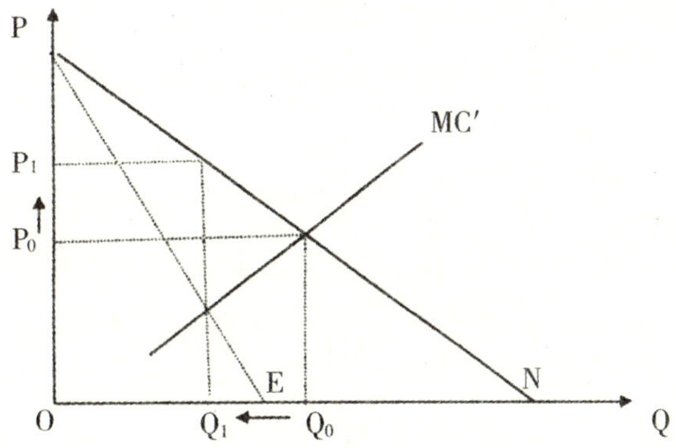

图6－2　企业集中与资源配置效率下降

企业集团是由若干分支机构或子公司共同组成的联合体，集团内企业间的经济技术关系可以概括为水平分工，垂直分工和交叉分工三种状态，但无论组织形式如何，都意味着是一种企业对市场的替代。而企业集团的形成就意味着从核心企业衍生出其他企业组织，是以企业效率在更大范围内对市场机制的替代。企业替代市场的边界就是产业组织优化的边界。在现代市场经济条件之下，企业替代市场，或者由市场替代企业的经济合理性在于是否实现了企业收益的最大化目标，即成本最小化目标。由于任何一个企业都存在一个“是从市场上买产品还是自己生产产品”的问题，因此企业就必须考虑生产成本和交易成本两个方面，同时还必须考虑企业与市场在节约生产成本和交易成本中的作用。一般说来，企业机制可以减少某些市场交易成本，其不足之处是生产某些产品时难以达到规模经济；市场存在的竞争机制可以消除企业管理的扭曲现象，市场可以加总需求，便于一些生产者实行专业化生产，以实现规模经济，节约生产成本。即在一定条件下，市场在生产成本控制方面占优势，企业组织在交易成本控制方面占优势，而决定一种企业组织形式和该企业组织发展的最基本要求在于效率的提高和成本的节约；市场与企业组织是两种可以相互替代的协调机制，两种调节机制选择的“临界点”就是交易费用在成本中所占比重的大小。

企业组织在交易成本控制方面占有优势，主要体现在企业可以在集团企业组织管理费用和市场交易成本方面有选择权。组织管理费用的存在，表明利用企业组织也是有成本的，这决定了企业不可能无限扩张，以至于完全替代市场机制。当企业扩张到一定规模，以至于再多组织一项生产经营活动所引起的成本等于市场交易成本时，企业规模的扩张便会停止。就是说，企业扩张必须考虑企业组织管理费用与市场交易成本之差，用ΔG表示，即企业效率的大小。

市场在生产成本控制方面具有优势，表明市场代表了社会的需求，企业规模再大，其内部产生的相互需求一般不可能大于由市场加总的社会需求，所以只有面向市场生产产品时获得规模经济的可能性较大。然而市场存在信息的不完全性，生产不同产品要具有专门人才和专门设施，即资产的专用性；通过市场供货还存在毁约、不履行合同的风险，这样会促使企业倾向于自行生产，或把生产与交易控制在可控范围，其直接后果自然是扩张企业规模。就是说，利用市场交易必须考虑生产者外购成本与自行生产成本之差，用ΔC表示，即市场效率的高低。显然，企业扩张和收缩的目的就是成本最小。制约这一目标的是资产专用性，信息不完全等因素，我们把这些因素定义为利用市场的交易难度，用K表示。根据上述可知，ΔC是K的减函数，K越小，利用市场交易外购与企业生产成本之差就小，但不会小于零；K越大，市场交易成本就递增，其递增速度甚至会大于企业组织管理成本。

生产者的目的是使$\Delta C+\Delta G$最小，这样就有图6－3中的$\Delta C+\Delta G$曲线。$\Delta C+\Delta G$与t的交叉点K'构成社会分工在企业与市场之间分配的最优点。在市场交易难度小于K'时，企业将利用市场与其他生产者保持外部分工或交易关系，此时不存在进行企业扩张的经济合理性；在大于K'时，企业将通过扩张来接替市场，组织其内部分工和交易。换言之，企业与市场资源配置机制的相对效率决定了企业组织扩张与收缩的边界。

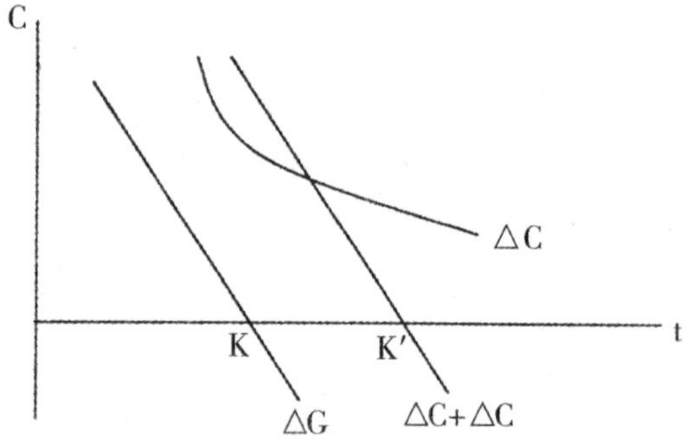

图6－3　比较生产成本和交易成本

通过以上分析可知：在既定条件之下，当企业组织管理成本＝交易成本时，可根据其他因素来决定企业的扩张或收缩，例如可参照经营者的偏好和企业管理模式的自然延续作出选择；当企业组织管理成本＞交易成本时，则有必要考虑企业规模是否过于庞大，或企业规模是否已偏离企业的功能，此时，收缩或分离企业组织是适宜的；当企业组织管理费用＜交易费用时，加强企业规模还有效率空间，可考虑扩张企业集团，尤其是强化那些属于“垂直一体化分工”的企业组织。

第三节　证券市场与产业进入和退出

产业组织优化的过程既是增量资源投入的过程，也是对既存资源进行调整、组合的过程。由于在一定时期内，增量资源是有限的，产业组织的优化要更多地依赖对现存资源的调整、组合来实现，对现存资源的调整、组合，既可扩大优势企业的生产规模和专业化水平，也可使劣势企业退出生产领域，减少资源的浪费。建立产业进入和退出的相应机制，使企业规模扩张、产业结构调整及资源优化配置的过程能够顺利地实现，兼并、收购及剥离、分立就成为主要的实现方式。

产业进入是企业进入新的生产领域、生产新的产品，实现多元化经营的过程。产业进入过程中存在的最大障碍是进入壁垒，如资本量壁垒、市场壁垒、消费偏好壁垒、技术壁垒及规模经济壁垒等。现存企业在技术、人才、区域市场等方面的优势也形成对进入企业的制约，尤其是区域市场形成后，会形成新企业进入的屏障。经验表明，在市场经济条件下，利用现有企业的设备、技术、人才等资源，通过兼并收购等方式重组企业是克服进入障碍的有效途径之一。例如，利用现有设备可以克服资本不足的制约；利用现有技术可克服专有技术的制约；而现有企业的市场、销售网络，可以节约新进入企业开辟市场的大量费用，并使新企业顺利地占领一定的市场份额；更为重要的是，利用兼并收购方式进入新产业，可以充分利用已经投入在该产业的现有资源，克服产业内部分企业低效率运行而导致的产业竞争力下降，提高资源的利用效率。

企业兼并收购（以下简称并购）是指一家企业以现金、债券、股票或其他有价证券，通过收购债权、直接出资、控股及其他多种手段，购买其他企业的股票或资产，取得其他企业资产的实际控制权，使其失去法人地位或对其拥有控制权的行为。企业并购的方法可以有多种，如用现金或证券购买其他企业的资产；购买其他公司的股份或股票；对其他公司股东发行新股票以换取其所拥有的股权，从而取得其他公司的资产与负债等。

企业并购按并购双方所处的行业来区分，主要有三种类型：一是横向并购，即在同一地区的同一市场上，对处于同一行业、同一生产阶段、生产同质产品的企业之间的并购行为。横向并购一般属于商业对手之间的合并，其目的是消除竞争、扩大市场份额、增加并购企业的垄断实力或形成规模效应。二是纵向并购，指企业与其供应商或客户之间的合并，即优势企业将与本企业生产紧密相关的前后顺序生产、销售过程的企业收购过来，以形成纵向一体化。其优点是能够扩大规模、节约成本，有利于协作化生产等。三是混合型并购，是指既非竞争对手又非现实中或潜在的客户或供应商的企业间的并购，即并购双方企业在产品与市场方面没有关联，处于不同行业的并购行为。混合型并购的主要目的在于减少长期经营一个行业所带来的风险，也是当今跨国公司并购其他企业的一种非常重要的形式。

产业退出是企业为提高专业化经营效率而从本企业剥离部分经营效益差或与本企业关联效应低的企业或项目的过程。进入20世纪90年代中期以来，西方国家资产经营出现了一个新的特点，这就是在兼并浪潮中企业兼并与剥离并存，一方面各公司争相兼并其他公司，另一方面也纷纷把和自己主要业务无关的分支机构出售。越来越多的大公司已开始认识到剥离和分立即产业退出并非像过去人们所认为的那样是公司经营失败的标志，而是公司发展的一项合理的战略选择。一个公司通过剥离或分离那些不适合于公司长期战略、又没有成长潜力或影响公司整体业务发展的子公司、部门或产品生产线，就可以使自己更集中于某些经营重点，从而更有利于优化产业组织结构和提高竞争力。而且，通过剥离和分立，可以使公司所拥有的资产达到更有效的配置，从而可以提高公司的资产质量和资本的市场价值。因此，产业退出也是优化产业组织结构的重要途径。

剥离是指公司将其现有的某些子公司、部门、产品生产线、固定资产等出售给其他公司，并取得现金或有价证券的回报。分立是指一个公司通过将母公司在子公司中所拥有的股份，按比例分配给母公司的股东，从而在法律上和组织上将子公司的经营从母公司的经营中分离出去，形成一个与母公司有着相同股东的新公司。在分立过程中不存在股权和控制权向第三者转移的情况，现有股东对母公司和分立出来的子公司同样保持着它们的权利。剥离和分立对产业组织优化最大的贡献在于可以通过消除“负协同效应”来提高公司的价值。所谓负协同效应是指某些对实现公司整体战略目标不重要或者不适合于公司的其他业务发展的业务，而其业务的开展又对公司整体利益产生负面影响的效应，即 $1+1<2$ 状态。

在现代企业制度下，企业并购、剥离及分立都是以产权交易方式进行的。现代企业制度下的企业有形财产已经外在地表现为分散的、由各股东拥有的、又能够对企业重大决策行使投票权的股权形式，并以证券化的形式或契约化的形式存在着，交易者直接买卖一定数量的股权，便可达到拥有或控制企业产权的目的。股权的典型形式是股票，股票是股东拥有企业产权的凭证，表明股东拥有选举权、决策权、剩余索取权和股份处置权，其中股份处置权是产权交易的前提。股票使不可分割的有形资产转化为可以分割的、等额的“虚拟资产”形式，便利了产权交易。当证券市场规范化存在时，有组织的证券交易便能使股权交易通过公开竞价方式完成，保证产权转移的顺利实现。

在企业并购、剥离和分立中，证券市场作用主要体现于证券市场提供了产权交易的运行机制、甄别机制和约束机制。

并购、剥离与分立大多是通过外部股权交易方式实现的，之所以选择外部股权交易方式，是由于股权交易市场——证券市场创造了有利于股权交易的市场环境，能够保证股权交易的顺利进行，并相应地提高交易的运行效率。市场存在的目的不只是为交易者提供交易的场所，而且要通过市场公开竞争的机制，提供给交易者充分的信息，减少交易者的信息搜寻成本和议价成本，以促使交易的有效进行。证券市场存在的价值之一，在于在为交易者提供交易场所的同时，能够发现信息并通过价格信号反映所有可得信息，以此提高交易的运行效率。

证券市场的信息发现，首先是由证券市场本身严格的监管机制所决定的。证券交易所对上市公司的信息披露有严格的规定，要求上市公司定期公布公司相关信息，包括公司经营状况、财务状况、人事变动、资产结构变动等，这种强制性措施保证了证券市场信息可靠程度的提高，使投资者和潜在投资者获得信息成为可能。其次，市场竞争提高了信息发现的效率，投资者出于利润最大化的追求，总是希冀通过寻找未公开信息而获得超额利润，对信息搜寻和利用的结果使证券市场信息效率大大提高，投资者企图通过寻找错误定价而获得超额利润的机会下降为零。

企业产权交易面临的首要问题就是寻找交易者并确定交易价格，为此，潜在购买者和出售者的相关信息就成为决定交易对象和交易价格的重要依据。在目标企业产权证券化的条件下，购买者就可能通过证券市场获得目标企业的相关信息。在有效的证券市场上，信息是充分可得的，也是真实可靠的，透过股票价格和价格波动就可了解一定时期内目标企业和收购企业生产经营、资产负债及盈利能力等财务指标，从而有助于人们作出相关决策。由于证券市场信息充分可得，节约了收购企业的搜寻时间和搜寻成本，收购企业可以便利地寻找到那些经营不佳、但仍具有发展潜力的目标企业，实施其收购计划。在证券市场上，收购企业和目标企业的信息都是透明而可靠的，反映在价格上，是股票价格波动不仅能够反映二者财务指标的现时状况，而且能反映投资者对二者未来收益的预期。因此，证券市场价格能够成为收购企业和目标企业确定交易价格的参数和指南，根据证券市场价格而达成双方交易价格，可节约“讨价还价”的时间和成本，并能真实地反映交易资产的实际价值。由此可见，由证券市场信息效率和价格决定机制而导致的信息成本和议价成本的节约，大大便利了产权交易的运行，促进了以并购、剥离和分立形式为主的产业组织优化。

证券市场的甄别机制产生于投资者对股票筛选的过程。投资者筛选资产重组公司股票与其他股票并无二异，只是由于资产重组公司的财务指标变化较大，收益预期更加不确定，因而更为投资者所关注。对股票进行筛选是投资者出于资本增值和投资安全的考虑。筛选标准大抵为企业利润率、资产负债率、股票收益率、股票市场价值及股票现价/收益比等指标，其中不乏历史资料的挖掘。虽然企业未来发展潜力对投资者来说最为重要，但有些历史的或当期的资料对预测企业未来发展趋势仍有参考价值。如企业市场价值虽然只反映了企业现有规模，但却表明，企业把大量资金投资于实际生产过程，可以抵御外部经济的冲击，并防止企业内部出现财务问题，从而提高企业的运行效率。

而对投资者来说，最有价值的财务信息莫过于股票的投资收益率。股票投资收益通常来源于两个方面，一是公司派送给股东的股息收益；二是股票的溢价收益，前者是资产的收益，后者是投资的增值收益。由于投资于股票是有风险的，为了对投资风险以足够的补偿，投资者就要求将投资股票的预期收益设定在某些无风险投资项目的固定收益之上，通常国债或银行存款利息收益风险最小，所以，国债利息或银行利息就成为衡量股票收益的重要参数。如当国债利息为4%时，股票的预期收益必定超过4%。但就个别投资者而言，投资预期是不同的，因而其设定的收益率水平也不相同，如防守型投资者设定的收益率水平较低，而进攻型投资者设定的收益率水平则较高。

但是，对任何投资者来说，有一点是共同的，即当设定了预期收益率后，投资者只可能寻找那些能够满足其收益率水平的股票进行投资。出于对收益最大化的追求和规避风险的考虑，投资者总是选择那些具有良好业绩的企业作为投资目标，即便是风险偏好者，也必须考虑其收益的可得性。因此，那些经营业绩差、投资风险大的股票往往被投资者所遗弃，在交易过程中表现为股票的定价偏低。当这种情形被投资者普遍认可时，股票价格就会暴跌，甚至偏离股票的实际价值。证券市场的这种选择过程会对企业产生激励作用，促进企业改善经营管理，提高经营效率，以吸引更多的投资者和投资资本。

证券市场筛选的结果是造成企业股权所有者的变更，事实上，企业众多的产权所有者经常发生更替是股份公司的重要特征。企业产权被分割成若干份等额的股权后，在企业外部就形成了一群庞大的所有者，其中少部分所有者拥有较多份额的股票，而大量的所有者拥有的股票极其分散。无论是大股东，还是小股东，都会在本人预期与企业管理者行为发生矛盾时，通过证券市场调整自己的投资行为。

由于通过证券市场变更产业组织对于企业发展与股东权益关系重大，因此股东们在产业组织发生变化时，诸如企业并购、剥离及分立之际，必然会十分关注，一旦产生有利或不利的结果，股市就会做出反应，从而对产业组织变动形成刚性的市场约束机制。这种刚性的市场约束机制主要建立在“用脚投票”或“用手投票”的基础之上。

美国经济学家曼尼认为，证券市场是衡量企业经营者管理业绩的唯一客观标准。股权交易市场的存在，给股东维护自身利益提供了一种保障。当企业经营业绩偏离股东预期目标时，股东便会对此作出反应。在股东拥有的控制权中，一项重要的权利是投票权，但是只有当股权集中达到一定的比例时，其投票权才能生效。对大多数分散的股东来说，行使投票权是不现实的，面对企业财务状况恶化，他们唯一能做的就是改变投资目标，“用脚投票”，卖出所持有的公司股票。事实上，即使是大股东，也并非能够“用手投票”来改变公司经营决策，个别股东的意愿很难在公司决策中得到采纳，因此，大股东也经常“用脚投票”，以达到避免风险的目的。企业内部约束和外部约束机制可用图示如下：

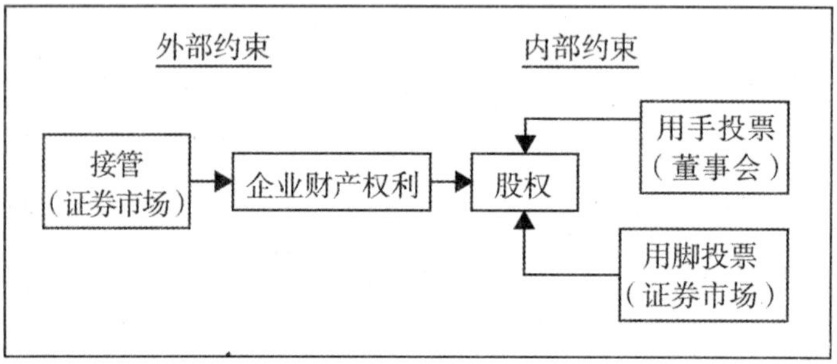

图 6－4　企业产权约束机制

股东“用脚投票”形成的对企业的约束机制，使企业无论在一般经营活动中，还是在包括资产并购在内的企业重大决策中，都能切实从提高企业效益和保护投资者利益的角度出发，以实现股东收益的最大化为目标。而在兼并、收购等资产重组中，则要以现有资产预期收益和兼并收购后的资产预期收益为共同目标，既要考虑兼并收购后资产质量改善形成较高的配股能力所带来的收益，更要考虑兼并收购后预期收益的增长而带来的股东利益的提高。股东“用手投票”和“用脚股票”都是属于企业的内部约束机制。事实上，还存着对企业行为进行约束的外部机制，这就是所谓的“企业接管”。在一个有效的证券市场上，企业的各类信息是可以通过股票价格直接得到反映的，当企业组织发生不利变化时，或者企业经营不善出现亏损时，股票价格便会下跌。股票的异常波动会引起其他企业的关注，当股票确实是因业绩下降所致时，该企业便成为其他企业兼并或收购的靶子。企业的购并通常都是建立在优势企业兼并劣势企业的基础上，购并不仅导致被收购企业控制权易位，而且管理权也要易位，这就会对企业管理层形成压力，迫使他们尽量改善和提高企业的经营管理效率，实现企业利润的最大化。总之，接管者的存在，是制约企业行为、避免被兼并收购的重要因素。

第四节　证券市场与产业集中机制

产业组织优化的过程是企业不断地创立、扩张和成长的过程，其结果促进了产业的集中和企业集团的形成。产业组织优化通常有两种实现模式：一是以市场为依托，通过证券市场实现产权的交易和结构的重组；二是在政府指导下，依靠政府的扶持和干预实现产业规模的扩大和组织的优化。前者是在完全市场机制作用下的产业组织优化，企业集中的目的在于规模经济下获取利润最大化，因此，企业集中只是市场竞争的结果而不是其他任何目标。后者是政府诱导或压力的结果，由于政府强力的政策诱导和资金支持，企业扩张往往会超越利润最大化边界，而出现非理性经济行为。在我国，政府之所以对企业集中和企业集团形成进行诱导，往往是出于提高本国产业竞争优势和实现产业政策目标的目的，但是，这种诱导往往会造成企业低效益扩张，导致资源配置的浪费。

在市场机制条件下，产业集中和企业集团形成的核心是利用企业集中机制，通过市场竞争实现核心企业的扩张和对其他企业的兼并与收购。企业集中机制表现在四个方面：一是资本集中机制，二是技术垄断集中机制，三是无形资产占有的集中机制，四是通过产品生命周期和产品差异形成集中机制。

资本集中机制是以资本为纽带实现企业规模扩张的机制。马克思曾深刻地指出，通过集中而在一夜之间集合起来的资本量，同其他资本量一样，不断地再生产和增大，只是速度更快，从而成为社会积累强有力的杠杆。因此，企业集团的生命力，首先在于是否真正以资本为纽带，实现企业间有机的联系。以资本为纽带实现企业间的联合，可以保证企业不断积累、扩大，从而达到集中的目的。核心企业与集团内企业之间若没有资本的集中机制，只能是一种“虚拟”的企业集团，松散的企业组织形式。在现代经济条件下，实现企业间资产集中的途径是多重的，参股、兼并、收购都是可选择的方式。

技术垄断集中机制是以技术垄断或集中作为企业集中和规模扩张的基础，由于技术本身具有一定的“公共物品”性质，因此，对于任何给定的技术，增加使用这种技术并不影响原有的使用，相反，更广泛地使用该技术，反而会增加技术开发投资的利润，所以，建立以技术垄断为核心的企业集团就成为保护利用技术开发利益的必要保障，同时，技术垄断就成为企业集团形成、获取垄断利润的有效手段。

利用无形资产占有作为企业集中机制，是企业利用无形资产凝聚而成的品牌和品牌效应，提升自己的产品需求函数，并通过兼并、收购其他企业并冠以自己的商标实现企业集团的形成。通过品牌的集中垄断，将其他企业的部分或全部生产经营纳入企业集团，这也是现代市场经济中消除竞争对手、扩张企业自身的重要手段。

根据产品的生命周期、利用产品差异实现企业集中，一般是指核心企业利用产品生命周期不同阶段的市场和成本特征来建立分支机构占领市场的行为。在产品的创新阶段，核心企业急于实现产品区域性扩散，必然根据各地区位优势设立企业，或收购当地企业来从事新产品的生产；而在产品成熟阶段，创新优势逐步弱化，企业必须依靠规模经济作为基础，在对方市场设厂经营，或紧跟对方开辟行为，保护自己的市场份额，由此必然产生由核心企业到子公司的设立这样一个企业层级组织和管理能力演进的过程。

由此可见，企业集团的形成，无论以何种机制实现，都必须通过企业组织形式的变化，即核心企业组合其他企业来实现。事实上，产业集中或企业集团的形成过程就是产权交易的过程，由于无论哪种集中机制都会涉及到企业在规模上的扩张和对相关企业的兼并、重组，是企业产权的转移，因此，意欲获取其他企业控制权的企业必定要通过交易方式取得该企业的产权。在这里，产权交易的实质就是核心企业依据集中的原则通过交易而对其他企业产权进行控制的行为，是企业间产权结构的重组。现代企业制度的发展，使企业所有权与管理权相分离，社会筹集大规模资金已成为企业筹集资金的主要方式；企业规模越大，其所有者越分散。由于公司财产被分成若干股份，财产转移就要以股票交易方式实现，以股票交易为代表的证券市场的存在，为现代公司产权交易提供了场所与便利，因此，证券市场和股票这种虚拟化所有权凭证的发展，就成为市场机制条件下企业产权交易的基础，从而也就成为产业集中和企业集团形成的基础。

对美国等发达国家产业组织优化过程的考察，可以清楚地看到证券市场与兼并、重组等企业外部扩张行为之间的动态关系。美国曾经出现过四次以兼并和收购为主的资产经营和资产重组浪潮，在这四次兼并浪潮中，证券市场都起了不可或缺的作用。

第一次浪潮发生于19世纪与20世纪之交，这一阶段正是资本主义由自由竞争向垄断阶段的过渡时期，工业革命的进行和社会化大生产的发展，对资本集中提出了更高的要求，产生了以兼并为特点的产业重组。仅1898～1903年，美国的矿业和制造业就发生了2795起兼并，兼并使美国产业集中度大大提高，并产生了一些对美国经济产生深远影响的巨型企业，如美孚石油公司、美国烟草公司、美国钢铁公司、杜邦公司和美国橡胶公司等一大批现代化的大型托拉斯组织。横向兼并是这次兼并浪潮的主要特征，通过对同行业劣势企业的兼并，优势企业集中了行业内的主要资本，形成横向托拉斯，从而实现了规模经济。在这次兼并中，证券市场起了重要作用，证券市场的发展，尤其是工业股票的上市，为这次兼并提供了场所，这次兼并的大约60%的事件发生在纽约证券交易所。

第二次兼并浪潮发生于20世纪20年代，1919年至1930年，有近12000家公司被兼并，其数量大大超过了第一次兼并。这次兼并出现了多种兼并方式，其中以纵向兼并为主，从而产生了纵向一体化的产业组织特征。此次兼并正值美国证券市场繁荣时期，证券市场在兼并中起了很大的作用。

第三次兼并发生于第二次世界大战后20世纪50年代至60年代的资本主义经济繁荣时期，在60年代后期形成高潮，仅1967年至1969年就发生了10858起兼并事件，且兼并规模较大，兼并数仅占3.3%的大规模兼并就占了资产存量的42.5%。这次兼并的主要形式是混合兼并，兼并企业与被兼并的企业分属不同的产业部门，且这些部门之间没有特别的技术联系。因此，这次兼并属资本集中型兼并。由于企业间的合并完全以资本为纽带来实现，产权交易和为产权交易提供服务的证券市场在此次兼并中起到了举足轻重的作用。

第四次兼并自20世纪70年代中起，在80年代进入高潮。与前三次兼并相比，这次兼并形式出现了多样化的倾向，横向兼并、纵向兼并和混合兼并等多种形式并存，没有一种形式占主导地位。进入90年代中期以来，高新技术的飞速发展，为兼并创造了新的机会，尤其在1995年，美国兼并活动达到了高潮，创下了兼并总额4580亿美元的最高纪录。此次兼并有三个显著特点，一是规模大。如迪斯尼公司兼并大都会，美国广播公司的金额高达190亿美元；二是兼并的手段主要采用股票形式。1996年将近60%的公司兼并是用股票支付方式收购的；三是企业兼并与剥离并存。在各公司争相兼并其他企业的同时，也把与自己主营业务无关的业务分离出来，出售给其他企业。

相反，如果产业集中和企业集团的形成更多地依赖政府的扶持和干预，这种扶持和干预在产业成长的一定阶段确实能够对产业成长起到促进作用，但由于政府干预往往超越企业发展的边界，从而导致产业的低效率扩张。在这一方面，韩国大企业集团发展的经验给了人们更多的启示。

韩国的经济基础比较薄弱，加上长期为战争所困，直到20世纪60年代才真正开始现代化的进程。韩国政府出于赶超的目的，优先扶持那些以对国民经济起决定作用的企业和产业发展，如钢铁、机械制造、电子、造船、汽车制造等。为此，韩国政府选择了一条集中资金、重点发展大企业的路子，并从各个方面给大企业发展提供便利和优惠。韩国政府对大企业扩张的优惠政策主要有[①]：（1）融资优惠。在筹融资方面，韩国政府运用政策手段，向大企业提供各种优惠资金来源。（2）实行出口导向政策，全面鼓励出口。韩国大企业在出口导向政策中是政策扶持的重点对象和最大受益者。（3）采取一系列税收政策和其他政策，降低大企业的经营成本，刺激大企业快速扩张，增强其竞争力。韩国的大企业政策的确对韩国产业集中和企业集团的形成起到了促进作用，促进了大企业在资产量、投资量、经营范围、销售额和出口额的增长，使10家大企业跻身于世界500强之列。但是由于政府过度扶持，大企业的成长形成了一个误区：即“只要变成大企业”，就能得到生产、经

① 李扬，王国刚：《中国资本市场的培育与发展》，经济管理出版社1999年版，第127页。

营、研究开发等方面的规模经济利益，因而企业集团可以无限制地做大，并大量进入与本企业完全不相关的产业，而在融资方面，大企业可以依赖债务而不是股权扩张。这种误区导致了韩国大企业的失败——无限制的扩张超越了企业的合理边界，造成企业的低效率；大规模债务融资造成企业高负债，降低了企业运营效率，其最终结果损害了市场竞争，造成资源配置的效率损失。

从韩国的大企业发展战略中，我们至少可以汲取以下教训：第一，产业组织优化并不意味着企业越大越好，规模经济是在其他不变的条件下，随着资产规模的扩大而呈现出产出高于投入增加的情况，规模经济意味着投入的节约。但是，投资增加并不一定带来规模经济。其原因是，规模经济有着产业特点、市场、技术等边界限制。从行业特点看，并非所有产业都有规模经济，一些劳动密集型产业及部分高技术产业的中小企业反而比大企业生产效率高。从市场竞争看，由于市场带有明显的区域特点，如果企业发展面对的市场非常有限，规模扩大就不能给企业带来规模效益。技术也常常成为企业规模扩大的制约，如果仅为资产数量的扩大而不能伴之相应的技术进步，规模扩大的结果仅仅是增加了缺乏竞争力的资产，这很难实现规模效益。第二，政府对企业的扶持也是有边界的，政府扶持的目的是使企业在市场竞争中更具竞争力而不是其他什么，因此，政府扶持应从为企业创造公平竞争的环境入手，让企业在竞争中发展壮大。如果政府片面地给予大企业在资金、产品进入等方面的优惠，从表面上看可以让企业做大而提高企业的竞争力，但实际上却会因此而削弱企业竞争力，削弱企业抗风险的能力。第三，企业规模扩张虽需要大量资金，但不能以高负债方式投入，企业负债过高会加大企业债务负担，导致企业的经营风险。高负债的资本结构导致企业财务成本增加，负担过重，不能适时地对企业内部结构进行调整。第四，证券市场的缺陷导致企业外源融资来源的匮乏和股权交易的困难，使产业进入和退出受阻。韩国大企业成长大多属于内部成长，股权扩张、兼并、收购等外部成长方式并没有在韩国大企业成长中得到充分运用，结果不但延缓了企业扩张的速度，而且造成企业扩张的低效率。

利用政府政策扶持和利用市场进行产业组织结构调整的区别就在于，前者不能从根本上解决产业组织优化的问题。政府扶持虽然能在一定的发展阶段或在特定的资源约束条件下取得成效，但是如果政府完全取代市场，充当市场协调者的角色，就会造成资源配置的扭曲，并削弱本国产业竞争力。后者产生的激励机制、甄别机制和约束机制，能够真正起到促进产业集中和企业集团形成的作用；而为现代企业产权交易提供的交易场所——证券市场充分体现了这种作用，并通过证券市场一系列交易规则、惯例，及信息传递、价格形成、资产价值确定，确保了产权交易的有效实现。

第五节　利用证券市场优化产业组织

产业成长需要优化产业组织，在产业进入与退出的过程中，在产业集中和企业集团形成中，证券市场所起的作用究竟体现在哪些方面？我们在此不妨作一概括。

首先，证券市场为产权交易中“寻找交易者”、“定价”、“变现”、“转让”等问题的解决提供了桥梁和媒介，为投资者和上市公司间的交易提供了便利，促进资源流向那些优质企业，提高了资本利用的效率。具体而言，就是在一级市场上扶持那些绩优企业，让它们优先上市，将通过证券市场分享到的金融资源优先配置于这些企业，促进这些企业规模扩大。在二级市场为兼并、收购提供交易的便利，允许优质企业收购劣质企业，促进优质资产进入和劣质资产退出，通过证券市场实现企业的兼并收购，加速资本的集中、积聚、增值和资产规模的扩张，提高企业规模经济效益，推动产业升级和资本在全社会范畴内的优化配置。

其次，证券价格反映并影响产权交易的绩效，从而对低效率的产权交易产生约束作用。在证券市场上，证券价格是通过集合竞价方式形成的，由于信息的充分可得性，证券价格能够客观反映企业的生产经营状况。当公司进行兼并收购等产权交易时，交易价格和股票价格的波动其实就是一个价格发现过程，股价变化能够充分反映兼并企业潜在的发展前景和收益状况，股价上升，意味兼并成功，股价下跌，则意味着兼并失败或存在失败的风险。股价下跌和投资者的退出（“用脚投票”）就会对企业兼并行为产生约束，促使兼并企业选择合理的兼并项目，提高兼并效率。

再次，证券市场风险分散功能使大规模集聚资本成为可能，保证了企业兼并的资金需要。证券市场风险分散功能包括两层含义：一是企业投资风险转移与分散于广大投资者，使风险分散化和社会化；二是投资者的投资风险依靠证券市场流动性机制和避险机制，使风险分散化和社会化。证券市场的避险机制和社会化特征对产业组织优化的贡献，主要在于通过证券市场融集巨额资金，满足集团化发展的资金需要；并通过证券市场选择机制，鼓励有潜力的先进企业上市，促进产业结构的合理化。

一般而言，产业组织与证券市场的相关性和经济发展阶段有一定联系。在很多发展中国家，证券市场发育不足，证券市场的特殊资源配置机制没有对产业组织优化产生明显效果。一些新兴的工业化国家热衷于推行大企业集团战略，但并不成功，其失败之处就在于过度依赖政府而忽视市场的作用，结果造成企业盲目扩张。我国产业组织优化的任务是把企业集中建立在企业本身的市场效率之上，使社会分享有效竞争的利益；同时在市场效率基础上，通过横向合并、纵向合并及交叉合并来形成有竞争力的企业集团，使社会得到产业集中的利益。二者的核心问题是企业集团的效率－规模经济的边界，以及在什么样的机制下实现这一目标。由于企业或经济实体形成历史不同，企业间工艺技术类型不同，产品生命周期不同，企业所处的市场环境及宏观环境的差异，各个企业集中的规模经济边界及其实现机制是完全不相同的。然而，当企业组织是在行政干预而不是在市场力量推动下实行重组时，很难根据具体情况而进行资源有效配置，大公司、大集团战略推进极易偏离预期目标。因此，我国应以市场机制作为产业组织优化的途径，尤其应充分发挥证券市场的作用，以提高产业组织结构调整的效率。当然，我们必须看到，利用证券市场推动产业组织优化是以证券市场的建立和健全为前提的。我们的目标如要更多地利用证券市场而不依赖政府干预实现产业组织优化，就必须首先完善证券市场运行机制，使证券市场成为产权交易的中介。为此，我国的证券市场战略要有所调整：

其一，重新修订证券市场政策，应将证券市场量的扩张转变为质的提高作为目标。近年来，我国证券市场发展速度较快，证券市场发展速度甚至超过了某些发达国家。但是，证券市场还不能对经济产生主导作用，还不足以担当引导产业资金流向、推动产业成长的重任。究其原因，在于对证券市场的定位上，没有把市场融资与证券市场功能发挥结合起来，一是过于强调证券融资，忽视了资源的合理配置；二是只注重规模扩张，忽视了资金的合理流向，结果使证券市场成为企业低效益规模扩张和投机者投机的场所，尤其是过度投机，严重削弱了证券市场功能。在这一方面，我们应当从韩国及其他发展中国家吸取教训。韩国 1990 年 12 月按资本排名 10 家最大的上市公司中，制造业有 4 家，银行和证券公司有 6 家，而如按交易额排名的最大的 10 家上市公司中，只有 1 家为制造业企业，其余均为银行与证券公司。证券市场高度的不稳定，阻碍了资金向实际生产部门的流动，使证券市场与实际生产领域脱节，同时也削弱了股市的定价机制和接管机制功能，证券市场为产业成长募集资金和产权交易的作用也就无从发挥。因此，要使证券市场真正成为产业成长的源泉和产业组织优化的服务器，应重新定位证券市场的功能与作用，把证券市场作为培育产业成长的孵化器，把以推进产业成长的融资机制和产权交易的配置机制作为证券市场的主流，避免过度投机造成的资源浪费。国家的证券市场政策的重要方面是以组织化、制度化的证券市场为产业融资和产权交易服务，通过产权交易、产业组织优化促进产业成长。其二，形成法制环境，完善证券市场建设。产权交易必须在有组织的证券市场中进行，证券市场本身的完善，即证券市场拥有一套完整规范的运行规则和交易准则，可以规范市场参与者的行为，使产权交易公正、有效率地进行。否则，证券市场不规范，市场存在内幕交易、欺诈行为，公平竞争的环境就不可能出现，产权交易也不可能公正地进行。当证券市场不能为产权交易提供必要的条件和服务时，政府必然要取代市场，担当起资源配置的重任。尽管政府干预存在着效率损失，但是如果市场制度不健全，市场应承担的职责只能继续由政府来担当。为了提高产业组织结构调整的效率，避免政府干预而导致的低效率，政府只能对发行的市场准入、市场交易规则、信息披露的监控、市场监管制度等进行制度性安排，通过法律约束来确保这些制度的实施，杜绝操纵市场、内幕交易、虚假信息等不法行为的发生，以规范化的和稳定的证券市场为产权交易提供准确的信息传递、规范的价格、节约的交易成本，从而提高产权交易的效率。

第七章　证券市场推动产业成长的机制分析：二板市场效应

美国新经济的出现，是美国长期以来贯彻科技为本的思想，发展以高新技术为核心的现代产业并以高新技术改造传统产业的结果。但是，我们应该看到，美国的高新技术产业的发展是以创新思想与创业资本的紧密结合为基础，并以产业内大量新企业的出现和成长为标志的。与高新技术产业相适应的金融制度安排，在美国经济的持续增长中起了重要的作用。这种制度安排，为高新技术创新提供了以创业资本为主要形式的资本注入，而且形成了能够保证创业资本退出的二板市场。二板市场的形成，为科技成果产业化以及新兴产业的发展创造了良好的融资环境。可以说，二板市场是新兴产业能否建立和发展的关键。我国新兴产业发展迟缓，除了技术创新不足等原因外，还与缺乏能够保证科技成果产业化的融资机制有关。我国要推进新兴产业的发展，实现发展中国家的后发优势，必须充分利用和发挥二板市场对新兴产业的推进机制。

第一节　美国新经济的启示

自1991年3月结束经济衰退以来，美国实现了战后持续时间最长的经济增长，特别是1997～1999年，经济增长率连续三年超过或达到4%，1990～1999年，失业率从6.8%下降至3.9%，通货膨胀率则从4.9%下降到2.7%。这种高经济增长率、低失业率和低通货膨胀率的经济被誉为“新经济”。美国《商业周刊》主编斯蒂芬·谢泼德认为新经济的两个主要趋势是经济全球化和信息技术革命：国际贸易和国际投资在美国经济中的作用已大大超过从前，进出口占国内生产总值的比重已达1/4；高新技术发展和新产业的出现已使高新技术产值在国内生产总值中比重达到30%以上[1]。新经济的出现，使美国经济发生了以下变化：

第一，产业结构由制造业为主转向信息技术产业为主，信息产业成为美国经济新的推动力。计算机及计算机软件、集成电路、光缆等信息技术产业正逐步取代钢铁、汽车、化工等传统主导产业的地位，成为新的主导产业。20世纪90年代以来，美国的国民生产总值的1/4～1/3来自于高技术产业，而传统主导产业的建筑业和汽车制造业创造的产值分别是14%和4%[2]。在信息技术产业高速发展的同时，传统产业也被高新技术所改造，其技术含量和生产率不断提高，从而成为知识密集型产业，美国的汽车工业通过技术创新而重新回到世界第一的位置。

第二，企业竞争力提高。在20世纪70年代，美国年均经济增长率为1.2%，在西方七国中居于末位，与此同时，美国与西方国家在技术和生产率等方面出现差距，尤其电机、汽车等产业开始落后于日本，企业竞争力大幅度下降。但是20世纪90年代以后，技术创新使美国在许多关键技术行业遥遥领先，奠定了美国高新技术产业的基础，同时对传统产业的改造，极大地提高了整体生产率水平。生产率的提高使美国商品的竞争力不断增强，在半导体、计算机软件、个人电脑、芯片制造设备等产业，美国产品的市场占有率居于世界首位，在航空航天、生物技术等产业美国企业也走在世界前列。同时，美国一般制造业竞争力也在提高，从20世纪90年代起，美国大宗商品出口每年递增9%左右。

第三，经济持续增长与低失业、低通货膨胀并存。与以往经济增长不同的是，美国新经济出现了经济增长与低通货膨胀、低利率和低失业率并存的局面，高新技术的全面推广和运用，大大提高了企业的劳动生产率，企业效率大幅度提高，成本下降。1996年，美国高新技术产品的价格较1990年下降了5%，而同期，其他商品价格的上涨幅度则由5%降至2.5%。企业效率提高和公司大幅度裁员并没有使美国失业率提高，相反，高新技术产业创造了

---

① 美国《商业周刊》1997年11月17日。
② 同上，1999年3月31日。

大量的就业机会，1993～1998年间，信息产业为美国创造了1500万个就业机会。同时，高新技术产业还产生了就业倍增效应，进一步扩大了就业规模。

显然，美国的新经济是与高技术产业的发展联系在一起的，高科技产业的出现使经济增长由资源消耗型向知识和技术型转化，经济附加值越来越多地由脑力而非体力创造出来。

美国经济学家罗默（Romer）在其新经济增长理论中，把技术进步看成是经济的内生变量。罗默认为，一国经济增长取决于该国技术水平，技术进步可以提高投资效益，从而有助于提高经济增长率。而技术进步是通过投资获得的，正的外部经济技术效果来源于资本要素的积累，不断追加技术投资可以使一国获得永续性的经济增长。罗默的经济增长理论有三个重要结论：第一，技术进步是经济增长的源泉，不同技术的差异最终表现为经济发展的差异；第二，作为生产要素，知识可以通过投资获得；第三，经济增长也表现为资本存量的增加，投资既是知识积累的方式，也能扩大企业生产，因此投资是经济增长和技术进步的根源。

在1990年发表的第二个内生增长模型中，罗默对其增长模型作了更为详尽的解释，并把增长的核心定义为一种要支付报酬的活动，即研究与开发活动。罗默认为，一国研究与开发（R&D）投入越多，技术进步越快，从而经济增长越快，因为人均产出的增长率与社会投入到R&D活动的人力资本成正比，与人力资本在R&D活动中的边际生产率成正比，与家庭现时消费偏好成反比。

罗默的经济增长理论能使我们更好地理解美国新经济形成的原因。从20世纪70年代经济发展迟缓到90年代持续增长，美国靠的是以信息产业为代表的高新技术产业的高速发展，近年来，美国对R&D的投入一直处于世界前列，形成美国高新技术一路领先的基础。R&D的投入确定了美国在高新技术方面的领先优势，并确定了美国在电子、信息技术等领域无可替代的霸主地位，并使美国在关键技术领域的优势进一步突出。在具有战略意义的十个关键技术行业中，美国有五个行业处于领先地位，尤其在信息技术、生物工程技术等方面，美国的技术优势远远超过西欧和日本，这些技术优势使美国相关产业得到迅速发展，其增长速度远远超过传统产业，并成为美国经济增长的决定因素。目前，美国信息技术产业创造的产值达到美国当年国民生产总值的41%左右。

与此同时，固定资本投资的稳定增长和资本规模迅速扩张构成美国新经济的最重要的物质基础。整个20世纪90年代，美国私人固定资本投资增长加快，其中，信息技术和相关设备的投资和电子计算机和相关设备的投资增长最为显著，电子计算机及其硬件的投资增幅在整个投资增长中占1/3[①]。

科学发明的意义是实现技术创新的产业化，使技术创新形成现实的生产力，美国的成功之处就在于能够实现产学研相结合，使技术成果迅速地转化为生产力。高新技术产业的形成和发展需要经历技术的酝酿、开发、运用等过程，同时要有产业内企业的诞生和成长。由于美国现存的机制能够将创业资本与创新思想很好地结合起来，使技术创新迅速地转化为生产力，从而促进了高新技术产业的发展和壮大。美国支持高新技术产业创业的创业资本总额惊人，仅在1997年就增长了128亿美元，在所有国家中处于领先地位。从下表中我们可以看出，近年来美国的高新技术产业的发展和壮大，与美国长期以来创业资本持续增长有密切关系。

表7－1　各国创业资本的增长情况

单位：10亿美元

年份 国别	1984	1987	1988	1989	1990
美国	24.1	29	31.1	33.4	35
欧洲	8.95	15.6	20.1	24.8	29
日本	3.26	4.5	6.16	7.5	10
加拿大	1.3	1.83	2.5	2.78	3
韩国	0.45	Na	0.903	Na	1

资料来源：W·拜哥利夫，J·蒂蒙斯：《处在十字路口的创业资本》，哈佛商学院出版社1992年版，第27页。

① 宋玉华，杨莉莉：《从美国新经济周期的发展看美国经济》，《世界经济》1998年第2期，第14页。

创业资本为美国新兴产业，尤其是为电子信息产业的发展作出了巨大的贡献，而电子信息技术正是美国新经济的重要源泉。目前美国约有3000家创业投资公司，投资于信息技术、生命科学等高新技术产业，高新技术产业的企业约有90%是依靠创业投资资本建立起来的，1995～1997年9月，共有435亿美元创业资本投向13470家科技公司，在最具代表性的美国高科技产业区硅谷，仅1997年就吸引了创业资本36.6亿美元，比1996年增长65%①。美国高科技产业的领头羊微软公司、数据设备公司、英特尔公司、戴尔公司、康柏公司等无一不是创业资本的杰作，同时，它们也是美国科技成果产业化的代表，是美国新经济的象征。

美国创业资本的成功运作是基于良好的生存和发展的环境：第一，有一个充满活力的创业资本市场，说其充满活力是由于美国创业资本市场上的资金都是寻求高收益的高风险资金，无论是筹资者，还是投资者，都以高风险换取高收益为宗旨，资本的运作具有很大的灵活性。这既区别于传统的资本市场，也区别于银行信贷，创业资本家将资金投向那些有增长潜力的高风险项目，以期得到高额回报。由于创业资本以整体利益而非个别项目作为衡量资本投资效果的标准，因此在投资选择上，美国的创业资本具有很大的灵活性，风险越大、潜力越强的项目往往越容易为风险资本所发现和投资。

第二，有一批专家型的创业投资者。创业投资与其他融资方式的重要区别之一是创业资本家直接参与创业公司的经营活动，从直接任命公司经理，到直接参与公司的重大决策，创业资本家自始至终参与公司的管理活动，因此，创业资本家必须是具有管理才能的专家型人才。美国的创业资本家正是这样一些具备了各种管理才能的专家，他们既熟知金融市场与融资技巧，又深谙企业管理，更能发现投资机会和经营人才，正是由于他们的存在，才使得美国创业资本营运获得如此高的效率。

第三，有创业资本退出的良好机制。创业资本的高额投资回报是在股权的一次性转让中实现的。与其他投资形式不同，创业资本并不追求长期的投资收益，而是期望从资本的增值中得到投资回报，资本增值来源于企业成长

① 胡海峰，张闽：《创业资本运营》，中信出版社1999年版，第38页。

所带来的企业价值增值，只有顺利地转让股权，资本的增值才能实现。因此，资本退出机制就成为创业资本能否实现价值增值的决定因素。除投资失败而对公司清理外，美国创业资本的退出形式主要有公开发行股票和转让股权两种方式，股权转让是20世纪80年代后兴起的创业资本退出方式，目前在美国创业资本退出中约占70%。但是，由于这种方式的收益远低于股票上市（约相当于股票上市收益的1/5），且企业不能从股权转让中得到好处，因此，无论是投资者还是企业都愿意采用股票上市方式。据认为，股票上市是创业资本退出的最佳方式，美国创业资本之所以能取得如此成功，是因为美国有专为创业资本退出服务的证券市场——纳斯达克证券交易市场，能够使中小型科技企业上市融资，从而确保了创业资本的顺利退出。目前，纳斯达克已成为美国最重要的证券交易市场之一。

纳斯达克证券交易市场是世界各国二板市场中最成功的，该市场成立于1971年，是专为中小企业融资的电子报价系统。纳斯达克证券市场的建立，为美国中小科技企业在资本市场上筹集资金、促进科技产业的发展起了重要作用。目前在纳斯达克上市的公司已超过5000家，有数百家企业的市值超过10亿美元，其中排列前十名的都是高科技公司。在整个美国资本市场中，纳斯达克所占的比重很小，如果仅从狭义的资本市场角度考察，纳斯达克占美国全部资本市场的不到10%，但从其作用看，纳斯达克却已成为美国资本市场最重要的组成部分，它对美国新兴产业的发展，尤其高新技术产业的发展起了不可替代的作用，是美国高科技企业成长的制度保证。可以说，纳斯达克既是美国新经济的象征，也是实现美国新经济的基础。

由此可见，美国新经济的出现并非偶然，它是技术创新、制度创新、金融创新等多种因素共同作用的结果。技术创新、信息革命为美国经济提供了增长的动力，经济全球化为美国经济创造了扩张的外部环境，金融制度安排是美国新产业的孵化器，而政府宏观政策的适当调节则成为经济稳定发展的基础和保证。从美国新经济的成长中，我们可以得到如下启示：

第一，经济增长的动力是高新技术。美国新经济以高新技术产业的成长和传统产业的技术提升为标志，技术创新已成为推动美国经济增长的最主要因素，据推算，在战后至20世纪50年代，投资对美国经济增长的贡献为

80%，科技因素在经济增长中的份额为20%，到了20世纪90年代，科技在经济增长中的份额上升至70%，投资的作用则下降为30%，技术因素在美国经济增长中的作用越来越大。

第二，高新技术转化为现实生产力的途径是实现技术产业化。将最新技术应用于产业，实现高新技术的产业化和对传统产业的技术改造，是美国新经济的成功之处，20世纪80年代以来，美国企业每年对信息产业及相关产业的投入都超过1000亿美元，1990年对信息产业的投资首次超过了其他产业，1996年，对电脑及软件产业的投入达2120亿美元。事实上，美国每一次经济飞跃都外在地表现为新的主导产业对老的主导产业的替代，而这种替代正是实现了新技术产业化的结果。

第三，有效的融资市场是高新技术产业化的制度保证。高新技术产业的形成是一个不断地技术创新过程，也是一项高风险的投资过程。美国高新技术之所以能够顺利实现产业化，正是得益于创业资本市场和二板市场的制度安排，创业资本为拥有新技术或新思想的小型企业提供了融资上的帮助，二板市场则促进了新兴企业的进一步成长。美国创业资本市场和二板市场的最大贡献是使创新思想变成了现实的生产力，创造了经济的活力之源。

第二节　二板市场推进科技产业成长的机制

二板市场是指在主板市场以外专为中小企业提供股票发行和股票交易服务的场所，二板市场的服务对象主要是中小企业，尤其是中小科技企业，有些国家把二板市场定位于科技板块，使二板市场成为具有特定服务对象——新兴科技企业融资的场所。

与主板市场相比，二板市场的最大特点是上市标准低，能够满足成长性好、有潜力的中小企业的融资需要，因而成为近年来各国高科技企业成长的主要融资渠道。二板市场与主板市场区别主要在于：在发行方面，二板市场的上市要求如上市公司的规模、公众持股量、上市公司的股票市值、公司近期业绩要求等都低于主板市场上市公司，以便照顾不符合在主板市场上市的中小企业的融资需要。但是，由于新兴企业存在较高的风险，因此要求这类企业的信息披露高于主板市场的上市规则。在流通方面，二板市场的交易主要采用柜台交易，通常实行做市商制度，由做市商根据市场行情和供求关系确定的价格进行交易，同时采用先进的电子报价系统，从而大大提高了二板市场的运行效率。

目前，包括一些发展中国家在内的许多国家（地区）都设有二板市场，如美国的纳斯达克证券市场（NASDAQ），英国的另项投资市场（AIM），新加坡的证券交易及自动报价系统（SESDAQ），中国台湾的场外证券交易系统（ROSE），吉隆坡的证券交易所第二板市场（KLSE）等，中国香港联交所也于1999年第4季度正式启动创业板市场。在这些二板市场上市的企业一般都有以下特点：一是企业规模小，通常达不到在主板市场上市的要求；二是企业存在时间短，有的企业可能只有两年的经营记录；三是企业不一定有良好的经营业绩，但必须要有增长的潜力和成长性，能有广阔的发展前景并能给投资者带来较高的回报。符合上述特点的企业一般是那些具有潜在成长性的新兴中小企业，由于这类企业在发展初期规模小，风险大，经常被排斥在企业融资的三个常规渠道（银行贷款、发行股票和债券融资）之外。事实上，小企业不一定代表低效率。美国经济学家钱德勒的研究表明，企业规模大小一方面与规模效率有关，另一方面与行业特点有关。规模较小的企业要么是处于发展初期，要么是其业主偏好或行业技术特点无法实现规模经济。假如小企业的人均生产率与大企业一样，则应被视为与大企业一样有效率。另一方面，小企业的成长性要高于大企业，大企业都是从小企业成长起来的，当小企业在技术上达到较高水平或产品达到适度规模时，其成长性往往超过大企业。二板市场为中小企业提供的融资服务，正是适应了中小企业成长阶段股权资本的扩张需要，克服了常规融资制度的缺陷，使中小新兴企业能够发挥技术优势和产品市场优势，实现规模扩张。

在二板市场上市的企业并无行业限制，如纳斯达克证券市场包括了制造业、农业、建筑业、零售业、银行业、保险业等若干产业，见表7-2。但无疑高科技产业是二板市场最重要的组成部分，在纳斯达克的上市公司中，那些有增长潜力的科技产业，如电信、计算机软件和硬件、生物技术、医药等占有很大的比重。1998年，在纳斯达克上市的5000多家上市公司中，科技类公司占17%，通信类公司占7%，药业公司占6.4%，而在以行业划分的美国上市公司中，有92%的软件公司、82%的计算机制造公司、81%的电子通信类公司以及96%的Internet公司在纳斯达克上市①。

表7－2　纳斯达克证券市场上市公司分类（1998年底）

上市公司类别	数量
金融保险类	1038
科技类	923
制造业类	857
零售业类	598
通信类	385
化工类	347
医药类	347
建筑和矿业	257
交　　通	125
其　　他	536
合　　计	5487

资料来源：NASDAQ，1999年。

同时，科技产业也是二板市场中成长最快的产业。表7－3显示，近10年来，NASDAQ增长最快的企业主要是科技企业，其增长速度远远高于纽约证券交易所（NYSE）增长最快的企业，如戴尔公司近10年的增长率为687倍，而同期纽约证券交易所增长最快的沃尔玛公司的增长率只有7.5倍。《财富》等著名杂志选出的发展最快的美国公司也大多出自纳斯达克上市公司。1993年，《财富》选出100家发展最快的美国公司，其中有67家出自纳斯达克，《有限公司》选出的100家增长最快的美国公司中，则有89家出自纳斯达克证券市场。《福布斯》指出，在美国200家最佳小企业中，有154家出自纳斯达克。

① 吴艳鹏主编：《创业板市场》，中国民航出版社1999年版，第236页。

表 7－3　1990～1999 年纳斯达克与纽约证券交易所增长幅度最大的 10 家上市公司

排名	NASDAQ 市场	增长率%	NYSE 市场	增长率%
1	DELL	68736.40	沃尔玛商店	753.80
2	TELLABS	12708.00	可口可乐	595.80
3	MICRON ELECTRONICS	9300.00	通用电器	594.20
4	MCI WORLDCOM	8088.50	默克公司	533.90
5	微软	7524.10	詹森兄弟	532.80
6	MAXIM INTEGRATED	5200.00	HEWLETT－PACKARD	489.40
7	LIEAR TECHNOLOGY	4006.00	ALLIEDSIGNL	482.10
8	AMER POWER CONVERSION	3900.00	PROCTER CAMBLE	474.80
9	AMGEN	3683.70	麦当劳	425.20
10	ALTERA	3485.50	联合科技	395.60

资料来源：BLOOMBERG SCMP GRAPHIC.

二板市场作为高新技术产业成长的推进器，对一国科技产业成长具有重要意义。二板市场能够对科技产业成长产生推动作用是由于二板市场适应了科技产业成长方式的需要，为高新技术产业的成长提供了融资制度保证。高新技术产业的出现打破了传统产业的成长模式，高新技术产业以超常规的速度扩张，把传统产业需要几十年甚至上百年的成长时间缩短到十几年甚至几年。1975 年，第一台个人计算机面市，时至今日，计算机产业已成为美国第一大产业，仅微软公司一家的产值就已超过美国三大汽车公司的产值；而互联网出现才不过几年的时间，1995 年网景等 9 家互联网公司在纳斯达克上市，1996 年雅虎等 36 家互联网公司上市，整个成长过程只用了不到 10 年的时间。高科技产业的快速成长带来两个显著的变化：一是产业更新换代速度非常快，如在计算机产业，英特尔公司于 1997 年 9 月发明的“闪光记忆”芯片将产品的更新换代周期缩短到了 9 个月；二是高科技产业对土地、生产资料、资金等生产要素投入的要求降低，而对人力资本、技术的要求提高。这两个变化都为中小企业成长提供了契机。事实上，高新技术产业的成长都是在产业内中小企业的快速扩张中实现的，而二板市场的融资机制，为中小科技企业成长提供了融资保障，使大量中小科技企业实现了迅速的规模扩张，从而促进了科技产业的成长壮大。

二板市场对科技产业成长的推动是与创业资本的运作联系在一起的。科技产业的成长要经过技术开发、技术商业化、企业成长和产业成长等阶段。在技术开发阶段，创新思想逐渐演化为具有商业价值的新技术；进入技术商业化阶段，产品已为市场认可，企业进入小批量生产过程；在企业成长阶段，市场对新产品的认可程度提高，需求扩大，企业销售额和利润额迅速增加，规模迅速扩大，新技术实现了产业化；在产业成长阶段，在核心企业的带动下，产业内中小企业不断崛起并发展壮大，产业竞争力增强，科技产业就跃升为经济增长新的支撑点。在产业成长的不同阶段，所需要的资金来源不同，潜在风险也有较大差别。

在发达国家，通常采用创业资本形式来支持科技产业的前期投入，与一般资本不同的是，创业资本是不能从传统的金融市场（如银行、股票市场和债券市场）获得的，而由创业资本家专门设立用于高新技术开发和高新技术产业化的风险资本。创业资本以高新技术为基础，对尚未形成生产能力或刚刚形成生产能力的中小企业进行股权投资，以扶持中小科技企业的发展，并通过直接参与企业的经营管理，促进企业顺利成长，在企业经营成功后，通过股权转让退出投资企业，再进行下一轮投资。这种循环往复既保证了创业资本市场的流动性和新兴科技企业有源源不断的资金来源，也保证了创业投资者能够获得相对稳定的投资回报。

创业资本的来源主要有两种模式，一是以美国为代表的非银行投资制，一是以日本和德国为代表的主办银行制。美国的创业资本主要来源于私人、各类基金、投资银行等，运作模式主要以股权形式向高科技项目投资，由于追求高额的投资回报，创业资本在选择项目时愿意承担较大的风险，从而使大批高新技术由设想变为现实，并实现了高新技术的产业化。美式创业资本并不谋长期控制企业，而是通过参与企业的投资与管理来提高投资的成功率，并在适当的时候退出投资。与此相反，日本的创业资本主要由银行控制，银行以债务方式向企业提供资本，由于在债务融资中，债权人与债务人不能共享投资收益，却要共担投资风险，因此，投资人往往缺乏投资热情，结果导致大量有潜力的高科技项目不能获得融资支持。日本是一个R&D的高投入国家，尽管其R&D的投入占国民生产总值的比重与美国相似，1994年日本R&D占国民生产总值的比重甚至超过了美国，但是，由于日本52%的创业资本企业是银行的全资企业，所拥有的资产占全部创业资本的75%，[①] 而银行又固守重信誉、低风险的投资策略，高风险的项目被排斥在投资选择之外，结果造成创业资本在投资机会的评估和选择上的很大缺陷，导致创业资本流动呆滞和投资效果低下。

作为高新技术产业的孵化器，创业资本并不以长期控制企业为目的，而是通过不断地寻找新的投资机会，获得高额回报。因此，在企业进入成长期后，创业资本就要退出投资企业，收回投资，进行下一轮投资。如果不能有效地退出，创业资本的回报就不能实现，再投资也不能继续进行，所以，退出机制是创业资本成功运作的关键。正是有了创业资本退出的制度安排，创业资本才能在适当的时候收回投资，实现创业资本的增值，并通过再投资实现创业资本的良性循环；另一方面，高新技术进入产业化发展阶段后，需要更多的产业资本投入，而创业资本已无法满足企业规模扩张的资本需要，需要另辟途径，寻找新的资金来源，此时创业资本的退出就为其他资本的进入创造了条件。

前面已经指出，有条件的创业企业经常选择公开发行股票退出，这是由于公开发行股票可以保证创业资本获得较高收益，公开发行股票也是对公司价值的确认，是对公司经营业绩的肯定，通过公开发行股票，企业能够募集更多的资金，并通过二次融资使企业获得新的发展机遇。近年来，首次公开发行股票的创业资本逐年增加，表7-4显示，创业资本越来越多地选择公开发行股票，平均融资规模也呈上升趋势。由于创业企业在企业规模、公司业绩、股权结构等方面都很难达到主板市场的上市要求，因此，创业企业较多地选择在二板市场上市，二板市场因此而成为创业资本退出的主要途径并成为科技产业成长的推动力量。

① 胡海峰，张闽：《创业资本运营》，中信出版社1999年版，第39页。

表 7－4　企业资本首次公开发行股票情况（1984～1994）

年份	首次公开发行股票数量（家）	平均募集资金（百万美元）	创业资本在首次公开发行股票时的平均年限（年）
1984	53	65.9	5
1985	47	69.7	3
1986	98	86.7	5
1987	81	85.1	5
1988	36	91.8	5
1989	39	100.0	6
1990	42	109.3	6
1991	122	118.5	6
1992	157	101.7	7
1993	165	100.8	7
1994	136	86.8	7

资料来源：《创业资本运营》，中信出版社，第 161 页。

通过上市发行筹资和增资扩股，美国高科技企业在证券市场上募集了巨额资金，据统计，1980～1999 年的 20 年间，美国高科技企业从证券市场共筹集了 1381 亿美元的资金，这些资金为美国高科技产业的形成和发展提供了保障。表 7－5 和 7－6 为 1996～1999 年美国高科技产业在证券市场的融资情况，从表中可以看出，无论是首次发行还是二次融资，因特网行业的融资数量都是最多的，这表明近年来 IT 产业的快速发展及其在美国经济中的作用与地位。

表 7－5　1996～1999 年美国高科技产业 IPO 筹资情况一览表

行　业	1996～1999 年 IPO 筹资总额（亿美元）	每年 IPO 筹资比例（%）			
		1996 年	1997 年	1998 年	1999 年
因特网	260.64	14	11	24	81
通信	62.32	31	9	7	6
半导体	30.85	3	7	15	5
网络设备	19.56	3	2	4	4
软件	62.34	23	29	20	2
服务	43.41	15	24	13	1
硬件/外围设备	15.72	3	10	9	0
电气	12.08	6	1	6	0
其他	6.68	2	6	1	0
合计	513.57	100	100	100	100

资料来源：摩根斯坦利研究报告。

表 7－6　1996～1999 年各行业二次融资情况表

行　业	1996～1999 年二次融资总额（亿美元）	每年二次融资比例（%）			
		1996 年	1997 年	1998 年	1999 年
因特网	96.12	4	7	28	42
通信	47.44	18	13	22	12
半导体	29.11	11	8	7	10
网络设备	9.65	2	1	－	5
软件	39.99	25	21	14	6
服务	38.10	25	23	11	6
硬件/外围设备	15.31	8	10	2	3
电气	36.27	3	13	7	14
其他	12.79	5	5	10	1
合计	324.79	100	100	100	100

资料来源：摩根斯坦利研究报告。

一般认为，制度安排的目的是提供一种结构以便使其成员的合作获得一些在结构之外不可能获得的追加收入，并通过建立一种影响法律或产权变迁的机制，以改变个人或团体可以合法竞争的方式①。金融制度安排就是提供一种金融机制，使投融资双方能够获得更大范围和更加灵活的融资方式，以降低融资成本，提高融资效率。一项新的金融制度的出现，是基于金融市场现有的融资模式不能适应已经变化了的市场结构，需要一种更高效率的融资方式以使投融资者获得现存金融市场以外的投资机会和投资利益。创业资本和二板市场就是适应高新技术产业化的一种金融制度安排。高新技术产业具有“高风险、高投入、高收益”的特点，传统的融资机制已不能满足高新技术产业化的要求，因为传统融资机制不能解决高风险与高收益的结合问题：商业银行的信贷原则是流动性、安全性和盈利性，高新技术产业的风险和投资期限都难以与商业银行的投资原则相匹配，因此商业银行很难成为高新技术产业的资金支持者；债券市场的融资原则是约期还本付息，高新技术产业创业期的收益不固定也使其很难得到债券融资；另外，主板市场对企业经营规模、盈利能力的规定限制了创业期的高新技术产业在主板市场上的融资，因此，高新技术产业需要一种新的金融制度安排，以适应其产业发展的需要。创业资本克服了传统融资机制对高风险的厌恶，将风险集中于偏爱风险的投资者——各类创业投资基金、创业投资公司，从而开拓了高新技术产业获取资本的渠道。如果没有创业资本制度的创新，许多技术可能因得不到所需的资本支持而夭折，高新技术产业的发展进程将大大减慢。

作为创业资本退出的保障机制，二板市场既保证了创业资本的顺利退出，也使高新技术企业获得了规模扩张的资本供给，因此，二板市场是高新技术产业成长和创业资本退出的制度保证。事实上，美国20世纪70年代创业资本发展停滞和高新技术产业增长缓慢的主要原因就是70年代美国证券市场经历了10年的熊市，二板市场的筹资功能不能实现（见图7－1）；而80年代后期及90年代高新技术产业的蓬勃兴起正是得益于美国股市的繁荣。

作为一种新的制度安排，二板市场增进了证券市场的效率，使证券市场

① 卢现祥：《西方新制度经济学》，中国发展出版社1996年版，第20页。

的功能得到了进一步发挥。证券市场的主要功能是实现资源的有效配置，帕累托最优描绘了一种理想的资源配置状态，在这种状态下社会用于任何一种用途最后一个单位的资源所提供的经济效益在数量上相等，全社会的资源配置达到最优。帕累托最优在现实中很难达到，但它提供了一个参照系，即通过改进资源配置方式和途径使资源向最优状态逼近，这一过程就是“帕累托改进”。二板市场的出现其实就是一个“帕累托改进”的过程，它通过提供专门为中小科技企业上市的融资场所，使大批有增长潜力的科技企业获得发展的机会，从而弥补了主板市场的功能缺陷，使整个证券市场的效率大大提高。

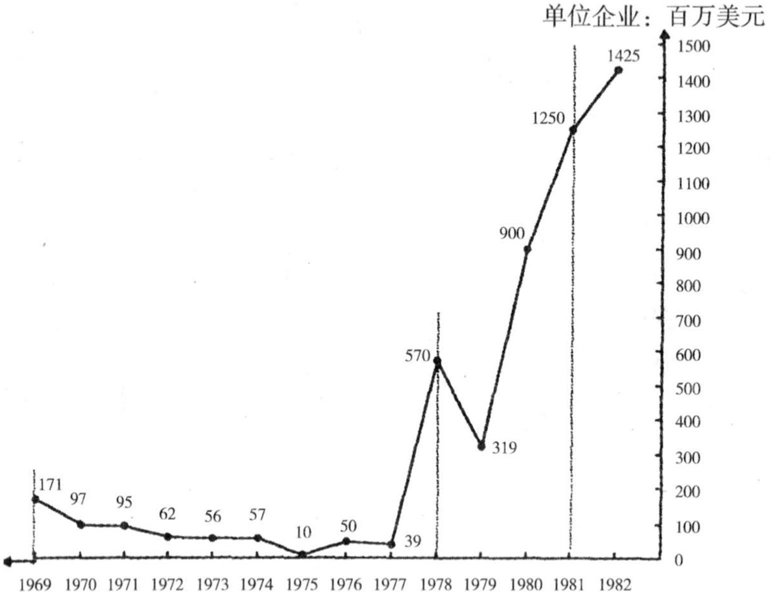

图 7－1　1969～1982 年美国创业投资规模图

注：1978 年创业资本由 1977 年的 3900 万猛增至 5. 7 亿是由于这一年美国政府将资本收益税的税率由 49% 降到 28% 。

2000 年 4 月，NASDAQ 指数下挫，至今仍未走出下跌的阴影，但这并不影响 NASDAQ 作为创业资本退出机制发挥作用。由于股指高涨而导致的对该市场的进一步追捧，会引起股价的泡沫成分增加，以及上市公司的良莠不齐，股指波动能够有效地挤出市场中的泡沫成分，并将绩差股淘汰出局。NASDAQ 有严格的退市制度，当股价跌至 1 美元以下时，将被强行摘牌，这次 NAS-

DAQ 指数的剧烈波动，将导致许多公司退市，尤其是那些股价被严重高估，而其本身又缺乏业绩支撑的公司。这一过程也恰恰是对业绩好、有发展潜力的科技企业进一步认可的过程。

第三节 发展中国家科技产业成长与证券市场相关性分析

近年来，发展中国家的科学技术水平有了很大的提高，其中尤以新兴工业化国家和地区的表现最为突出。根据世界经济论坛《1997 年全球竞争力报告》，新加坡、韩国、中国台湾等国家和地区的一些技术水平甚至超过了某些发达国家，新加坡的技术水平在所有国家和地区中排在第 11 位，领先于澳大利亚、英国等国，中国台湾排在第 18 位，韩国处于第 26 位，分别领先于比利时、意大利等国（见表 7－7）。

表 7－7 发展中国家和地区 1997 年科学与技术水平在全球排序中的位置

技术领先水平			数学和基础科学教育			科学研究水平		
排序	国家和地区	调查（7－1）	排序	国家和地区	调查（7－1）	排序	国家和地区	调查（7－1）
11	新加坡	5.27	1	新加坡	6.48	17	新加坡	4.84
18	中国台湾	4.51	11	印度	5.28	23	中国	4.39
20	智利	4.31	15	中国台湾	5.16	27	印度	4.18
22	中国香港	4.21	19	菲律宾	5.00	28	中国台湾	4.02
24	马来西亚	4.00	22	中国香港	4.96	33	菲律宾	3.67
26	韩国	3.81	24	土耳其	4.81	34	韩国	3.60
31	中国	3.28	26	越南	4.67	35	智利	3.52
32	土耳其	3.24	27	马来西亚	4.62	36	阿根廷	3.51
33	巴西	3.13	29	韩国	4.51	39	津巴布韦	3.23
35	印度尼西亚	3.06	31	泰国	4.46	40	越南	3.22

资料来源：世界经济论坛：《1997 年全球竞争力报告》，1998 年。

科学技术水平取决于该国在科学研究上的投入。国际通行的办法是用R&D衡量一国技术研究和技术创新的活动，发展中国家R&D的投入要远低于发达国家，据经合组织（OECD）和法国科学与技术观察所（OST）统计，1994年全球R&D的支出总额为4390亿美元，其中80%以上支出发生在发达国家，除美国、日本、欧盟以外，其他地区R&D的投入仅占全球R&D投入的17%①。但是新兴工业化国家和地区R&D的投入却保持着较高水平，韩国1997年R&D的投入占GDP的2.71%，仅次于瑞典和日本而排名世界第三位；中国台湾R&D的投入占GDP的比重为1.81%，排名第11位，仅略低于欧盟1.9%的平均水平（见表7－8）。

表7－8　发展中国家和地区R&D支出情况

国家和地区	年份	R&D占GDP的比重（%）
韩　国	1994	2.8
中国台湾	1997	1.81
新加坡	1997	1.13
埃　及	1991	1.0
巴基斯坦	1987	0.9
印　度	1990	0.8
智　利	1997	0.8
土耳其	1991	0.8
中　国	1997	0.6
巴　西	1994	0.4
智　利	1992	0.3

资料来源：《中国统计年鉴1998》，第943页；世界经济论坛：《1997年全球竞争力报告》，1998年。

① 袁志刚：《知识经济学导论》，上海人民出版社1999年版，第10页。

R&D 投入的增加和科学技术水平的提高对新兴工业化国家和地区产业结构调整以及科技产业化的形成起了重要作用。近年来，技术密集型产业已逐渐成为各新兴工业化国家和地区的主导产业。从统计资料中我们看到，除中国香港，亚洲新兴工业化国家和地区的电子设备制造品业均已居于各国制造业首位，代表先进技术的电气机械已占新加坡制造业产值的 40%，中国台湾的近 20%，韩国的近 16%，而在马来西亚，这一指标也已达到 27% 以上。

但是，我们必须看到，新兴工业化国家和地区的科技产业与美日等技术先进国家相比，仍存在较大的差距。韩国是发展中国家中计算机产业发展速度最快、并对跨国公司依附最少的国家，但是，韩国的计算机产业在关键技术上仍存在很大的空白。究其原因，一个重要方面是缺乏技术成果转换的市场环境。由于发展中国家和地区的科技产业化主要依赖政府支持，高新技术向产业化转化的金融制度安排——二板市场（一些发展中国家和地区称之为创业板市场）不存在或规模很小，市场释放风险的功能十分有限，创新企业最终只能选择“跟随”战略，紧随世界高新技术的潮流，一些高新技术也不得不依赖国外市场实现成果转化。在韩国计算机产业发展中，基本依靠三星、金星、现代、大宇等企业的资本，以及政府优惠信贷支持，缺乏创业企业诞生的环境，高新技术企业无法生成。直到 1986 年，韩国才由政府提供创业资本，支持高新技术产业的发展，1999 年才设立创业板，因此，创业资本和创业板市场在促进高新技术效果十分有限。

其他新兴工业化国家和地区的情形与韩国十分相似。目前，新加坡、中国台湾、中国香港、马来西亚都相继建立了创业板市场，但由于规模有限，创业资本和二板市场在承担激励高新科技产业成长的作用方面仍存在缺陷，表 7－9 显示了几个新兴工业化国家和地区的创业资本状况，由于创业资本大多由国家和金融机构设立，在投资选择上有很大的局限性，不能真正体现商业资本运作的特点，难以有效地过滤和评估投资机会，并对有潜力项目进行投资。加上规模较小，较难支撑一个产业创业的资本需求。

表7-9　若干发展中国家和地区创业资本情况

国　家	创业资本建立时间	创业资本总规模	创业资本主要来源
新加坡	1984年	6亿美元	国　家
韩　国	1986年	7.3亿美元	国家、银行、个人
印　度	20世纪70年代	NA	国　家
中国台湾	1976年	15亿美元	企业集团

资料来源：胡海峰，张闽：《创业资本运营》，中信出版社1999年版，第245-249页。

但是，不可否认的是，新兴工业化国家和地区建立的二板市场确实对各国家和地区新兴产业成长起了重要作用。马来西亚过去是一个劳动密集型国家，目前技术产业有一定发展，二板市场功不可没。为了发展高科技产业，并针对本国劳动密集型和资本密集型产业为主的产业特征，马来西亚设立了专为外国高新技术产业上市和专为本国中小企业服务的两个板块，以利于吸引更多的科技企业上市融资，MASDAQ是专为外国科技企业设立的，KLSE则专门针对国内中小型企业，这两个市场对促进科技企业的发展起了很大的作用。中国台湾也通过其场外市场促进了岛内科技产业的成长。据认为，在1997年的金融风暴中，中国台湾之所以能避免灾难，就是由于岛内科技产业相对发达，产业结构较为合理，而场外证券交易系统（ROSE）对科技产业成长起了重要的推动作用①。

第四节　证券市场结构创新与我国新兴产业成长

除新加坡、韩国、中国台湾、马来西亚、中国香港外，发展中国家建有二板市场的鲜有所见，这无疑对发展中国家科技产业化的发展极为不利。包

① 卡拉姆·亨德森：《亚洲在衰落?》，机械工业出版社1999年版，第152页。

括我国在内的发展中国家，要发展自己的科技产业，关键不仅在于提高本国科技水平，还在于通过积极的金融制度安排促进本国科技成果的转化。

从科技水平看，我国与发达国家虽然存在较大差距，且这种差距体现于整个技术领域，但这并不妨碍我国发展高新技术和新兴产业，相反，这种差距的存在成为我国技术产业化的后发优势。“后发优势”是由美国学者格申克龙（Gerschenkron）提出的，用于解释后起国家在推动工业化方面所拥有特殊优势。技术方面的后发优势就在于我国可以通过直接引进先进国家的技术，缩短我国技术研究与开发的过程，使技术进步的速度加快，并尽快实现科技产业化和科技产业成长。

利用后发优势寻求新兴产业成长，是我国必然选择的路径。R&D 的投入不足和体制方面的原因，已经严重阻碍了我国创新能力的提高，即便在那些 R&D 投入很高的领域，能够有所创新，也很难在短期内开发出足以使新兴产业形成的整体技术。因此，学习和模仿先进国家技术，对于促进我国新兴产业的发展意义十分重要。

一是通过学习和引进先进技术，可以缩短研究与开发的时间，减少相应的投入，加快新兴产业的形成和成长。新技术的研制与开发是一项高风险投资，在美国，每年约产生 17 万个新技术企业（信息产业、生物技术产业、环保产业等），而成功创立的只有 1000～2000 个，只占总数的 0.5%～1%，因此其研制和开发风险十分巨大。通过学习和引进，我国可以跨越研究与开发阶段，而直接应用发达国家的成熟技术，从而大大降低高新技术早期开发的风险，并缩短研究与开发的时间。与直接从事研究与开发相比，引进技术所支付的技术转让费也比自主开发一项已有的先进技术的成本低得多。

二是缩短我国与发达国家的技术差距，提升我国的技术水平。事实上，采用新技术的绝大多数国家和企业，其发明和创新都不是自己创造的，而是通过技术引进实现的，即便在技术大国，也无法做到技术的自给自足。我国对新技术的学习和引进，使得我国能够在新技术领域与发达国家保持一致，从而缩短与发达国家技术水平的差异。

三是促进我国新兴产业的形成。新兴产业形成所需要的新兴技术并不一定要来源于技术的发端国，经验表明，尽管技术发明对各国能否抓住机遇有较大的影响，但并非是决定因素。① 我国通过引进新技术，或在学习新科学的基础上自主开发新技术，可以大大加快新兴产业的形成，东亚各国电子产业的兴起无一不是通过引进新技术，或是通过学习新科学，自主开发的结果。

但是，我们应当正视这样的一个事实：只有少数国家才比较成功地实现了后发优势，即不但成功地缩短了与发达国家的技术差距，而且形成了自己的新兴科技产业，并以此跨越了技术发展阶段，进入新兴工业化国家之列。我国在引进技术方面已经有很多成功的经验，但是，由于缺乏与技术引进相配套的R&D 投入，无法在充分消化的基础上开发新的技术和工艺，从而导致对引进技术的简单模仿；当需要对现有技术进行更新换代时，只能继续重复上一轮技术进步的过程。由于这种技术引进模式很难真正提升技术先进水平，也就很难对科技产业化作出较大的贡献，不可能尽快缩短技术差距，最终阻碍了我国新兴产业的发展。二是缺乏促进科技产业成长的金融机制。发达国家的金融机制、创业基金、二板市场等金融制度确保了科技产业成长的资金需要。但是，我国在一定时间内很难形成类似于 NASDAQ 这样的金融市场或是 OTC（场外交易系统）来为新兴产业融资，因此，科技产业发展面临着创业资本来源方面的束缚。

我国促进本国科技产业化的金融选择是尽快建立为科技产业服务的金融体系，包括创业资本市场和创业资本的退出市场——二板市场，唯其如此，才能利用后发优势，发展科技产业，促进产业结构的升级。在利用金融机制促进新兴产业成长方面，并非要拘泥于发达国家的发展模式，相反，为了促进科技产业的尽快发展，我国应选择积极的金融制度安排，以引导科技产业的发展。格申克龙在分析不同国家的发展模式时就曾指出，对发展模式的选择，可能产生优于发达国家发展模式的效果，这种发展模式可以视为对标准工业化模式的替代。选择这样的发展模式对我国经济发展具有特殊的意义。就金融制度而言，美国投资银行和证券市场的发展，日德银行体系的发展都对产业成长起了巨大的促进作用，但是，在推动新兴产业成长方面，唯有美国的创业资本市场和 NASDAQ 市场才真正起到了促进新兴产业成长的目的。我国在利用金融机制促进新兴产业成长方面，应积极吸取美国金融制度在促

① 史东辉：《后起国工业化引论》，上海财经出版社 1999 年版，第 69 页。

进科技产业成长上的经验，创立为科技产业融资服务的创业资本市场和二板市场。美国创业资本市场和二板市场是在美国科学技术高度领先、科技成果急需转化的前提下产生的，是一种适应性金融制度安排。而我国在技术和资金双重缺乏的情况下发展科技产业，就应该超越传统的发展模式，采用积极手段为我国科技产业化创造条件，除在技术上积极引进先进技术外，还应在金融制度上采用先行发展的模式，即优先创立二板市场，引导科技产业发展。这既是对先进模式的模仿与引进，也是对发达国家金融发展模式的替代。

与发达国家不同的是，我国科技产业的发展大多是在产业发展目标已经确定的基础上进行的，产业发展的关键是如何筹集资本和怎样利用资本。科技产业高投入、高风险、高收益的特点要求金融体制通过证券市场这一能够接受高风险的融资机制为之服务，并通过市场机制对之进行有效监督，从而在科技产业发展中发挥积极的引导作用，也就是说，我国可以通过金融制度的创新——创立证券市场的二板市场，或在主板市场内设立专门为科技产业服务的创业板块，为科技产业成长创造有利条件。

我国利用证券市场结构创新推进新兴产业成长并非没有条件。应该看到，我国不可能拥有 NASDAQ 发展初期所拥有的产业环境，但却存在着与 NASDAQ 共同的目标，即通过建立二板市场，为科技产业创造专门的融资渠道，推进科技产业的发展。由于二板市场仅仅是科技产业成长的外部条件或“孵化器”，科技产业的成长还需要相应的产业准备，即产业本身的技术进步，其最重要因素莫过于营造科技企业成长的环境，营造我国科技产业成长环境需要做到以下几点：首先，为科技企业创造技术创新的动力机制，对知识产权进行严格保护，保护创新者的无形资产，维护创新者的利益，激发创新者更大的创新热情。其次，创造推进中小企业发展的政策环境。中小企业是技术创新的重要源泉。在 1982 年，美国创新最多的十大行业中，中小企业创新占全部创新的 40%[①]，而在韩国微电子产业、机械电子装置、精密化工和制造业中，参与尖端技术的中小企业占整个企业总数的 97% 以上。中小企业创新已成为各国技术创新的重要来源。我国应从制定鼓励中小企业发展的政策出

① 刘东，杜占元：《中小企业与技术创新》，社会科学文献出版社 1998 年版，第 40 页。

发，积极营造中小企业生存和发展的环境，激励中小企业的发展。再次，创立创业投资基金。创业投资基金是催生新技术企业成长的“孵化器”，也是我国科技产业成长的必要产业准备，同时，创业基金的设立，也进一步产生了对二板市场的需求。

市场的成功依赖于许多因素。在世界各国，二板市场的创立并非都有辉煌的成绩，相反，也有失败的案例。如英国在设立另类投资市场（AIM）前，曾尝试设立了三个类似的市场，结果均以失败告终。究其原因，仍在于这些市场规模过小或缺乏流动性。市场成功的重要决定因素是要树立投融资者的信心，而投融资者的信心则来源于二板市场融资规模、流动性、管理制度等几个基本因素，即来源于二板市场效率及效率的实现。将二板市场定位于科技产业融资，实际是创造了未来高收益的投资概念，既有助于科技企业的融资，也有助于扩大投资者的投资选择，从而有助于扩大该市场的规模和流动性。而二板市场延用主板市场的管理原则，以至于高于主板市场的管理规定，有助于二板市场规范化的发展。严格的市场管理制度和平等竞争环境，确保了二板市场特殊的融资功效。

第五节　结　论

对发达国家和发展中国家的科技产业成长与证券市场关系的考察，可以揭示证券市场结构创新影响新兴产业成长和推动产业结构升级的内在关系，从而为我国充分利用证券市场推动新兴产业发展提供借鉴。

在以美国为代表的发达国家，新兴产业成长有其适应的体制环境：较高的 R&D 投入、创业资本市场、适应性的证券市场为新兴产业成长创造了良好的外部条件；而在发展中国家，缺乏 R&D 的投入，缺乏为新兴产业服务的金融机制，以及体制僵化和商业银行的缺乏风险意识，严重阻碍了新兴产业的发展，少数新兴工业化国家和地区建立的创业基金和二板市场还没有完全发挥推动产业成长的作用，而在大多数发展中国家这一机制尚未建立。因此，进一步建立和完善为新兴产业融资服务的金融机制，使证券市场真正成为产业成长的推进器，是包括我国在内的发展中国家面临的重要任务。

第八章　证券市场推动产业成长的机制分析：证券市场效率与管理

证券市场效率通过不同的渠道影响着产业投融资的速度、成本及投资进入和退出机制，因此，证券市场效率的高低决定了证券市场能否有效地实现资源配置、推动产业成长。发展中国家与发达国家证券市场功能差异的一个重要原因就是在市场效率方面存在差异。由于效率较低，在发展的初期，证券市场不能有效地动员储蓄向长期资本转化，企业资金融通受到很大限制，有限的资金也难以得到有效配置。能够使证券市场功能得以充分发挥的保障措施是提高证券市场效率，以最大限度地满足各类市场参与者的投融资需要，实现资金在各产业间的合理配置。我国证券市场效率不仅与市场本身发展程度有关，也与证券市场的监管有关，提高监管力度是我国提高证券市场效率的有效途径。

第一节　证券市场效率及效率的测度与标准

经济学所研究的效率是指资源能否在不同生产部门进行有效分配，最大限度地满足人们各种需要的问题。所谓“有效率”是指一定的资源和技术能为人们提供最大可能的满足，帕累托最优就是一种理想的效率状态。

西方证券市场效率理论大多是围绕价格波动与证券市场信息的关系展开的。美国学者欧根·法玛（E. Fame）给有效证券市场所下的定义为：在证券市场中，如果价格能够反映所有可得信息，即每一种证券的价格等于其投资价值，则该证券市场是有效率的。在一个有效的证券市场中，任何寻求错误定价的努力都是徒劳的，投资者不能从现有所得信息中获得任何超额利润。这种效率实际上就是信息效率（或称之为价格效率），在有效市场中，投资者可通过对信息进行处理、分析，作出对公司股价的正确判断。由于每个投资者对信息的判断角度不同，因此会产生不同的投资决策，从而形成证券市场价格的高估或低估。如果证券市场的信息对每个投资者都是均等的，而每个投资者都是理性的，那么，他们对信息的分析和在投资决策上的差异不会影响到证券市场价格的系统性发展趋势，有效的证券市场通过价格所反映的有关信息，将资金导向有效率的部门，最终实现资源的有效配置。

根据信息的范围不同，法玛把信息分为“历史信息”、“公开信息”和“内部信息”，相应地，证券市场效率也可分为三类：弱式效率、半强式效率及强式效率：

弱式效率是建立在历史信息的基础上的。如果弱式效率存在，投资者不能从历史信息中发现被错误定价的股票，并通过买卖这些股票获利。因此，弱式有效市场价格反映了所有历史信息，任何人不能通过分析历史信息获得超额利润。

如果证券价格不仅反映所有历史的信息，而且反映所有公开的信息，如公司的收益、红利分配、未来预期等，则证券市场达到了半强式效率。在半强式有效市场中，投资者不能从历史信息中获得超额利润，也不能从所有公开的信息中获得超额利润。

强式效率反映了所有可利用的公共和私人信息。如果所有公司信息，包括公开发布的信息和内幕信息对证券市场价格没有影响，则证券市场达到强式效率。在强式有效市场中，证券价格反映了所有有关信息，包括历史信息、公开信息和内部信息，拥有内幕信息的超额利润为零。

法玛的有效市场假说是建立在价格对信息的灵敏反映基础上的。也就是说，当市场价格能够对相应的信息作出反应时，证券市场便是有效的。弱式效率、半强式效率及强式效率的区别只是市场价格对不同信息的不同反映而已。当市场价格能够反映所有信息时，证券市场便是强式有效的；当证券市场能够反映所有公开信息，而不能反映内幕信息时，市场便是半强式有效的；当证券市场仅能反映历史信息，而对公开信息、内幕信息反映不充分时，市场便是弱式有效的。因此，法玛的有效市场实际是指证券市场价格围绕真实价值沿时间轴随机波动的状态。

美国经济学家威斯特和惕尼克（West & Tinic，1976）则将证券市场效率分为“外在效率”和“内在效率”。外在效率是指证券市场资金分配效率，如果证券市场价格能够根据有关信息作出及时快速的反映，将资金导向高收益的部门，证券市场就是有外在效率的。有效的证券市场能够通过价格反映所有相关信息，并根据相关信息作出迅速调整。有两个衡量证券市场外在效率的指标：一是价格能否自由地根据有关信息而变动，二是有关信息能否被充分地披露，从而使投资者能够在同一时间内得到等量等质信息。所谓内在效率是指证券市场本身的运行效率，即证券市场能否在较短时间内以较小成本为交易者完成每一笔交易，若证券市场是有效的，则交易者能以最低的成本在最短的时间内完成交易。内在效率也有两个直接的衡量标志：一是每笔交易的时间，二是每笔交易的费用。

显然，尽管将效率划分为外在效率和内在效率，威斯特和惕尼克的证券市场效率理论却仍然局限于价格与信息关系的分析上。威斯特和惕尼克一方面将证券市场效率与有效的资源分配联系起来，认为证券市场效率应体现证券市场能够将有效的资源分配到经济效益或使用效率最高的部门，另一方面则强调，证券市场效率是体现在投资者对信息的开发和利用程度的基础上的，若证券市场信息披露不充分，或信息被人为操纵，证券市场价格不能及时对相关信息作出准确反映，则证券市场就不能将资金导向效益最高的部门，也不能实现资源的有效分配。在这里，信息的可得性和充分性成为衡量证券市场效率的核心。

但是在现实中，证券市场效率并不仅仅表现为价格效率。从价格对信息的反映角度分析证券市场效率，至少存在以下缺陷：第一，尽管价格效率在相当大的程度上反映了证券市场资金的分配效果，但是，它仅仅代表了证券市场的运行效率，却不能代表证券市场效率的全部，以价格效率代替证券市场整体效率，失之偏颇。第二，证券市场是一个资金配置器，它动员社会闲置资金并将资金投向最有效益的经济单位，价格效率不能反映资金配置的过程，因而不能对证券市场的资源配置功能作全面的评价。第三，证券市场功能的发挥具有阶段性的特点，价格效率主要以 NYSE（纽约证券交易所）为样本，尤其选择近期样本进行检验，对新兴市场的适应性较弱。第四，证券市场效率发挥是有条件的，各国的市场制度和结构都不同程度地影响着证券市场效率的发挥，而价格效率以各国市场制度、结构一致为分析前提，不能适应分析不同国家证券市场效率的需要。

笔者认为，应该从证券市场能否最大限度地动员资金并进行有效分配的角度衡量证券市场的效率。本书仍然套用威斯特和惕尼克的“外在效率”与“内在效率”的概念，将证券市场效率定义为外在效率与内在效率的统一。内在效率是外在效率的基础，外在效率蕴含于内在效率之中，并通过内在效率表现出来：交易成本、市场规模等指标常被用来衡量证券市场发展的程度和效率，这些指标不仅具有可观察性和可比较性，而且体现了证券市场运作本身具有动员、甄别、分配的功能，能够以低成本动员储蓄。证券市场的“外在效率”是指证券市场能够有效地动员储蓄，将储蓄转化为资本，并配置于边际效率最高的企业或产业，从而推动产业发展和经济增长的程度，因此，证券市场的外在效率主要体现于证券市场对整个社会资源的配置功能上。一般而言，证券市场外在效率的标志体现在以下几个方面：

一是证券市场能够提供足够的融资工具，满足不同偏好的投融资需要。证券市场首先是一个融资场所，由于每一个投融资者对融资期限、规模及风险和收益的偏好不同，因此，对融资工具的种类、期限和条件的要求也不同。有效的证券市场能够满足各类投融资者对融资工具的选择要求，为投融资双方提供多样化的融资工具，从而实现证券市场供给与需求的均衡。证券市场融资工具的产生和发展一方面取决于发行主体（资金的需求者、投资银行等）金融工具的创新，另一方面则取决于证券市场的制度安排，当证券市场支持创新性金融工具的运用并进行相应的规范管理时，多样化的金融工具才能被充分地运用于证券融资之中。

二是证券市场具有资本动员能力，能够满足融资者大规模资本需要。有效率的证券市场能够吸收并提供大规模资本来满足融资者需要。证券市场融资能力取决于发行市场能否有效地动员资金。如果发行市场能够在现行价格下，动员和吸收大规模的资本，则证券市场是有效率的，所谓资本动员效率是指证券市场发行证券的顺畅程度。如果发行没有障碍，证券市场就是有效率的。通常用市场规模衡量证券市场资本动员的效率，最直接的指标就是证券发行的数量总额和证券总量与相关金融指标或经济指标的比率。但规模仅仅是资本动员效率的外在表现，证券市场能否有效地动员资本，取决于证券市场是否具有能够为证券发行承担风险、激活发行市场的投资银行以及能够为证券发行提供巨额资本的机构投资者。在被认为最有资本动员效率的美国证券市场上，投资银行起了关键的作用，为美国经济提供了大量的资本，而机构投资者亦为资本市场供应了大量资本。早在1988年，美国纽约证券交易所的上市股票中，已有41%的股票为机构投资者持有。而在日本，1990年这一指标为46%，1988年，法国的机构投资者也持有上市公司股票的27%①。

三是证券市场能够按效率最高原则实现资源有效分配。作为资金交易的场所，证券市场把各方面的储蓄汇集成资金流润滑着经济的发展，并通过价格信号将资金导向最有效率的部门，实现资源的最佳配置。有效的证券市场能够按最高边际效率原则在证券市场范围内分配资金，将资金输送到收益最高的部门和产业。若能保证证券市场按价格信号配置资金，证券市场必然是有高度流动性的，因为高效率证券配置的市场，必然是一级市场能够接纳任何风险能够度量的证券，只要新发行证券的风险被足够高的收益所补偿；二级市场能够给予不同效率的企业以不同的价格，使风险与收益对称，并且获得同等的边际收益②。

四是具有创新能力。创新能力是证券市场适应竞争需要而不断进行调整的能力，证券市场创新的目的在于降低成本、提高收益，从而提高资金的分配效率，促进储蓄和投资的增加。由于创新降低了市场参与者的交易成本，使得小企业能够从证券市场获得专门的资金支持，从而大大提高了证券市场的配置效率。之所以用中小企业能否从证券市场融资作为衡量证券创新能力的标准，其原因在于中小企业融资机制的建立，不仅促进了新兴产业的成长，而且为经济创造了发展的动力。

证券市场“内在效率”是证券市场的运行效率，反映了证券市场最大限度地降低交易时间和成本、动员和分配资本的程度。证券市场的内在效率应

① 李扬，何德旭：《经济转型中的中国金融市场》，经济科学出版社1999年版，第141页。
② 霍学文：《英、美、日资本市场效率比较研究》，云南大学出版社1997年版，第84页。

能体现交易成本最低的市场原则，而交易成本的降低，一方面与提高证券市场的竞争力有关，另一方面与加强证券市场的管理有关。市场规模、流动性、集中度等指标是影响证券市场竞争程度和管理效率的重要因素，因此，证券市场内在效率用以下几个指标来衡量：

1. 证券交易成本。交易成本有一级市场的发行成本和二级市场的交易成本，一级市场的发行成本主要对融资者而言，二级市场的交易成本则是对投资者而言。发行成本取决于发行程序的简便程度和各个环节收费标准的确定，有效率的市场往往程序最简单、费用最低。二级市场的交易成本取决于证券市场佣金、交易税以及市场交易本身，美国的做市商制度就能使交易成本大大降低。表 8－1 显示，各国在佣金制度和交易税上的差别对交易成本有较大影响，美国、英国的佣金是样本国中最低的，而交易税以日本为最低，事实上，美、英、日三国在交易成本上的效率也是最高的。

表 8－1　各国（地区）证券市场佣金、交易税比较

1990 年 1 月

国家和地区	佣金形态	佣金结构（%）		交易税	
		最高比例	最低比率	最低规模	交易税（%）
美　国	协商	（典型：0.3～1.3）	无		
英　国	协商	（典型：0.2～1.5）	0.5（仅买方）		
日　本	固定	1.25	0.15	10 亿 J	0.3（仅卖方）
加拿大	协商	（典型：0.3～2.0）	无		
中国香港	固定	0.75	0.75	0.335	
新加坡	固定	1.0	0.5	100 万 S $	0.35（仅买方）
澳大利亚	协商	（典型：0.5～0.75）	0.3		
德　国	固定	0.5	0.5	0.08	
瑞　士	固定	1.1	0.2	50 万 SF	0.09
法　国	协商	（典型：0.2～0.65）	0.15－0.30		
意大利	固定	0.7	0.7	0.1125	
瑞　典	固定	0.5	0.25	100 万 SEK	1.0

资料来源：《英、美、日资本市场效率比较》，云南大学出版社 1997 年版，第 103 页。

交易成本决定了融资成本，从而决定着企业的融资选择和产业的融资选择，合理的融资方式和融资结构是优化资源配置、规范企业行为的前提。证券市场交易成本降低、效率提高降低了企业直接融资的成本，不仅有助于发挥证券市场融资的作用，而且有助于企业治理结构的改善。当融资结构合理时，将刺激资金向高效部门和产业转移，实现资源的有效配置。交易成本的降低还促进了更多的市场参与者利用证券市场融资，从而扩大证券市场规模，实现规模经济。

2. 证券市场规模。证券市场规模是证券市场所能吸收和容纳证券交易的数量空间，它是一国证券市场发育成熟与否的标志。证券市场规模可从绝对规模和相对规模两个角度考察：绝对规模由证券的资本化价值和交易量来表示；相对规模则利用证券的资本化价值或交易额占 GDP 的比重来衡量。扩大证券市场规模有助于动员资本、降低风险，肯特和利文（1996）对若干国家证券市场结构考察的结果显示，在不同的国家，证券市场规模有显著的差异，发达国家证券市场规模要远大于发展中国家和地区，而那些证券市场规模增长较快的国家和地区正是经济发展速度较快的新兴工业化国家和地区，如新加坡、马来西亚、中国香港等。

市场规模也是证券市场资本动员能力的体现。无论是绝对规模还是相对规模，证券市场规模扩大都可以刺激资本形成，有利于满足产业成长的资本需要。规模扩大意味着证券市场能够吸收大量的资本，用于接纳更多的证券发行，规模扩大也降低了融资成本，激励更多的资本投资于新兴生产项目。但是，以股票市值为标志的绝对规模扩大，并不完全表明证券市场具有资本动员能力，20 世纪 80 年代，日本的股票市值曾一度超过美国，然而，这并不表明日本证券市场的资本动员能力超过了美国；因为 80 年代日本股票市值飙升是由泡沫经济所引致的，1978 年至 1989 年，日本 TOPIX 指数从 400 点上升到 2800 点，上升了 7 倍，90 年代泡沫经济崩溃后，日本股票市值大跌，严重影响了证券市场功能的发挥。因此，证券市场规模与资本动员能力的正相关关系是建立在证券价格能够真实代表证券价值的基础上的。日本股票市场的平均市盈率近60倍，证券价格被严重高估；相反，美国股票的市盈率约为15倍，证券市场规模与资本动员能力较为吻合，其市场规模真正体现了美国证券市场的融资能力。

3. 流动性。流动性是提高证券市场效率的关键，流动性强有助于证券交易者便利地交易他们自己的证券，降低交易成本，节约交易时间，从而有利于降低投资风险、鼓励长期投资，并使投资者获得更多的收益。流动性对证券市场效率的贡献在于高度流动性的市场能够改善资本的分配效果，促进经济的长期增长。表征证券市场流动性的两个指标是：（1）交易总量与GDP的比值（总交易率），与证券市场的资本化率不同的是，交易率反映了证券市场交易的活跃程度。（2）流动率。流动率等于证券市场交易量与证券市场资本总量之比。高流动性是低交易成本的指示器，证券市场规模与流动率并无根本的联系，一个小规模的证券市场往往具有高流动性，而一些规模很大的证券市场的流动性却很小。

流动性表明证券变现而不遭受损失的能力，流动性的大小影响着证券市场的资本动员能力和资源配置效果。如果证券市场缺乏流动性，资本流动就会受到压抑，投资者会减少直接投资。正如希克斯所指出的，缺乏流动性的证券市场阻碍了大量资本向产业转移。当证券市场允许投资者以较低成本变现时，投资者便会选择长期投资，流动的证券市场可以保证投资者随时变现他们自己的证券，从而大大降低了投资风险。流动性还降低了证券市场的投资成本，成本的降低不仅影响着投资水平，而且影响着投资的方向。一项生产性投资不仅取决于其生产效率，而且取决于融资成本，当证券市场流动性较高而融资成本较低时，投资者就有进行长期投资的积极性，从而有助于资本的形成。一个高效率的金融体系（这个效率是以证券市场能否节约地实现资本转换为标准的）是影响投资决策、促进证券发行和资本形成的关键。

4. 集中度。证券市场集中度包括融资企业的集中和证券交易场所的集中。与一般概念的集中度相反，在证券融资过程中，融资企业的集中并非理想之事，因为集中导致大量资本集中于少数企业，降低了市场融资效率。在高效率的证券市场中，企业融资资本都比较分散，这有助于保证更多的企业从证券市场融资，也能促进证券市场竞争效率的提高。但是，证券交易所的集中程度具有积极意义，它是证券市场效率提高的标志，交易所存在规模经济的特点，交易所规模越大，交易成本越低，交易所规模扩大，不仅可以降低交易成本，而且可以提高证券市场的流动性。分散的交易市场容易导致信息不畅、交易成本过高。现代化通信设施的建立为集中交易方式的建立创造了条件，目前各国都对区域性的证券交易所进行集中，以提高证券市场的交易效率。

证券市场有效的资本配置的重要前提是市场能够接受任何的融资者，只要价格能够给予其充分的风险－收益评价。在这个市场，企业规模就不能成为其进入的障碍，每个证券市场均有关于企业规模的规定，但只要达到该市场要求的最低标准，企业进出便不受限制。因此，有效率的市场能够吸引更多的企业上市，从而形成市场竞争。当证券市场的企业集中度较低时，意味着市场给更多的融资者提供了机会，使它们能够通过证券市场获得发展。相反，当证券市场集中度较高时，表明证券市场给予了大企业更多的关注，而忽视了中小企业的发展。当证券市场不能给予所有企业以同样的机会时，证券市场的资源配置效率便会大大降低。

5. 证券市场价格。在西方证券效率理论中，信息和以信息决定的价格效率被视为证券市场效率，但正如笔者前面指出，价格效率只应视为证券市场运行效率的一部分，它的重要性在于有价格效率的证券市场能够对信息作出正确的分析、判断，并及时体现于证券市场定价中。因此，法玛的有效市场假说对检验证券市场的价格效率是十分有用的。如上所说，具有价格高效率的证券市场符合这样的特征：证券市场定价是对信息作出的反应；价格变化是随机的；任何人不能从现有信息中获得超额利润。

价格效率的实质是价格能否反馈市场信息和怎样反馈信息的问题。有价格效率的证券市场能对相关信息作出快速、准确的反应，从而使价格完全反映信息的真实性和完全性。但是实践证明，强式有效市场几乎不存在，在流动性最强的美国证券市场上，也仅仅实现了半强式效率，大多数证券市场仍以弱式效率和半强式效率为主。价格效率的实现就是努力使证券市场价格充分反映所有可得信息，使价格效率向强式效率状态逼近。当证券市场价格有效率时，证券的各种信息都反映在价格上，证券的真实价值即为交易价格，而交易价格高低是对企业效率的一个确认。当通过定价机制能够对企业效益正确评价时，证券市场便实现了资源的有效配置，此时证券市场能将资金导向最有效率的企业和部门，实现资源的合理分配。这种合理性在一级市场上就表现为高效企业能够获得高价发行带来的收益；在二级市场则表现为资金向高效企业的集中和高效企业股票价格的攀升。因此，价格效率决定了配置效率，并通过价格信号将配置效率外在地表现出来。

第二节 发展中国家与发达国家证券市场效率比较

发展中国家与发达国家在证券市场效率上存在的差异主要表现在证券市场内在效率的几个显性指标上，外在效率可以通过这些指标得到进一步反映。在比较发展中国家与发达国家证券市场差异时，我们主要利用内在效率的指标进行衡量。

发展中国家与发达国家在金融方面的一个显著区别就是，发达国家中央银行的资产在整个金融资产价值总量中所占的比重较低，商业银行、非银行性金融机构、证券市场等所占的资产比重较大，这反映了发达国家金融深化度较高的特征。而在发展中国家，中央银行承担了更多的商业银行和证券市场的业务，商业银行、非银行性金融机构和证券市场发展受到严重压抑，尤其是非银行性金融机构和证券市场发展更为缓慢。图 8 -1 选择了 12 个低收入国家、22 个中等收入国家和地区及 14 个高收入国家为样本，对其金融资产结构进行了考察，结果显示，从低收入国家至高收入国家，中央银行的作用逐渐缩小，而证券市场的作用依次扩大。

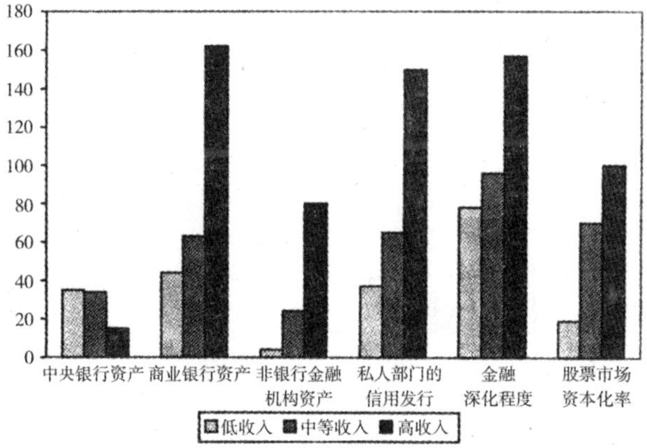

图 8-1　不同收入国家和地区的金融结构

注：12 个低收入国家为孟加拉国、埃及、加纳、圭亚那、印度、印度尼西亚、肯尼亚、尼日利亚、巴基斯坦、扎伊尔、赞比亚、津巴布韦；22 个中等收入国家和地区为：阿根廷、玻利维亚、巴西、智利、哥伦比亚、哥斯达黎加、多米尼加、萨尔瓦多、希腊、危地马拉、牙买加、韩国、马来西亚、墨西哥、巴拉圭、菲律宾、中国台湾、泰国、突尼斯、土耳其、乌拉圭、委内瑞拉；14 个高收入国家是澳大利亚、加拿大、丹麦、芬兰、法国、德国、意大利、日本、荷兰、新加坡、西班牙、瑞典、英国、美国。

资料来源：IMF、各国中央银行、银行公会、股票市场报告。引自《The World Bank Economic Review》，May 1996. p. 226.

格利和肖认为，在低收入国家，商业银行控制着中央银行以外的整个金融体系，随着经济发展，一些商业银行以外的金融机构和证券市场得到发展并逐渐繁荣起来，图 8-2 显示了自 20 世纪 70 年代以来各国金融结构发生的变化。20 世纪 70 年代，低收入国家基本没有非银行性金融机构和证券市场，但是到了 20 世纪 90 年代后，非银行性金融机构及证券市场都得到了发展，中等收入国家和高收入国家也有相同的发展模式，其非银行金融机构和证券市场都随着经济的发展而呈现出增长的势头，尤其在中等收入国家，证券市场发展速度远远超过了其他金融机构的发展速度。

尽管发展中国家和地区，尤其是中等收入国家和地区证券市场近 20 年来有了较快的发展，但与发达国家相比仍存在差距，在证券市场效率方面的差距也依然存在。但是，在新兴工业化国家和地区，证券市场效率提高的速度往往超过了老牌的发达资本主义国家。图 8-3 描绘了 1980-1991 年发达证券

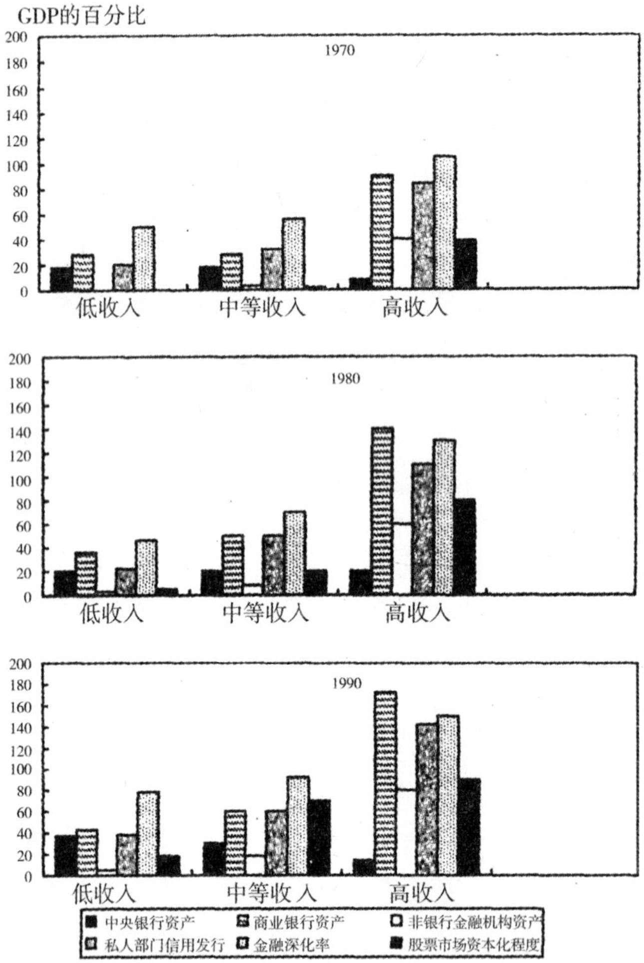

图 8－2　低收入国家、中等收入国家和地区及高收入国家金融结构的变化趋势

资料来源：IMF、各国中央银行、银行公会、股票市场报告。引自《The World Bank Economic Review》，May 1996. p. 227.

市场与发展中证券市场的发展情况，在该图中，一些发展中国家和地区如韩国、马来西亚、泰国等由于其证券市场得到了突飞猛进的发展，被划入发达的证券市场；而一些欧洲国家，如奥地利、芬兰、意大利则被划入发展中证券市场。事实证明，发展中国家和地区证券市场的高速发展已经对其经济产生了极其重要的作用（Kunt and Levine，1996）。

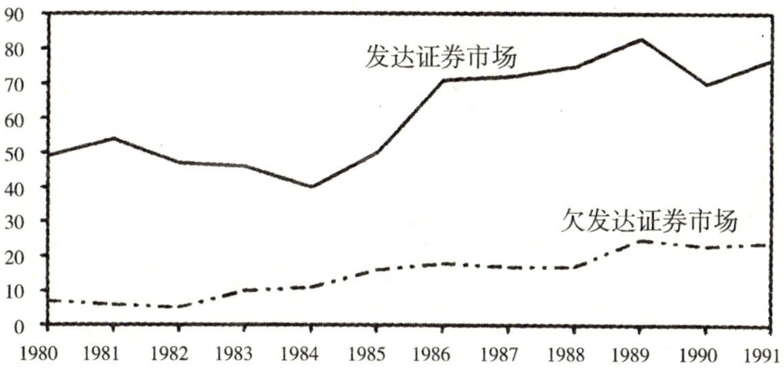

图 8－3　发展中股票市场与发达股票市场平均发展速度（1980～1991）

注：发达股票市场的样本国家和地区为：中国香港、日本、德国、英国、美国、新加坡、瑞士、南非、马来西亚、韩国、泰国、荷兰、澳大利亚、加拿大和瑞典。

发展中股票市场的样本国为：墨西哥、约旦、印度、挪威、奥地利、巴西、法国、西班牙、新西兰、比利时、意大利、芬兰、津巴布韦、巴基斯坦和土耳其。

资料来源：IFC's Emerging Market Date Base.

发展中国家和地区与发达国家在证券市场规模上的差异可以通过表 8－2 看出：南非、中国香港、马来西亚、日本、新加坡在证券资本化率上位于样本国的前五名，日本、中国香港、马来西亚、美国、英国的交易额与 GDP 的比值居各国之首，而上市公司最多的国家分别是美国、印度、日本、英国和澳大利亚。

表 8－2　各国家和地区股票市场规模比较（1986～1993）

国家和地区	资本化率		交易额/GDP		上市公司数	
	排名	数值	排名	数值	排名	数量
阿根廷	40	0.06	34	0.02	26	187
澳大利亚	10	0.54	12	0.17	5	1184
奥地利	35	0.10	22	0.07	39	90

续表

国家和地区	资本化率		交易额/GDP		上市公司数	
	排名	数值	排名	数值	排名	数量
比利时	18	0.36	28	0.04	27	182
巴西	34	0.11	26	0.05	9	579
加拿大	13	0.48	13	0.15	6	1118
智利	11	0.52	30	0.04	21	225
哥伦比亚	38	0.07	40	0.01	40	87
丹麦	19	0.28	23	0.07	17	267
芬兰	26	0.19	27	0.04	42	62
法国	20	0.27	18	0.09	8	641
德国	22	0.24	8	0.35	11	551
希腊	32	0.12	37	0.02	34	126
中国香港	2	1.36	2	0.59	14	318
印度	31	0.16	25	0.06	2	4614
印度尼西亚	39	0.06	36	0.02	38	91
以色列	25	0.21	15	0.11	15	312
意大利	29	0.16	29	0.04	19	227
日本	4	1.08	1	0.62	3	2027
约旦	9	0.57	14	0.13	36	103
韩国	15	0.40	6	0.37	10	576
卢森堡					23	205
马来西亚	3	1.28	3	0.46	16	292
墨西哥	24	0.22	19	0.09	25	193
荷兰	12	0.49	11	0.21	18	239
新西兰	16	0.39	24	0.21	20	226
尼日利亚	41	0.04	41	0.00	33	127
挪威	27	0.19	17	0.09	35	126
巴基斯坦	33	0.11	38	0.01	12	487
菲律宾	23	0.24	31	0.01	30	152
葡萄牙	30	0.16	32	0.03	29	162

续表

国家和地区	资本化率		交易额/GDP		上市公司数	
	排名	数值	排名	数值	排名	数量
新加坡	5	1.04	7	0.35	31	147
南非	1	1.54	21	0.08	7	700
西班牙	21	0.25	20	0.08	13	383
瑞典	14	0.46	16	0.10	33	133
瑞士	7	0.77	9	0.31	28	176
中国台湾					24	197
泰国	17	0.36	10	0.22	22	210
土耳其	37	0.08	33	0.03	37	91
英国	6	0.92	5	0.41	4	1932
美国	8	0.64	4	0.41	1	7087
委内瑞拉	36	0.10	35	0.02	41	82
津巴布韦	28	0.18	39	0.01	43	57
平均数		0.41		0.15		627
样本总数	41		41		43	

注：表中的各类指标为1986~1993年平均数。
资本化率等于上市公司市值除以GDP。
资料来源：《The World Bank Economic Review》, May 1996. p. 296－297.

根据上述分类，中国香港、新加坡、南非、马来西亚、韩国、泰国的证券市场都列入了发达的证券市场，这些国家和地区证券市场具有一些发达国家证券市场的特征；如果从规模角度进行分类，这些国家和地区应被列入高效率证券市场之列。但是，应该看到，这些国家和地区证券资本化程度高除了与其证券市场发展速度较快有关外，也与这些国家和地区证券价格偏离实际价值有关，在1985~1989年的几年时间里，中国台湾、韩国的股价上涨了16倍和8倍；1987~1993年泰国的股价上涨了6倍。[①] 这些国家和地区证券市场规模并不完全支持高效率这一命题。除这些国家和地区外，其他发展中国家和地区证券市场的规模较小。从整体看，发展中国家和地区的证券市场规模小于发达国家。市场规模也可用上市公司数量进行检验，从上市公司数

① 袁东：《金融危机与一国（地区）经济问题的深层思考》，《上海证券报》1998年2月20日。

量看，列于前五位的除印度外，其他四国均为发达国家，印度上市公司数量虽然列于样本国的第二位，但其资本化率和交易额/GDP的比值都很低，说明其上市公司规模很小，证券市场并没有规模效率。

在证券市场流动性方面，依然呈现出上述特征，即除发达国家外，发展中国家和地区的新兴市场也呈现出较高的流动性特点，见表8-3：

表8-3　各国家和地区股票市场流动性一览表（1986~1993）

国家和地区	流动性	
	排名	流动率
阿根廷	19	0.34
澳大利亚	21	0.31
奥地利	5	0.69
比利时	35	0.12
巴西	11	0.48
加拿大	20	0.31
智利	37	0.08
哥伦比亚	38	0.07
丹麦	23	0.24
芬兰	30	0.21
法国	16	0.35
德国	1	1.47
希腊	34	0.13
中国香港	12	0.44
印度	9	0.50
印度尼西亚	27	0.23
以色列	3	0.72
意大利	24	0.24
日本	8	0.54
约旦	29	0.22
韩国	2	0.93

续表

国家和地区	流动性	
	排名	流动率
卢森堡		
马来西亚	26	0. 24
墨西哥	7	0. 56
荷兰	14	0. 41
新西兰	32	0. 17
尼日利亚	41	0. 01
挪威	10	0. 48
巴基斯坦	36	0. 08
菲律宾	28	0. 23
葡萄牙	31	0. 20
新加坡	18	0. 34
南非	39	0. 05
西班牙	17	0. 35
瑞典	25	0. 24
瑞士	15	0. 39
中国台湾		
泰国	4	0. 70
土耳其	22	0. 28
英国	13	0 A4
美国	6	0. 65
委内瑞拉	33	0. 15
津巴布韦	40	0. 03
平均数		0. 36
样本总数	41	

资料来源：《The World Bank Economic Review》，May 1996. p. 296 – 297.

据表 8 – 3 所列，流动性最高的国家的排列是：德国、韩国、以色列、泰国、澳大利亚、美国、马来西亚、日本、意大利、印度和挪威。这种排列似乎无规律可循，其实不然，这些国家可以分为两类，一类是德国、日本、美国为代表的发达国家，其证券市场发育比较成熟，证券市场流动性基本能反映证券市场效率的高低。另一类是发展中国家和地区中证券市场相对发达的国家，如韩国、泰国、马来西亚等，这些新兴证券市场在近年来得到了快速发展，市场流动性也得到提高。但是，我们应该注意到：这些市场仍存在着较大的投机性，流动性有时并不能完全反映市场效率，如韩国股票市场换手率高达90.73，高于纽约证交所的51.98和东京交易所的26.91。从证券市场集中度指标看，发展中国家和地区与发达国家主要区别在于发展中国家和地区少数大企业占据了证券市场太多的资源，导致资金分配的过于集中。经济学家肯特和利文的研究表明：在美国，最大的十家上市公司股本价值占股票市值的14%，而中国台湾这一指标为40%，约旦的这一指标为59%，哥伦比亚更高达74%。尽管也存在着集中度较低的国家。如巴基斯坦、巴西、印度、韩国等，但从发展中国家和地区整体看，证券市场过于集中的现象较为普遍。在选取的26个样本国中，市场集中度最低的前五个国家分别是美国、日本、印度、英国和巴基斯坦，而集中度最高的五个国家则是哥伦比亚、阿根廷、委内瑞拉、约旦和菲律宾。发展中国家和地区证券市场集中度过高，影响了市场配置功能的发挥（详见表8－4）。

表8－4　各国家和地区股票市场集中度情况（1986～1993）

国家和地区	排名	集中度
阿根廷	25	0.64
巴西	7	0.26
加拿大	8	0.27
智利	19	0.50
哥伦比亚	26	0.74
法国	6	0.26
德国	15	0.41
希腊	17	0.47
印度	3	0.22

续表

国家和地区	排名	集中度
日本	2	0.19
约旦	23	0.59
韩国	9	0.28
马来西亚	12	0.36
墨西哥	10	0.36
尼日利亚	21	0.51
巴基斯坦	5	0.25
菲律宾	22	0.52
葡萄牙	14	0.41
瑞士	20	0.50
中国台湾	13	0.40
泰国	11	0.36
土耳其	18	0.50
英国	4	0.24
美国	1	0.14
委内瑞拉	24	0.63
津巴布韦	16	0.44
平均数		0.40
样本总数	26	

注：集中度的计算采用股票市场最大的十家上市公司市值除以股票市场总值。
资料来源：《The World Bank Economic Review》，May 1996. p. 296 – 297

以上对市场规模、流动性和集中度的分析基本反映了发展中国家和地区与发达国家证券市场效率方面的差异，但由于各个国家和地区在个别指标上有独特表现，透过这些指标很难对各国证券市场效率作总体评价。因此有必要对这些指标进行综合考察（见表 8 – 5）。

表 8－5　各国家和地区股票市场综合考察（1986～1993）

国家和地区	指数 1		指数 2		指数 3		指数 4	
	排名	数值	排名	数值	排名	数值	排名	数值
阿根廷	32	－0.59	15	－0.47	23	－0.87	15	－0.50
澳大利亚	13	0.19	7	0.12	7	0.15		
奥地利	19	－0.15						
比利时	28	－0.47						
巴西	24	－0.29	11	－0.38	12	－0.37	10	－0.23
加拿大	14	0.09						
智利	27	－0.46	12	－0.40	11	－0.34	13	－0.37
哥伦比亚	40	－0.88	23	－0.71	22	－0.68	21	－0.73
丹麦	26	－0.37						
芬兰	30	－0.53						
法国	21	－0.21						
德国	3	1.38						
希腊	36	－0.73	18	－0.61	17	－0.60	16	－0.52
中国香港	2	2.01						
印度	23	－0.26	9	－0.13	9	－0.11	7	－0.01
印度尼西亚	35	－0.71	17	－0.52	14	－0.48		
以色列	15	0.08						
意大利	29	－0.51						
日本	1	2.02	1	1.63	1	1.63	1	1.41
约旦	16	－0.08	8	0.04	8	0.07	8	－0.06
韩国	6	1.05	4	0.84	4	0.85	4	0.73
马来西亚	8	0.90	5	0.72	5	0.79	5	0.60
墨西哥	18	－0.14	10	－0.16	10	－0.17	9	－0.11
荷兰	12	0.32						
新西兰	25	－0.33						
尼日利亚	41	－0.96	23	－0.67	21	－0.67	19	－0.59
挪威	20	－0.18						
巴基斯坦	39	－0.82	16	－0.51	16	－0.49	11	－0.33

续表

国家和地区	指数 1		指数 2		指数 3		指数 4	
	排名	数值	排名	数值	排名	数值	排名	数值
菲律宾	31	-0.54	14	-0.43	13	-0.42	14	-0.40
葡萄牙	33	-0.61	13	-0,42	15	-0.49	12	-0.34
新加坡	7	1.04						
南非	10	0.48						
西班牙	22	-0.25						
瑞典	17	-0.10						
瑞士	9	0.75						
泰国	11	0.38	6	0.36	6	0.36	6	0.31
土耳其	34	-0.61	19	-0.61	19	0.62	17	-0.54
英国	4	1.23	3	1.01	3	1.02	3	0.89
美国	5	1.21	2	1.01	2	1.03	2	0.94
委内瑞拉	37	-0.74	22	-0.68	18	-0.61	20	-0.66
津巴布韦	38	-0.81	21	-0.67	20	-0.66	18	-0.56
平均数		0:02		-0.07		-0.77		-0.05
样本总数	41		23		23		21	

注：指数 1 是市场资本化程度、交易总额/GDP 及流动性的平均值。
指数 2 是由指数 1 加上资产错误定价因素。
指数 3 是由指数 1 加上国际资本资产定价模型的错误定价因素。
指数 4 是在指数 2 的基础上加上市场集中因素。
资料来源：《The World Bank Economic Review》，May 1996. p. 302.

表 8－5 给出了各国和地区 4 种综合指数的排名和指数值，虽然在排名上略有变动，但是这些系数是高度相关的，其相关系数为 0.96。因此，通过这些指数可以得到一个各国和地区证券市场效率的排名。

首先分析指数 4，指数 4 是在指数 2 上加上市场集中度得出的，是各国和地区证券市场效率的综合反映。从所选的 41 个样本国的情况看，日本、美国、英国和韩国的证券市场效率最高，这几个国家证券市场在市场规模、流动性、市场集中度的综合效果方面要高于其他所有国家和地区。根据指数 4，哥伦比亚、委内瑞拉、尼日利亚、津巴布韦的证券市场效率最低。

指数1是根据41个样本国的证券市场规模、流动性得出的，能基本反映证券市场的综合效率。根据指数1的结论，日本、中国香港、德国、英国、美国、韩国、新加坡和马来西亚的证券市场是最有效率的，尽管德国在这一指数中排名第3，但由于计算期恰逢德国统一，证券市场波动性较大，如果德国统一期间的证券交易与正常年份一样，则德国的这一指标要排在10名以后。

对四个指数的综合考察可以得出，最有效率的证券市场是日本、美国和英国，其次为中国香港、新加坡、韩国、瑞士和马来西亚。相比较而言，其他发展中国家和地区证券市场效率较低。这一结论显然是与各国和地区发展水平和发展速度吻合的。在样本国中，最穷国家证券市场效率指标要比发达国家和新兴工业化国家和地区证券市场效率指标低得多。从表8－5中还能得出另一个有趣的结论，即新兴市场——韩国、马来西亚、泰国证券市场要比一些老牌的发达的证券市场——如法国、荷兰、澳大利亚、加拿大、瑞典以及其他欧洲国家证券市场的发展速度要快得多，其效率也高出许多。这是新兴市场在近20年来快速发展的结果。这一结论也与本书的立论相一致：在经济增长与证券市场发展之间存在着正相关关系，一方面证券市场发展推动经济增长，另一方面经济增长也刺激证券市场发展，这一效果在工业化过程中表现得尤为显著。

第三节　证券市场效率与产业成长

效率是一国证券市场运行的核心。证券市场效率的高低不仅关系到证券市场运行本身资本动员的能力，而且也关系到证券市场能否为产业发展提供有效的融资保障的问题。从各国证券市场的比较看，有效的证券市场能够最大限度地以最低成本动员资金并在产业和企业间进行合理的分配，通过证券市场价格实现对风险和收益的正确评价。相反，缺乏效率的证券市场则不能承担推动产业成长的重任，而仅仅流于简单的资金中介的角色，证券市场功能不能充分发挥。有效率的证券市场主要通过不同的渠道影响产业的筹融资速度、成本和投资的进入与退出机制，起到推动产业成长的目的。

证券市场效率首先表现为证券市场大规模动员资金的能力。与单个企业发展不同，产业发展需要的资金规模巨大，难以通过内源融资和债务融资融集，只能通过股权融资获得。当证券市场具有规模效率时，才能大规模动员资本，担当起为产业融资的重任，假如缺乏规模效率，则资金动员能力十分有限，证券市场就不可能为产业发展提供资金支持。证券市场规模效率是建立在市场具有融资弹性基础上的，证券市场的融资弹性是指融资量的变化对融资需求作出的反应程度。证券市场有弹性，表明相对于融资需求的变化，证券市场能够迅速作出反应，需求增加，供给会随之增加，需求减少，资金会自动退出。若缺乏弹性，市场资金不能根据需求的变化作出反应，要么导致证券市场资金供给不足，要么形成资金流动阻滞，大量资金滞留在证券市场炒作，造成投机过度。证券市场有弹性的前提是投资公众对证券融资的广泛认可与积极参与。例如，家庭作为净储蓄部门，是证券市场资金的主要供应者，当家庭部门证券化资产增加、个人收入资本化趋势明显时，表明家庭部门的资本供给增加，证券市场融资弹性也随之增加，证券市场资本动员能力增强。

在美国，45%以上的成年人拥有2.3万亿美元以上的股票资产，在美国家庭财产中，仅股票资产就占25%以上，可流通股的59%为家庭所有①。这大大提高了美国证券市场的弹性，使证券市场融资功能增强。

美国股票市场资本供给结构至少对经济运行产生了两个明显的效应。一是财富效应。由于美国大多数家庭能够从股票增值中获利，从而刺激了美国消费支出的增加，消费支出的增加则带动了美国经济的增长。据认为，美国经济增长的2/3是由消费拉动的，而无论是长期消费趋势还是即期消费都与股票市场的财富效应有关，1999年2～4月，仅股票市场增值就使美国家庭增加收入1万亿美元，1998年50%的消费来自股票溢价。二是产业推动效应。股票被投资者广泛持有的结果，是居民储蓄越来越多地以有价证券方式表现出来，美国的储蓄率为零，但当美国居民越来越多地通过股票方式持有他们

① 荀文均：《新世纪入口观美国股票市场》，《经济学消息报》2000年第8期。

自己的财富时，他们的实际储蓄率却在增加，这使证券市场成为吸纳社会资金的最佳场所，社会财富向证券市场集中，使证券市场的资本来源大大增加。证券市场资本来源的增加，增强了接纳和吸收证券发行的能力，从而为产业扩张提供了资本保障。美国证券市场为产业发展所做的贡献就体现于：在经济发展的每个阶段，证券市场都能提供足够的资本以满足产业发展的资金需要。

相反，当家庭储蓄证券化程度低、家庭在证券市场投资额度较小时，表明证券市场融资弹性较弱，资本供给存在很大制约。其直接后果是市场现金流量不足，交投趋淡，证券市场发行的能力下降，所能接纳的上市公司减少。为了避免恶性竞争而导致的资源浪费，政府往往直接出面对证券市场进行干预和控制，典型的做法是对上市指标进行额度控制，这在一定程度上缓解了资本供求矛盾，并能体现一定时期的政府产业政策。但是，政府干预的低效率痼疾，很难保证资源向高效率部门流动，一些真正具有发展潜力的产业或企业很难获得上市的机会。这样，证券市场的资源配置功能就大大削弱，产业选择功能和推动产业成长的功能也无法发挥。

根据以上的分析，我们得出证券市场效率与产业成长关系的第一个推论，即规模效率和融资弹性是证券市场推动产业成长的前提。

证券市场效率的实质是证券市场能否以最低成本动员储蓄的问题，融资成本的降低对证券市场的资本动员能力，继而对产业成长有很大的影响。希克斯在分析英国工业革命的动因时曾经指出，英国工业革命是在大规模资本动员成为可能的情况下发生的。随着生产规模的扩大，固定资本需求将会增加；由于资本市场提供了资本流动的机会，使大规模资本积聚成为可能，从而推动了英国工业革命的实现，在这里，市场的流动性对降低投融资成本及促进资本形成起了决定作用。希克斯认为，投资者在进行资本投资时面临两种重要的时间选择，一是证券的到期日，二是证券的持有期，当证券市场不发达，流动性很差时，证券的到期日和持有期是一样的，投资者在到期日前不能出售自己的证券，投资者将面临较大的风险和投资成本，这就阻碍了资本向长期投资项目的流动。而当证券市场具有较高的流动性，投资者能以较低的成本变换自己的投资方式时，投资者便可能选择长期投资，因为流动性的提高降低了交易成本，提高了投资收益。一般而言，当流动性增强、交易成本较低时，长期投资被广泛接受，会出现较大的投资额。而在流动性降低，交易成本提高时，投资趋于下降，随后保持在一个稳定的水平。

肯特和利文（1996）也指出，许多有利可图的项目需要长期资本，但是投资者却不愿放弃自己对长期储蓄的控制，这样，投资与储蓄之间的链条就会被拉断。证券市场的兴起，使投资者能够利用证券市场的流动性变换他们自己的资产持有形式，从而降低了投资风险，因而吸引了更多的投资者把储蓄转向直接投资。同时，通过证券市场，企业也获得了永久性的资本，加速了企业发展。这种储蓄与投资的良性循环机制提高了资本的配置效率。

发达国家工业化历程表明，一国在进入工业化阶段后，如果没有证券市场的资金支持，就不可能产生现代大规模生产企业，也就没有各国现代化的产业基础。证券市场出现和存在的意义就在于，通过公众认购股票募集资金，促进资本的形成；并通过证券市场的选择机制，引导资金流向具有良好发展前景的产业，支持主导产业和核心企业的发展。美国道·琼斯平均数、英国金融时报指数等著名指数均采用工业股价格编制即表明，股票市场是新兴产业成长的资金来源。在制造业，企业自身内部资金积累不可能在短期内迅速成长，而新兴制造业的出现与巨大的资金需求之间形成了矛盾，唯有提高社会资金向这些新产业的流动才能推动这些产业和企业的迅速发展。事实上，工业化国家的股票市场始终把支持新兴制造业公司进入股票市场作为主要目标，并贯穿于股票市场发展的整个过程（殷醒民，1997）。

相反，在缺乏效率的证券市场上，一是资本动员能力极其有限，二是有限的资金难以支撑产业发展的资金需要，证券市场功能不能真正有效地发挥。由此，我们对证券市场效率与产业成长关系的第二个推论是：证券市场效率通过融资成本而影响资本形成，有效率的证券市场能够较快地促进资本形成，提高资本配置效率，从而促进产业成长。

新兴产业是一国经济发展的动力。当一国经济过于关注成熟产业而缺乏对新兴产业的关注和支持时，经济便中断了继续向前的动力。新兴产业的发展除了技术来源基础外，还与资本积累有极大的关系，没有相应的资本融集和扩张机制，新兴产业就不可能有发展的机会。新兴产业的特点要求融资渠道能够承担并分散风险，而唯有创业资本市场和证券市场才能提供。我们看到，有效率的证券市场与无效率的证券市场的一个重要区别就在于有效率的证券市场能够给予新兴产业更多的关注，尤其在资本市场与成熟产业繁荣时，能把更多的融资机会留给新兴产业。一旦成熟产业衰落时，新兴产业就能取而代之，成为经济发展的增长源。英国经济由强至衰的一个重要原因就在于：在一个世界领先的国际金融中心，没有一个有助于新兴产业发展的融资市场，这样，当原有产业衰落时，新兴产业就无法成长起来，不能成为整个经济后续的活力和动力。这是英国经济留给世界的一个重要的经验与教训（霍学文，1997）。

有效率的证券市场在主板市场之外，还有一个专门为新兴产业融资进入的场所——二板市场。前面已经指出，二板市场为新兴中小企业进入证券市场融资创造了条件；同时，对进入市场的上市公司严格的信息披露要求增加了投资者的信息可得性，降低了投资风险，有助于吸引更多的资金投资于高风险新兴产业，促进新兴产业成长。美国经济之所以能做到“市场不败”，保持在世界经济中的领先地位，就在于美国有保证新兴产业成长的环境，以NASDAQ为代表的场外证券市场的发展，成为新兴产业融资及成长的通道。在这里，我们得出证券市场效率与产业成长关系的第三个推论：有效率的证券市场通过推动新兴产业成长而创造了产业成长的活力，是产业成长和经济增长的源泉所在。

证券市场效率对产业成长的影响还体现于证券市场能否有利于产业组织的优化上。在现代企业制度下，产业组织优化的过程表现为无形资产的扩张和交易过程，以股权形式交易代替有形资产转移，使交易独立于有形资产之外，从而提高了资产交易的效率。在以股权形式交易而形成的产权交易市场上，收购企业所需的资金、与目标企业的股权置换，以及收购企业的再融资等都要在证券市场上完成，因此，现代企业制度下的产权交易实质上是一个金融制度安排问题。图8-4[①] 显示了在现代企业制度下产权交易的市场环境和制度安排。在企业产权交易中，交易的运行有赖于证券市场这个产权交易

① 郑厚斌：《收购与合并——企业产权交易及其市场组织》，商务印书馆1998年版，第187页。

中心能否为交易各方提供适当的市场环境。当证券市场有效率时，能够为产权交易提供其所需的市场及制度环境，有助于产权交易的顺利进行，有助于在市场机制约束下实现产业组织的优化。如果证券市场缺乏效率，企业就不能通过证券市场进行产权交易，也不能利用证券市场融通资金，必然制约产权交易的顺利进行。

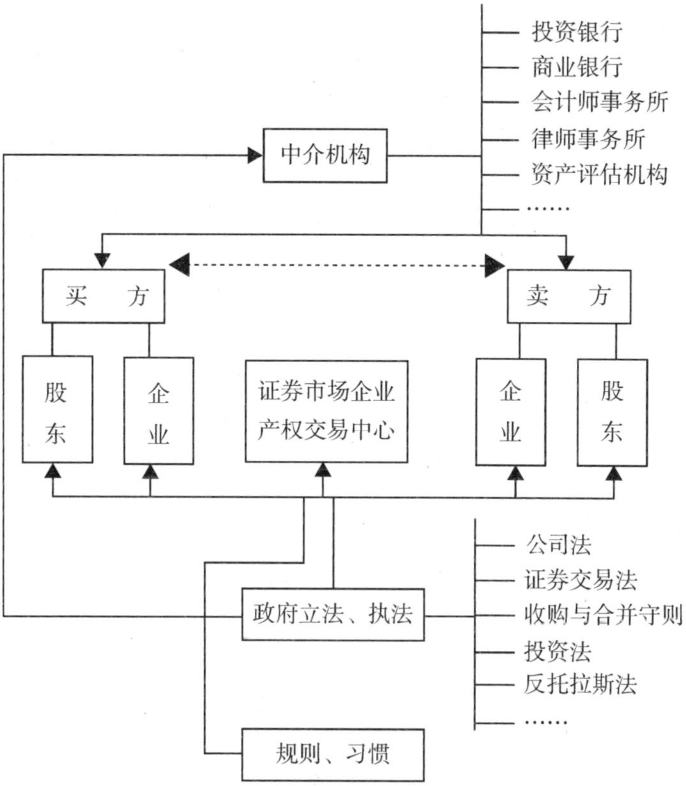

图 8－4　公司制度下企业产权交易的市场环境和参与主体

有效率的证券市场为产权交易提供了寻找交易者、确定交易价格和提供准确信息的机制，有助于产权交易的顺利进行。而这一机制的建立需要借助于一个重要的中介机构——投资银行。投资银行是证券市场的核心。投资银行介入之后，在产权交易中建立一种企业间的沟通和联系，以促进产权交易标准化、集约化地进行。由于投资银行集中了大批在证券业从事专门证券研究和证券咨询的专家，因而能够掌握各行业的发展状况、各企业的财务信息，并对各企业间的并购、退出等要求作出正确的判断。因此，在帮助寻找交易者、提供可行性分析、确定交易价格及信息提供方面，投资银行都起着重要的作用。正是有了投资银行的介入，才使那些有意寻找收购对象的企业能够迅速找到那些效益下降、而市值被低估的企业，实现买卖双方的结合。通过投资银行代表交易各方参与购并过程，能够准确地分析各方的财务状况，确定能为双方接受的合理价格。同时，投资银行还能为并购提供融资帮助，或向企业提供短期贷款，或帮助企业发行“低信用等级债券”为企业募集并购资金。总之，有效率的投资银行为产权交易提供的具体操作服务，可以大幅度降低交易成本，缩短交易时间，提高交易效率。

由此，我们得出证券市场效率与产业成长关系的第四个推论是：证券市场在产业组织优化中起着不可或缺的作用，有效率的证券市场通过促进企业产业组织优化而起到推动产业成长的目的。

第四节　证券市场监管与证券市场效率

由于理想状态的证券市场运行条件经常与现实存在偏差，证券市场竞争机制很难完全实现，市场效率也就很难完全达到，这种现象被称之为“市场失灵”。在证券市场运行中，市场失灵是普遍存在的，主要表现为不完全竞争和信息不对称。不完全竞争产生于机构投资者对价格的操纵，由于机构投资者能够轻易地控制个别证券的市场价格，并使该证券的市场价格偏离边际成本，从而破坏了证券市场的价格决定机制。信息不对称则源于交易一方对信息的控制，或通过不正当手段获取内幕信息，由于信息不对称，信息控制者便很容易将交易的另一方置于不确定的环境之中，导致证券的不平等交易，损害投资者利益。

市场失灵使证券市场无法有效地发挥其应有的作用而导致效率下降，因此有必要予以纠正。一般而言，将市场失灵置于市场内部，通过“市场机制内部化”的方式予以纠正是市场机制追求的目标。但是由于“市场机制内部化”是有限度的，尤其针对不完全竞争和信息不对称，市场本身是很难予以纠正的，因此，必须通过建立某种法律制度，规范交易者行为，并对违规行为进行校正，以保证市场稳定、高效地运行。事实上，规范化的证券市场都是在有关法律制度约束下实现的，有效的法律和管理制度保证了证券市场正常运行所需的秩序空间，维护了投资者的利益。

证券市场管理是以防止无效率的资源配置和保障投资者利益为核心的一种制度安排，其手段主要通过制定相关法律和行业内自律条例，对交易行为进行约束，以确保证券市场交易的公平、合理，杜绝交易过程中的欺诈行为。与其他市场不同的是，证券市场管制并不要求政府直接介入市场，而是要求政府作为执法者对交易中可能发生的弊端加以规范，并对已经产生的违法违规行为进行制裁，以维护证券市场正常的交易秩序。证券市场制度管理是以建立健全证券市场交易规则、维持市场运行秩序为前提的，在市场机制和法制管理的框架内，最大限度地满足各类交易主体的投融资需求，发挥证券市场的融资功效。因此，证券市场管理要始终坚持市场机制，维护投融资双方自由选择融资方式和决定交易价格的权利，只有在出现不规范的交易行为或出现阻碍正常交易行为发生时，才加以管理。证券管理的最终目的是通过管理制度安排实现证券市场正常的竞争秩序，提高证券市场资源配置的效率。

应该说，证券市场管理与证券市场效率是并行不悖的，管理的目的不是削弱证券市场功能，而是通过管理规范市场交易行为，防止不公平竞争现象的出现，从而减少资源的错误配置，提高证券市场的效率。有效的管理会产生两个效应：一是规范化效应，通过制定法规和严格执行，使证券市场能够在法制的框架内运行，避免无序竞争而导致的市场失效。二是信息完整性效应，管制对不正当竞争的制约，尤其在信息披露方面的严格要求，使交易主体能够在第一时间内得到完整、同质信息的投资机会，从而确保证券交易的公平、合理。这两个效应都在不同的程度上提高了证券市场的运行效率，尤其是信息完整效应更直接对效率产生了积极的影响。

但是，证券市场管理与市场效率之间仍然存在着一定的矛盾：管理过度会导致市场缺乏活力，竞争过度又会导致投机盛行，产生“泡沫”，损害正常的市场运行。因此各国管理机关都力求寻找一个能够确保管理与效率平衡的合理的维度，以期同时实现公平与效率。然而，这是一个两难的选择，人们很难找到一个管理与效率平衡的结合点，能够在不损失效率的基础上达到管理的目标，并能在严格管理下实现效率。从世界各国发生的重大的金融危机看，其原因无一不与证券市场管理有关，典型的如1997年泰国的金融危机、美国20世纪30年代的金融危机，都是由于政府放松证券市场管制，致使投机过度而引致的。但是，如果管理过严，证券市场又会缺乏活力，导致市场流动性下降，并抑制市场创新，证券市场的效率就会下降。因此，证券市场管理本身也存在一个效率问题，有效的管理制度既能规范证券市场行为，防止无序竞争，又能给予证券市场充分发挥其功能的空间，保证证券市场竞争效率的提高。

证券市场管理主要有三种管理模式，一是以美国为代表的集中型管理体制。这种管理体制的特点是政府制定专门的证券法规，并设立全国性的证券监管机构统一管理全国证券市场。在这种管理体制中，政府居于主导地位，直接介入证券市场管理之中。集中型管理体制的主要特点是：（1）有一套完整的证券市场管理法规；（2）设有全国性的证券管理机构，负责监督管理规范全国各类证券市场的运行。在集中型管理体制中，政府承担了管理的主要职责，因此，这种管理模式具有较强的行政色彩。但以法规的形式管理证券市场，就能够维护公开、公平和公正的原则，提高证券管理的权威性。

二是以英国为代表的自律型管理体制。自律型管理体制积极倡导证券业者自我约束、自我管理的自律精神，以证券业者共同制定管理规则、自我管理为主。在这种管理模式下，并不需要政府制定专门的法律，而是以一些相关法律作为管理者制定管理条例的法律参考和依据。在自律型管理体制内，市场参与者直接参与制定和修订证券管理条例，能够根据市场变化作出及时反映，比政府制定证券法规有更大的灵活性，从而保证了证券市场更有效地运行。

三是介于集中型管理体制和自律型管理体制之间的中间型管理体制，包括二级管理和三级管理两种形式。中间型管理体制既强调政府在证券业管理中的权威性，也考虑到证券业的行业特点，允许证券业者直接参与相关管理条例的制定，并依赖证券业者在经营活动中的自律管理。实行中间型管理模式的主要以德国为代表。近年来，各国在汲取集中型管理模式和自律型管理模式经验的基础上，纷纷向中间型管理模式靠拢。

三种管理模式的共同特点是：一是严格立法，以法律为依据。无论是集中型、还是自律型管理模式，统一立法，加强法制管理都是其管理的基础，通过立法，把对证券市场的管理固定在法律政策的基础上，提高了市场管理的严肃性、规范性。英国虽然实行自律管理，但在初级市场和内幕交易等方面，政府仍加强了立法管理。在《英国公司法》和《1986 年金融服务法》中，对证券交易活动制定了专门的条款，使证券交易所、证券商协会等自律组织在进行管理时有法可循，依法管理，从而提高了自律管理的规范性和稳定性。

二是体现公平原则。公平的证券市场对每个交易者都是同质的，交易者面对的是同一市场，任何企图从信息优势或资金优势中获得超额利润都是不可能的。各国在证券市场管理中，都力图使交易各方得到平等的机会，尤其在信息披露方面，各国都有严格的法律规定，要求发行有价证券的公司向公众披露法定信息，以维护投资者的合法利益。同时，制定各类违章处理规定，对隐瞒、欺诈、操纵证券市场价格等不法行为予以处罚。

三是体现效率原则。公平与效率是证券管理中的两难选择。如何在维护公平的基础上实现效率是证券管理的首要目标。尽管集中型和自律型管理模式在处理公平与效率的关系上表现出不同的特征，如集中型管理者处于超脱地位，更注重维护投资者利益，更能体现公平原则；而自律型管理由市场证券业者直接参与，有助于体现证券业者的利益和市场的运行效率，公正则较难得到贯彻。但是，各国无不把公平与效率的均衡放在首位，引导证券市场创新，保持证券市场竞争活力，尤其 20 世纪 80 年代以来，各国纷纷放松证券市场管制，刺激证券市场的发展，提高了证券市场效率。

发展中国家大多选择了中间管理模式，以期通过集中管理和自律管理的结合，提高证券管理效率。各国为此都制定了专门的证券管理法规，或在《公司法》和《金融法》中对证券管理作出严格的法律规定。但是在管理效果上，发展中国家却与发达国家存在着差距，具体表现为证券交易不规范，交易过程中投机、欺诈盛行，价格严重背离真实价值，市场泡沫严重等。如 20 世纪 60 年代初证券市场大量投机、欺诈活动导致了韩国证券交易所 1963 年的倒闭，而发生于 1997 年的东南亚金融危机更是证券市场管理乏力的表现。

美国学者A·W·阿格迈依尔在对发展中国家证券市场考察后指出，尽管发展中国家在发展方式的选择上不尽相同，但都要经历停滞阶段—操纵阶段—投机阶段—巩固或崩溃阶段—成熟阶段这样一个发展历程。停滞阶段即为证券市场未被公众认识，市场发行量和成交量都很小的阶段；操纵阶段为部分投资者利用极少的资金便可控制市场的阶段；在投机阶段，受操纵者高额利润的诱使，更多的投机者蜂拥而至，哄抬价格，致使市场价格严重背离价值；当投机者意识到股价已完全背离价值，或市场资金枯竭、投资者热情下降时，股价便开始下跌、市场调整或崩溃开始；在经历了股票市场崩溃后，投资者逐渐成熟，市场也趋于稳定，证券市场进入成熟阶段。依阿格迈依尔之意，发展中国家证券市场都不可避免地要经历投机和崩溃阶段，管理并不能抑制危机的发生。但是，并非所有发展中国家证券市场都经历过市场崩溃的事实证明，国家在管理证券市场，防止效率损失方面还是大有作为的，通过政府直接管理（制定法律法规）和借助社会公证机构（审计、会计机构）的力量，可以有效地防止欺诈和过度投机，避免危机的发生。证券市场管理要达到两个目的，一是要约束内幕信息、过度投机等违法行为的发生，二是要对违法违规行为进行惩戒。这两个目的如果能够实现，证券市场管理效率便会大大提高。

近年来，发达国家证券市场发展的一个明显变化是市场管制放松，在市场进入、创新性金融工具的应用等方面，政府干预明显减少，甚至在一些国家，对证券业与商业银行的相互渗透、业务交叉等也给予了支持，这对证券市场的急剧增长及效率的提高起了很大的刺激作用。但是，作为一个正在向市场经济过渡的发展中国家，我国显然不能放松证券市场管制，在市场机制还不完善、投资者还不成熟、投资理念还未形成的条件下，放松证券市场管制，可能会诱致证券市场投机的进一步加深，引发危机。因此，我国应着力培育现有证券市场，完善现有证券市场的运行机制，增强现有证券市场抗风险能力，在现有市场成熟后再逐步放松证券市场管制，以保持证券市场的稳定成长。

第九章　我国证券市场与产业成长的实证分析

我国证券市场已运行多年，证券市场在资源配置中的作用逐步显现出来，但是，证券市场对产业成长的推动效应如何，需要我们从实证的角度加以考察。本章通过对我国证券市场在产业结构调整、产业升级及产业组织优化中作用的考察，分析我国证券市场在推动产业成长方面的效应、证券市场对实质经济的影响，从而对我国证券市场效率作出总体评价。

第一节　我国融资结构的变化

我国融资结构大致可以分为两种类型，一是传统计划经济体制下财政主导型的融资结构，二是经济转轨体制下银行信贷主导型的融资结构。

在计划经济体制下，我国主要采用财政主导型的融资方式，由国家财政集中分配资金，财政通过税收和国有企业利润上缴两个渠道来筹集资金，用于满足经济建设投资和各级行政事业支出需要。由于财政直接参与国民收入分配和再分配，并控制了经济剩余的绝大部分，银行信贷在国民经济中的地位十分薄弱，除作为财政部门的出纳外，基本不承担真正意义上的信贷业务。与此相对应，我国国有企业固定资产投资全部由国家财政拨付，流动资金的定额部分也由财政拨付，只有超定额流动资金才由银行贷款解决，这样，我国计划经济体制下的企业融资结构就呈以下特点：

一是财政成为投融资主体。由于实行低工资制度，严重抑制了居民的消费和储蓄，财政成为动员储蓄、积累资本的主体。1952 年至 1978 年财政占国民收入的比重平均达 34.3%，1978 年更高达 37.24%（见表 9－1）。由此形成我国以财政为主的融资格局，1978 年，我国财政储蓄占总储蓄的比重高达

48.1%，而企业仅占36.9%，个人为15.0%。

表9－1 1952～1978年我国财政收入占国民收入的比重

单位：%

年份	1952	1957	1962	1965	1970	1975	1978
比重	31.19	34.16	33.94	34.12	32.34	32.58	37.24

资料来源：《中国统计年鉴》，1994年，第33、213页。

同时，国家经济建设的投资主要由财政承担，形成了国家单一投资主体的投资模式。“一五”至“五五”期间，我国基本建设投资的80%以上由国家财政承担，其中1970、1978等年份，国家承担的基本建设投资占全部国有企业基本建设投资比重高达90%以上（见表9－2），而同期，企业自筹资金和银行贷款占整个基本建设投资的不足20%，仅为18%。这样，财政不仅成为我国的融资主体，同时成为我国的投资主体。

表9－2 1978年前若干年份财政投资占国有企业基本建设投资的比重

单位：%

年份	1957	1962	1965	1970	1975	1978
比重	86.32	78.09	88.24	95.46	79.88	90.21

资料来源：《中国财政统计年鉴》，中国财政经济出版社1989年，第78－79、178页。

二是货币职能扭曲。在计划经济体制下，财政投资是根据国家计划确定的，国家计划不仅规定财政的投资额度，而且规定物资的使用方向。由于物资计划分配在事实上已不具有商品的性质，货币也就成为物资分配的核算工具而丧失了其固有的功能。“钱随物走”意味着货币已蜕变为一种计量单位，成为物资运动和企业活动的表现形式，一般等价物的功能丧失殆尽。

三是银行功能削弱。由于整个经济运行以计划方式推进，国家财政成为社会资源分配的主体，银行的作用被大大削弱。其一，银行的业务极其有限，除超额流动资金外，银行几乎不承担其他项目的贷款；其二，利率被人为地压低，不能反映资源的稀缺程度，利率既不反映资金的成本，也不反映资金的供求关系；其三，银行信贷计划被纳入国家综合计划，信贷成为国家计划分配资金的渠道之一，银行因此而成为国家的出纳，其固有的信贷功能不能得到真正发挥。

随着集中型的计划经济体制向社会主义市场经济体制过渡，我国投融资体制也发生了相应的变化，融资结构由财政主导型转化为银行信贷主导型，财政在投融资中的作用降低，银行信贷功能增强，国有企业由依赖财政拨款转而依靠银行贷款，非银行性的金融机构和直接融资方式也从无到有，发挥着越来越大的作用。经济转轨期我国融资结构呈现以下特点：

1. 储蓄结构发生了很大变化。我国储蓄结构的变化首先是基于国民收入结构发生的巨大变化，收入主体结构由政府主体向居民主体转化，居民可支配收入大幅度提高，政府可支配收入下降。与此对应，居民储蓄占国民储蓄总额的比重上升，形成了“藏富于民”的分配格局。从1978年开始，财政可支配收入占国民收入的比重逐年下降，居民可支配收入逐年有所上升，居民储蓄已成为国民收入结构的主要部分。

2. 投资主体多元化。国民储蓄结构的变化和国家投资政策的改变使投资结构由国家为主逐步向企业和个人转化，全社会固定资产投资中，财政投资已由1981年的28.1%下降到1998年的4.2%，企业自筹和其他资金则从1981年的55.4%上升到1998年的67.4%（见表9－3）。

表9－3　我国固定资产融资来源及结构变化

单位:%

年份	国家预算内资金	国内贷款	利用外资	自筹及其他投资
1981	28.1	12.7	3.8	55.4
1985	16.0	20.1	3.6	60.3
1990	8.7	19.6	6.3	65.4
1994	3.0	22.4	9.9	64.7
1996	2.7	19.6	11.8	66.0
1998	4.2	19.3	9.1	67.4
1999	6.2	19.2	6.7	67.8

资料来源：《中国统计年鉴》，中国统计出版社2000年版，第169页。

从表9－3中可以看出，20世纪80年代以来国家财政投资已急剧下降，尤其1985年全面实施“拨改贷”后，银行和企业自筹资金大幅度上升。到1998年，企业自筹的其他资金来源已占全社会固定资产投资总额的67.4%。但是，在企业自筹资金中，有相当部分来源于银行信贷。如李扬、王国刚认为，到1994年底，我国全社会固定资产投资中，各类企业资本总额仅占投资总额的26.1%①，其余部分主要来源于银行贷款。尽管如此，我们应该看到我国融资结构已经发生根本性的变化，多元化的融资格局的形成，标志着我国单一财政融资格局已被打破，银行信贷、证券市场等融资方式正逐步成为我国融资方式的主体。

3. 银行信贷在融资中的地位增强。1985年“拨改贷”后，银行信贷就成为我国国有企业资本的主要来源，1978年，在全社会固定资产投资中，信贷资金仅占5.5%，而到1998年，这一指标达到了19.3%，加上企业自筹资本中相当部分来源于银行信贷，银行信贷已取代财政资金而成为我国国有企业的主要资金业来源。目前我国企业负债高达70%～80%，其中85%以上是银行贷款，企业流动资金的90%依赖银行贷款，银行已成为我国企业融资和企业运行的支撑。

4. 直接融资从无到有，发展迅速。1984年9月，北京天桥百货股份公司成立，标志着企业直接融资方式的启用；同年11月，上海电声总厂组建飞乐音响公司，公开发行不偿还股票。1986年9月，中国工商银行上海信托投资公司静安证券部挂牌进行股票柜台交易，我国股票首次进入公开交易。1990年12月和1991年7月，上海证券交易所和深圳证券交易所正式成立，标志着我国股票集中交易市场的正式形成。在债券方面，我国于1984年正式开始发行企业债券，目前有国家投资公司债券和一般企业债券，分别由国家专业投资公司和地方所属企业发行。直接融资方式的出现，改变了我国企业固有的依赖财政和银行信贷间接融资的融资模式。

融资结构的变化和多元化融资结构的形成，表明我国市场型融资已逐步取代行政性资金配给，市场金融主导型的基础已经建立。但是，由于我国经济运行中某些固有的矛盾无法解决，如产权不明晰、投资主体缺位等，现存

① 李扬，王国刚：《股市规范化发展中的几个问题》，《中国证券报》1997年1月6日。

的银行主导型融资不能真正发挥市场金融的功效，存在着一些难以克服的问题，具体表现为：

第一，储蓄－投资转化机制不畅，造成居民高债权、企业高负债。我国银行融资取代财政融资是促进居民储蓄提高和资本形成的重要制度安排，对刺激储蓄率的提高产生了重要作用。但是，随之而来的严重的制度创新滞后，导致居民储蓄对银行信贷的过分依赖。据统计，我国居民金融资产中，存款资产占70%，而证券资产仅为5%①；与此同时，企业严重依赖银行贷款，导致居民高债权、企业高负债。由于投融资渠道不畅，居民储蓄与企业投资只能依靠银行这一中介进行，居民储蓄就不能转化为资本性投资，企业资本来源则严重不足，这一状况最终导致了长期性资本难以形成。

第二，生成了企业大量债务负担和银行不良资产，可能引发银企债务危机。有资料表明，从1985～1995年的10年间，我国国有企业累计亏损2970亿元，相应地，国有商业银行有将近3000亿元的贷款用于弥补国有企业的亏损②。企业不良债务的增加导致银行经营困难，我国国有商业银行贷款周转速度1992年仅为1.32次，1995年更下降至1.15次。目前，银行不良资产（包括逾期、呆滞和呆账）约占资产总额的25%，超过1万亿元③。由于我国银行运营资金主要来源于居民存款，而银行自有资本率低，企业存在高负债和不良资产，这实际是加大了居民储蓄存款的风险。长此以往，会引发银企债务危机，影响国民经济的正常运行。

第三，企业融资结构弹性小，融资渠道单一。融资结构弹性是企业融资结构相对于融资需要变化而作出的反应，有弹性是指融资企业能够在可供选择的范围内选择适合于企业需要的融资工具和融资渠道。融资结构有弹性包括两个方面：市场能够为企业提供可供选择的融资工具和企业有权在各种融资工具间自由选择。我国银行主导型的融资机制为企业提供的融资工具十分有限，企业很难在市场与需求之间作出有利于企业自身需要的选择，当企业融资需求变化时，就难以通过融资工具和融资渠道的变化来筹集到必需的资

① 吴少新：《储蓄转化投资的金融机制分析》，中国经济出版社1998年版，第25页。
② 方晓霞：《中国企业融资：制度变迁与行为分析》，北京大学出版社1999年版，第139页。
③ 张昌彩：《中国融资方式研究》，中国财政经济出版社1999年版，第175－176页。

金或转移多余的资金，融资机制的作用范围十分有限。

银行信贷导致的种种弊端和我国银行存在着的潜在的巨大风险是我国调整企业融资方式、发展直接融资的强大动因。事实上，自20世纪90年代初两个规范的证券交易所成立以来，我国证券市场已获得了突飞猛进的发展，2000年末，我国股票上市公司已达到1076家，股票发行的年均增长速度达到60%以上。证券二级交易市场也非常活跃，2000年末，股票市场价值达48091亿元，流通市值达16087亿元。同时，证券市场也在不断加强规范建设，《证券法》已经实施，各种管理办法也在不断出台之中。总之，证券融资已成为我国直接融资的一种重要形式。

第二节　我国上市公司的产业分布和结构特征

我国上市公司的一个重要特点就是股权结构存在多种表现形式，除以人民币在国内发行的A股外，还有在中国境内以外币认购和交易的B股，以及在香港联交所上市的H股、在美国NYSE上市的N股，本书主要就在沪深两地上市的A股进行分析，如不作特别说明，书中所指的股票即A股股票。

从1990年12月上海证券交易所、1991年7月深圳证券交易所正式成立，到2000年底，我国已上市的1076家（A、B股）上市公司已融通资金近5000亿元人民币。根据我国对上市公司的传统分类标准，上市公司主要是工业类企业，其余依次为综合类、商业类、公用事业类、地产类，见表9－4：

表9－4　我国上市公司分类（A、B类合计）

类别＼证券交易所	上海证券交易所	深圳证券交易所	合计
工业类	347	349	696
商业类	54	39	93
金融类		3	3
地产类	9	21	30
公用事业类	50	33	83
综合类	112	59	171
合　计	572	504	1076

资料来源：《上证统计月报》2000.12；《深圳证券交易所市场统计》2000.12。

而根据中国证监会《上市公司行业分类指引》所作的分类，截止到2001年3月31日，我国上市公司按行业所作的分类见表9－5，其中，制造业企业占我国上市公司的绝大部分，其次依次为批发与零售业、综合类、信息技术业等。

表9－5　我国上市公司产业分类（A、B股）

证券交易所 / 产业	上海证券交易所	深圳证券交易所	合计
农、林、牧、渔业	17	13	30
采掘业	4	10	14
制造业	332	303	635
电力、煤气及水的生产和供应业	24	18	42
建筑业	11	8	19
交通运输、仓储业	28	18	46
信息技术业	36	29	65
批发和零售业	60	38	98
金融、保险业	4	3	7
房地产业	16	18	36
社会服务业	20	19	39
传播与文化产业	7	2	9
综合类	47	37	84
合　计	606	516	1122

资料来源：《中国证券报》2001年4月4日第15版。

在制造业内部，我国上市公司数量最多的产业为机械、设备和仪表产业，其余依次为金属和非金属、纺织、医药、生物制品等产业。从时间序列看，纺织、商场、房地产等产业的公司上市主要集中在1997年以前，电子、化学、冶金、能源、农林牧渔等行业的上市公司在1996年后的增幅较大。表9－6显示了我国制造业内部上市公司的结构分类：

表 9-6　我国工业类上市公司中各行业上市家数（A、B 股）

食品、饮料	纺织、服装、皮毛	木材、家具	造纸、印刷	石油、化学、塑料
54	61	2	22	126
电子	金属、非金属	机械、设备、仪表	医药、生物制品	其他制造业
24	102	176	51	17

资料来源：《中国证券报》2001 年 4 月 4 日第 15 版数据统计。

从融资规模看，募集资金最多的行业为轻工业，其次为机械、冶金、能源、化学、电子等，冶金、能源等行业，其上市数量虽低于轻工业、化学业，但由于其企业规模较大，募集资金相对较多。表 9-7 详列了截止到 1999 年末，我国各行业上市公司通过证券市场募集资金情况：

表 9-7　1999 年末我国各行业上市公司募集资金一览表

单位：亿元

轻工	机械	冶金	能源	化学	电子	纺织	运输	医药	商场
465.36	438.35	326.67	257.91	254.14	253.16	241.35	187.04	172.49	157.15
地产	农林牧	综合	建材	金融	旅游	电机	商贸	仪器仪表	
137.15	113.10	112.21	118.15	65.88	59.98	54.77	45.70	29.04	

注：上市公司募集资金包括新股发行和配股募集之和。表中数字累计与统计数据略有偏差，是由于在本表累计时，万以下的金额忽略未计。

资料来源：根据巨潮资讯互联网统计数据计算。

由于上市资源稀缺，我国对上市公司一直采用额度控制的办法，由证监会核准各地区的发行额度，再由各地区推荐本地区符合条件的企业上市，这种办法可能制约了部分优秀企业和非国有企业上市，制约了市场资源配置的功能发挥。但是，政府直接干预市场并由政府对上市企业进行筛选，客观上起到了引导市场、促使上市公司结构与政府产业结构保持一致的作用，使证券市场在宏观资源配置方面的功能得以发挥。从上市公司结构与上市公司取得的绩效看，我国证券市场对产业扩张和产业结构调整起了很大的推动作用。这种推动作用可以从我国上市公司的产业分布和结构特征的分析中看出：

1. 上市公司产业结构的变化基本符合我国的产业结构政策的变化，产业政策对上市公司产业结构变化起了决定性作用。1987 年，国家计委开始研究制定国家产业政策，1989 年，我国第一个产业政策文件《国务院关于当前产业政策要点的决定》由国家计委起草、国务院正式颁发。《要点》从生产、投资、技术改造、对外贸易四个方面提出了国家重点支持和限制发展的产业和产品，农业、基础产业、制造业、引进外资和振兴第三产业被列为国家重点支持的产业。1994 年，国务院颁布《九十年代国家产业政策纲要》这一综合产业政策和《汽车工业政策》专项产业政策。《纲要》明确了国家产业政策应适应市场化调整的要求。1995 年，经国务院批准，国家计委、国家经贸委、外经贸部联合发布《指导外商投资方向暂行规定》和《外商投资产业指导目录》，对外商投资范围制定了选择标准和政策待遇。1997 年，国家将产业政策实施的重点放在了产业秩序的建立和产业运行环境的改善上。20 世纪 90 年代以来，我国产业政策调整的核心是加强农业的基础建设，促进农业产业化；振兴机械、电子、建筑业和汽车工业支柱产业；积极支持基础产业的发展，对具有竞争性质的产业，国家逐步退出，而重点支持目前薄弱的信息基础产业、综合运输体系等；能源工业除仍以电力建设为中心、煤炭为基础、加强石油天然气开发外，重点发展新能源和再生能源；发展第三产业，解决劳动力就业问题；推动技术创新是产业政策的重点，技术产业政策的重点又在于促进技术创新体制的建立，鼓励科研与生产的结合，加速科技成果的产业化，提高中国产业的技术创新能力。

产业政策的制定对我国产业结构的调整、优化资源配置起了很重要的作用。证券市场发展是否对产业成长有推动作用，在很大程度上就取决于该市场能否配合国家的产业政策，在制定公司上市政策时能否给予国家产业政策支持的产业以更多的关注。从表 9－5、9－6 列举的我国上市公司的行业结构看，我国上市公司结构与国家产业政策是基本吻合的，落实国家的产业政策，支持重点产业发展在我国证券市场的行业结构中得到了具体体现。例如，国家重点支持的信息技术产业的上市公司数量在近几年迅速增加，目前已占上市公司总数的5.8%。电子、化工、机械等产业的上市公司数已分列我国工业类上市公司总数的前列，能源、运输、农业等产业的上市公司也在近几年得到迅速扩张。

表9－8　1996、1997年度上海证券交易所新上市工业公司结构分析

行业	1996年			1997年		
	发行家数	筹集资金（亿元）	比重（%）	发行家数	筹集资金（亿元）	比重（%）
黑色金属冶炼	10	11.38	19.23	3	12.65	6.99
运输设备制造	7	6.31	4.52	5	39.57	21.87
石化和化学工业	12	10.83	22.81	7	18.21	10.67
电气机械	6	2.19	2.60	2	6.83	3.78
电子和电器	11	6.69	5.84	6	18.40	10.17
仪器仪表	10	4.39	3.64	3	2.51	1.39
机械制造	17	7.02	9.13	1	0.53	0.29
化纤工业	10	6.22	11.43	2	5.89	3.26
纺织业	7	2.03	2.73	3	4.64	2.57
缝纫业	3	0.62	0.48	3	7.70	4.25
造纸印刷业	3	1.04	0.63	5	14.36	7.94
制药业	9	5.96	3.57	5	13.07	7.23
饮料业	3	2.04	3.17	3	6.52	3.60
食品加工	2	0.54	0.27	4	13.44	7.43
工艺用品				1	2.37	1.31
石油冶炼				1	4.93	2.72
金属制品				2	3.50	1.93
有色金属冶炼	1	0.22	0.18	1	2.25	1.25
建筑材料	14	6.46	6.82	1	3.54	1.96
合计	132	116.79	100.00	54	180.95	100.00

资料来源：胡康生主编：《'96上海股票市场数据总汇》，华东理工大学出版社，第263页；《'97上海股票市场数据总汇》，上海三联书店，第392页。

表9－8是上海证券交易所1996年和1997年新上市工业类股票的结构分析。对表中的数据进行观察便可发现，1996年，在证券市场筹集资金超过工业类上市公司筹集资金总额10%以上的行业有黑色金属冶炼（19.23）、石化和化学工业（22.81）、化纤工业（11.43），1997年，筹集资金超过10%的行业有运输设备制造业（21.87）、石化和化学工业（10.67）、电子和电器制造业（10.17），另外，机械制造、制药等部门也占较大的份额，说明在工业类上市企业中，上海证券交易所对石化和化学、运输设备制造、电子电器、机械制造、黑色金属冶炼、化纤等产业支持力度比较大，从而进一步表明，在《九十年代国家产业政策纲要》颁布后，我国证券市场对重点产业的支持力度加大，证券市场在配合国家的产业政策，推动重点产业发展方面起到了一定的作用。

以上是从证券市场的一级市场流量的角度分析的，而从证券市场二级市场存量看，近年来，对部分上市公司的资产重组，尤其在机械、电子等行业的重组，对完善这些产业的组织结构也起了重要作用。

2. 从我国上市公司的分布结构看，一个重要的特点是纺织、轻工等劳动密集型企业占据了我国上市公司的相当大的比重。根据最新公布的我国上市公司分类，纺织企业占上市公司的比重达5.38%，轻工企业则达到15%以上，这些企业上市肯定分享了有限的上市公司资源，似乎与我国的产业政策存在着较大的矛盾。但是，当我们把这些企业放入到整个工业结构背景下进行分析时，便会发现，允许甚至鼓励这些企业上市，不仅有其合理性，而且有其必然性。

我国是一个工业品生产大国，主要工业品的产量已位居世界前列。目前我国已成为世界最大的原钢生产地，电视机生产大国，煤、水泥、化纤等产量也位居世界前列。但是，我国具有比较优势和竞争优势的产品仍仅限于劳动密集型产品。资料显示，目前我国贸易竞争力指数为正的只有食品饮料、皮革制品和纺织品①，化学、机器、电气设备、运输设备、光学设备等贸易竞

① 金碚主编：《中国工业国际竞争力——理论、方法与实证研究》，经济管理出版社1997年版，第144页。贸易竞争指数为正，表示该国是这一产品的净供应国，具有较强的出口竞争力；贸易竞争指数为负，表明该产品的生产效率低于国际水平；贸易竞争指数为零，表明该产品的国内生产效率与国际水平相当。

争指数均为负数，表明我国竞争力较强的产业还主要集中在劳动密集型产业。而附加值较高的技术密集型产业和资本密集型产业的竞争力还相对较弱，我国目前有四类产品位于国际市场占有率第一，它们是棉布、男女非针织外套和纺织品，位居其次为贱金属制品、摩托车、旅游用品、非针织内衣、钟表等，也大多以劳动密集型产业为主。生产结构不合理和技术水平低一直困扰着我国纺织等产业的进一步发展和竞争力的进一步提高，在国际市场上也一直未能跳出“以量取胜”的模式。鼓励纺织业和其他轻工业企业上市，将有助于通过资本集中和结构改善来提高这些产业的生产集约化水平及技术水平和竞争优势，促进以资产为纽带的企业集团的形成和产业组织的优化。1996年，仅上海证券交易所就有10家化纤企业（占当年工业类上市公司总数的7.6%）上市，对改造我国传统产业，推进传统产业的发展，提高产业竞争力起了很大的促进作用。近年来，纺织企业上市的速度已明显放慢，但是却有一批具有高技术优势的纺织企业上市，标志着我国证券市场对传统产业的支持已从纯数量扩张向技术密集企业集中，产业结构的升级效应明显显现。继续抓好上市企业的技术改造和结构重组，鼓励优秀企业上市，有利于充分发挥传统产业的竞争优势，促进传统产业和新兴产业的均衡发展。

3. 在部分产业内部，上市企业已成为该产业的龙头，证券市场对产业成长推动效果十分显著。我国的股票市场不过经历了10年的发展时间，市场规模还十分狭小。1998年股票市价总值仅相当于GDP的25%，2000年股票市值达到GDP的55%，证券市场融资能力还十分有限。另外，“资金的逆向选择”① 也分散了证券市场资金，尤其在技术密集型和资本密集型的产业中更显资金不足。尽管如此，仍然有一些产业通过证券市场的资金支持获得了较快发展，比较典型的如电视机等家用电器产业、电子计算机产业、制药业等，由于这些产业内的核心企业充分利用了证券市场资本集中的优势，通过上市发行和二次融资使生产规模得到迅速扩张，技术水平大幅度提高，产生了产业成长的带动效应，从而促进了该产业的发展。

① “资金的逆向选择”是指社会资金的流动存着这样一种倾向：服务业的资金增加超过大企业；小企业增加超过大企业；劳动密集型企业的资金增加超过技术密集和资本密集型企业。见殷醒民：《制造业结构的转型与经济发展》，复旦大学出版社1999年版，第104－129页。

以我国家电产业发展为例。我国家电产业的成长与20世纪80年代国家投巨资引进国外生产设备和生产技术有关，但家电产业能够形成目前规模化、集约化发展态势不能不说是得益于证券市场的有力推动。事实上，20世纪90年代后我国家电产业的结构调整和技术升级就是在证券市场作用下实现的，到1999年底，我国仅彩电及配件企业就有上市企业23家，其他家电及配件上市企业34家。作为核心企业，这些企业的上市加快了我国家电产业发展的步伐，形成了向名牌产品集中的趋势，国产品牌产品在国内市场上有了明显的竞争优势。以彩电产业为例，目前我国彩电工业十强企业中，有七家为上市公司，市场占有率超过60%（我国彩电工业十强企业和市场结构见表9-9、9-10），而彩电生产的龙头——长虹集团、康佳集团都充分利用证券市场的融资条件实现了规模扩张。四川长虹电子集团公司1994年3月在上海证券交易所上市，募集资本1.98亿元人民币，但从1995年至1999年，通过配送股募集资金63.31亿元，长虹集团利用证券市场募集的资金建立了庞大的科研基地和19条生产线，1998年长虹实现净利润20.04亿元人民币，1999年底，长虹彩电的市场占有率达到27%。康佳集团股份有限公司是我国第二大彩电生产企业，1993年，康佳集团股份公司在深圳证券交易所上市，募集资本1.39亿元人民币，与长虹集团不同的是，康佳集团的规模扩张采用了横向兼并的方式，1995年至1998年，康佳集团配股共募集资金7.6亿元人民币，利用募集的资本兼并了牡丹江电视机厂等企业，形成了牡丹江康佳、陕西康佳、东莞康佳、安徽康佳彩电生产基地，并实现了多元化经营，1998年，康佳生产彩电477万台，市场占有率达到14%。1997年，我国彩色电视机的产业集中度达到了55.17%，应该说我国证券市场的资本集中支持了彩电产业规模扩张和技术升级的资本需求，实现了证券市场对产业发展的直接推动效应。

表 9－9　1997 年度我国彩电工业十强企业

序号	企业名称	产量（万台）	备注
1	四川长虹电子集团公司	667.06	上市公司
2	康佳集团股份有限公司	320.03	上市公司
3	中山嘉华电子集团有限公司	192.25	
4	TCL 电子集团公司	144.75	上市公司
5	熊猫电子集团公司	138.97	上市公司
6	深圳创维 RGB 电子有限公司	127.05	
7	青岛海信集团公司	124.86	上市公司
8	广东高路华电视机有限公司	105.27	
9	深圳华强集团有限公司	91.80	上市公司
10	厦门华侨电子企业有限公司	71.52	上市公司

资料来源：湖北证券公司研究所资料。

表 9－10　1998 年 1、2 月彩电市场结构

1 月		2 月	
品牌	占有率（%）	品牌	占有率（%）
长　虹	25.4	长虹	24.4
康　佳	14.4	康 佳	14.3
TCL	8.1	TCL	9.3
熊　猫	5.7	熊 猫	5.6
松　下	5.4	松 下	5.2
创　维	4.1	金 星	4.3
金　星	3.4	海 信	4.0
高路华	3.1	创 维	3.7
索　尼	2.9	索 尼	3.2
海　信	2.8	菲利浦	2.8
其他品牌	24.6	其他品牌	23.3

资料来源：湖北证券公司研究所资料。

我国计算机产业的蓬勃发展始于20世纪90年代。此时，恰逢我国证券市场的兴起，计算机产业作为高科技产业，“高技术、高投资、高风险、高收益”的特点恰好能够满足证券市场资本流动的特点及证券市场产业选择的需要。因此，在其发展初期即得到证券市场的关注与支持，这可从我国计算机产业上市公司结构中得到印证（见表9－11）。在进入中国电子行业50强的13家计算机厂商中，有8家为上市公司，而且名列前四位的均为上市公司，这也表明我国证券市场在支持新兴产业和核心企业发展中发挥了资本集中的作用。

表9－11　1997年进入中国电子行业50强的计算机厂商

排序	计算机厂家	销售额（亿元）	备注
2	联想集团	77.44	上市（H股）
5	四通集团	57.26	上市公司
12	北京北大方正集团公司	38.01	上市公司
13	中国长城集团计算机集团公司	37.85	上市公司
22	浪潮电子信息产业集团公司	18.91	1997年后上市
26	深圳开发科技股份有限公司	15.51	上市公司
32	长百计算机集团公司	13.10	
33	南天电子信息产业集团公司	13.02	上市公司
35	福建实达电脑集团股份有限公司	12.01	上市公司
36	长江计算机（集团公司）	11.62	
37	华东电子集团公司	11.53	上市公司
38	天津中环电子计算机公司	10.93	
50	江苏紫金电子产业集团	7.01	

资料来源：《海通证券研究年报1998》，上海财经大学出版社1999年版，第66页。

计算机类上市公司通常成长性较好，能够取得良好的经营业绩。1998年，计算机类上市公司的每股收益为0.36元，净资产收益率达23.01%，是所有各类上市公司中最高的。良好的经营业绩支撑了股本的扩张。从表9－12中可以看出，1997～1998年，各上市公司大都实现了不同形式的股本扩张，在

1998 年底上市的 21 家上市公司中，有 18 家上市公司实现了股本扩张，其中，硬件类上市公司大多采用了配股方式，而软件类上市公司则采用了大比例配送的方式；而且，其利润摊薄后经营业绩仍基本保持原有水平，表明软件类上市公司利润增长较快，并有更强的资本扩张能力。股本的扩张有力地支持了计算机产业的进一步发展。

表 9-12　1997～1998 年度计算机类上市公司股本扩张情况

公司名称	1997 年和 1998 年 6 月 30 日前实施的股本扩张	1998 年 6 月 30 日后实施的股本扩张
实达电脑	10 配 1.333 股转配 3.863 股	—
华东电脑	10 送 2 股	—
湘计算机	—	10 送 2 转增 5 股
长城电脑	10 转增 3 股	—
深科技	—	10 配 3 股
宏图高科	—	—
东方电子	—	10 送 8 股
深圳华强	—	10 配 3 股
风华高科	10 配 1.5 转配 1.376 股	10 送 8 股
振华科技	10 送 2.5 转增 3.5 股	—
海信电器	—	10 配 3 股
方正科技	—	10 送 5 股
托普软件	—	—
东大阿派	10 送 1.71 转增 1.71，10 配 1.66 转配 0.47 股	—
天大天财	—	—
清华同方	10 转增 5 股	—
中信国安	10 送 4 转增 6 股	—
国嘉实业	—	—
长安信息	10 配 3 转配 8.27 股	—
厦门信达	—	—

第三节　上市公司的兼并与重组对我国产业组织优化的作用

兼并与重组是我国证券市场近几年来最为重要的事件，也是证券市场最为频繁的事件。1997 年，上市公司发生兼并、重组事件 252 件，而仅 1998 年 7 月到 10 月，就有 148 家上市公司实施了 190 件兼并重组事件。从实施的具体情况看，我国上市公司主要采用了整体收购兼并、股权转让、股权投资、资产置换等兼并重组方式，表 9－13 显示了 1997 年我国上市公司兼并重组方式的分类：

表 9－13　1997 年我国上市公司兼并、重组方式分类

兼并重组方式	家次	比例（%）
出售部分股权	33	13.09
股权投资	23	9.12
投资控股收购	40	15.87
整体收购（兼并）	44	17.46
资产置换	21	8.33
二级市场购并	5	2.00
第一大股东易主	23	9.13
其他	63	25.00

在上述各种兼并重组方式中，“第一大股东易主”和“其他”方式属于国家股或国有法人股转让；出售部分股权和资产置换主要是指不良资产的剥离；股权投资、投资控股收购、整体收购和二级市场购并则属于兼并和股权扩张。本书所讨论的兼并与重组主要涉及企业间收购、出让股权而导致的上市公司股权结构变化，与国有股或国有法人股转让无关，因此，本书的研究并不涉及国有股或国有法人股的股权变动。

在我国上市公司的兼并与重组中，上市公司具有以下优势：一是上市公司可以通过证券市场发行和配股募集资金；二是以股权作为交易对象，控制权的交易游离于有形资产之外，有利于确定交易价格并保持有形资产的正常运行；三是证券市场为交易双方提供了可资利用的信息；四是股东对企业行为的约束有利于企业选择正确的兼并与重组方案，防止企业错误决策导致的资源浪费和股东利益损失。

在上市公司兼并和重组案例中，不可避免地存在着重组绩效不明显或重组后企业效益下降的情况，海通证券对1997年上市公司发生的252件重组事件进行了系统分析，他们将发生的全部重组事件分为十二类，对重组前后的几个重要的财务指标进行了对比研究，结果发现，有56%的企业在重组后出现了盈利水平下降的现象，只有44%的企业在重组后盈利水平有所增加，但是相对于当年沪深两地上市公司平均水平而言，大多数重组企业的业绩好于平均水平，表明重组还是取得了一定的成效，见表9－14：

表9－14　1997年资产重组企业情况一览表

兼并、重组方式分类	公司家数	1998年中期每股收益（元/股）	净资产收益率（%）	盈利水平上升企业/盈利下降企业
沪深两市平均		0.105	4.237	92/121
部分法人股转让	39			
出售部分股权	33	0.095	4.12	15/17
投资参股	9	0.10	3.58	3/6
投资参股收购	14	0.153	4.857	5/9
投资控股收购	40	0.136	4.39	10/30
国家股无偿划拨	7	0.117	3.99	5/2
国家股或法人股转让	18	0.121	5.23	12/6
整体收购（或兼并）	44	0.15	5.578	10/34
资产置换	21	0.145	6.55	11/10
二级市场购并	5	0.124	4.88	4/1
第一大股东易主	23	0.17	8.94	18/5
改变或拓宽主营业务	5	0.267	9.39	4/1

资料来源：《海通证券研究年报1998》，上海财经大学出版社，第171－182页。

在上述任何一种重组模式中，都存在着绩效不同的两类企业，表明重组方式与重组效果没有直接的联系，重组效果并不是取决于采取何种重组方式，而是取决于重组方向、时机、产业等关键因素的选择，以及在实施收购兼并后的管理。事实上，我国有相当多的企业在实施兼并与重组后取得了不俗的业绩，这主要得益于这些企业能准确地把握本企业的市场定位与发展目标，能够从产业组织优化和实现规模经济的角度出发，实现多元化、集团化发展战略，而不是盲目地追求数量扩张。许多企业不仅在行业内购并，而且进入到自己并不熟悉的新行业，追求在一个企业集团内建立自己的若干支柱产业，盲目的多元化不仅没有提高企业的竞争力和分散经营风险，反而削弱了竞争力并招致经营风险。

青岛啤酒是实现企业集团化发展战略的成功案例。青岛啤酒有限责任公司于 1993 年 6 月在香港以 H 股的方式上市，1993 年在上海证券交易所发行 A 股（股票简称“青岛啤酒”），1993 年青岛啤酒上市时，年生产能力 28 万吨，主营收入 104892 万元。公司发行股票募集资金主要用于兼并收购青岛啤酒第一有限公司（青岛啤酒一厂）、第二有限公司（二厂）、第三有限公司（三厂）、第四有限公司（四厂）、青岛啤酒麦芽厂和青岛啤酒集团实业开发公司的资产，从而形成具有一定规模的国内大型啤酒生产企业，1993 年，青岛啤酒的市场占有率为 2.28%。1994 年，公司确定了“以青岛为基地，以啤酒为主业，坚持投资少、见效快，老厂改造与国内建厂、收购并举的方针，尽快形成规模经济，提高国内市场占有率和竞争力”的发展战略，决定通过在国内以收购同类企业实现企业的规模扩张，同年即以债务方式收购破产企业扬州啤酒厂，成立青岛啤酒（扬州）有限责任公司，从而拉开了青岛啤酒通过兼并收购实现规模扩张的序幕。从 1994 年开始，青岛啤酒历年兼并收购情况如表 9－15：

表 9－15　1994～1999 年青岛啤酒规模扩张一览表

收购日期	方式	目标企业	投资金额（万元）	占有股权（%）	原企业生产力
1994.10	债务收购	扬州啤酒厂		100%	6 万吨
1995	股权转让	西安汉斯啤酒饮料总厂	8250	65%	
1997.11	现金收购	日照啤酒厂	950	95%	3 万吨
1997.11	债务收购	山东平度青岛北海啤酒厂	4301	100%	6 万吨
1998.4.2	债务收购	山东花王集团啤酒厂	1250	60%	3 万吨
1998.7.2	破产收购	平原县啤酒厂	1313	95%	
1998.11	债务收购	鸡西兴凯湖有限责任公司		95%	6 万吨
1998.6	股权转让	深圳青岛啤酒朝日有限公司	384	16%	
1999.2	债务收购	荣成轻工业公司啤酒厂	2817	70%	3.5 万吨
1999.3	现金收购	山东南极洲集团有限公司	3150	70%	
1999.9		珠海斗门县皇妹集团公司	3000	60%	
1999.9	现金收购	应城啤酒厂	4000	95%	2 万吨
1999.9	股权受让	上海啤酒有限责任公司	3800	95%	6 万吨
1999.10		蓬莱啤酒厂	1000	89%	
1999.11		加拿大 EVG 公司	4500	75%	5 万吨
1999.11		腾州市啤酒厂	1100	95%	5 万吨
1999.11		沛县徐州金波啤酒厂	1420	100%	5 万吨
1999.12		潍坊啤酒厂	350	70%	5 万吨

在此期间，青岛啤酒还新建了青岛啤酒第五分厂、与铁道建筑总公司在郴州合资新建青岛啤酒（郴州）有限责任公司及青岛啤酒实业有限公司；另外还在全国各大中城市建立了青岛啤酒销售分公司，至此，青岛啤酒形成了遍布全国的生产基地和销售网点。到 1999 年底，青岛啤酒已建成 26 个生产基地，产量首次超过 100 万吨，市场份额达到 5.2%，生产规模的扩大也给青岛啤酒带来丰厚的利润，1999 年青岛啤酒的利润达 8947 万元。

2001年4月26日，北京五星青岛有限公司、北京三环有限公司正式揭牌，这是青岛啤酒兼并的第29家、30家企业，也是其最大的一次兼并。至此，青岛啤酒已兼并了30家企业，从而成为中国最大的啤酒企业。

青岛啤酒的成功之处在于它充分利用了股票上市和配股募集的资金实现了规模扩张。青岛啤酒并不追求多元化发展，而是在充分利用资金优势和品牌优势的基础上，实现主业的规模扩大，从青岛啤酒历年的投资项目看，除了销售公司和一个麦芽厂外，其他几乎全部是啤酒生产基地。另外，募集资金的相当部分用于了研究开发和技术改造。横向兼并使青岛啤酒的生产规模扩张，实现了规模经济，使青岛啤酒成了中国最大的啤酒企业。

与青岛啤酒横向规模扩张不同的是，我国家电企业的集团化走的是在主营业务基础上发展多元化经营的模式。由于家电产业本身具有较高的技术含量，就为家电企业进入相关产业与电子计算机及计算机软件产业创造了条件。目前，家电产业的龙头企业都已实现了多元化经营，在计算机生产和软件开发上也取得了较好的成绩。

青岛海信集团从一个地方国营小厂转变为国家重点企业行列的企业集团，走的就是一条高起点成长、低成本扩张的道路。青岛海信规模扩张首先起始于对国内几家电视机厂及彩电配套企业的兼并，通过兼并扩大了开拓市场所需要的有效生产能力。兼并后，通过技术改造，使其成为海信集团在西南地区和东北地区的主要生产基地和销售基地。

青岛海信的兼并，主要以取得企业控制权为主要目的，对兼并企业，一般以股权超过51%，达到控制权为最低标准，通常海信以现金方式出资，目标企业则以现有设备和场地作价出资，选择合资方式实施兼并。这种方式既可控制目标企业，又能节约使用资金，从而达到了兼并的目的。同时，这种方式还可降低并购风险。在实施兼并后，青岛海信对并购企业实行了现代企业制度改革，将合资企业组建为有限责任公司，注重技术开发和产品的技术升级，并派出高层经理人员和财务总监对其进行管理和监督，使集团公司既能控制这些企业，又能将其风险锁住在有限范围内。

在技术和规模上的优势支持了海信多元化发展战略的实施，在彩电生产初具规模和市场占有率稳定提高的前提下，海信集团开始向计算机、VCD、组合音响、照相机等领域扩张（1997 年拟投资新建的组合音响生产设备因国内外市场环境发生变化而停止），这些领域的生产技术与以数字技术为主的多媒体电子产品发展方向是一致的。因此，海信的多元化扩张是企业将现有技术扩散于相关的产业，从而节约技术投资的一种有效手段，这也是海信的难能可贵之处。我国不少企业在集团化发展中，盲目进入自己不熟悉的领域，结果主业没能得到很好的发展，在新领域又陷入“多元化陷阱”。海信在兼并扩张过程中，首先以主导产品——彩电作为发展目标，其兼并的外地企业全部为电视机生产厂家，通过兼并收购和技术改造，海信的电视机生产能力大幅度提高，1999 年，海信彩色电视机的市场占有率达 10.16%，居全国第四位。以企业“核心能力”为主，开发与企业技术相关的产业是海信的成功之处，目前海信在彩电、计算机、软件开发等方面都已位于全国先进行列。

从以上两例我国上市企业成功地利用兼并收购实现企业集团化发展战略的案例中，可以得出对我国企业产业组织优化有启示性的结论：

第一，购的目的是拓展企业规模和产业范围，通过企业发展实现资本增值。企业可以通过证券市场实施兼并收购、企业重组，但并购是要使企业生产经营得到更快地发展。实施企业并购的资本经营固然可以从资本运作中获得利益，但如果资本不直接用于生产过程，资本运营就成为纯粹的资本炒作，我国证券市场经常由于“题材”而出现的大肆炒作就是一种非正常的现象，这种借题材而炒作的重组必然要以失败而告终。

第二，企业集团化发展有两条途径，一是通过多元化发展实现企业扩张，二是以扩大企业主营业务实现扩张。无论是何种方式，都有一个边界问题，扩张过快，企业原有的技术能力、组织资源就无法适应，必然使企业陷入困境。

第三，企业集团化战略是一个长期的发展问题，目标企业的选择、经营方向的确定都要从企业长远发展考虑，不能只视眼前市场和眼前利益。青岛啤酒的目标是扩大市场份额，保持在啤酒产业的龙头地位；青岛海信则是发展以彩电为主的电子技术产业。因此，这两个集团选择了横向扩张和纵向发展两种不同的模式。兼并与重组是要使扩张更逼近企业长远目标，而不是盲目扩大规模。根据企业发展需要，有选择地进行兼并与重组，才能实现企业结构的优化。

第四节 我国上市公司的产业升级效应①

上市公司的产业升级效应，主要分析证券市场对产业结构升级的作用程度，即证券市场本身是否实现了以融资手段推动产业结构升级。产业结构升级是以技术密集型产业不断发展为标志的，技术密集型产业的发展需要大量的资金投入才能获得成功，因此，向技术密集型产业投入的资金数量成为决定证券市场能否有效地推动产业结构升级的重要因素。证券市场能否支持技术密集型产业的发展，应从以下三个方面进行考察：一是证券市场是否支持了资金向技术密集型产业流动；二是证券市场是否促进了资本的集中；三是证券市场是否支持了新兴产业的发展②。

我国证券市场是否支持了资金向技术密集型产业的流动，可以从上市公司的分布结构和资金分配结构中看出。根据 OECD（经合组织）依据 R&D 密集度对制造业的技术等级进行的划分（见表 9－16），我国上市公司的结构正逐步呈现出向高技术产业逼近的势态。

表 9－16　OECD 国家依据 R&D 密集度对制造业的划分

1980～1995 年期间			
一、高技术	二、中高技术	三、中低技术	四、低技术
1. 航空航天	1. 科学仪器设备	1. 船舶制造	1. 石油提炼
2. 计算机、办公设备	2. 电子机械	2. 橡胶、塑料制造	2. 黑色金属
3. 电子－通信	3. 汽车	3. 石、土和玻璃制品	3. 造纸、印刷
4. 制药	4. 化学工业	4. 有色金属	4. 纺织和服装
	5. 非电机设备	5. 其他制造业	5. 木材和家具
	6. 金属制品		

资料来源：柳卸林等译：《以知识为基础的经济》，机械工业出版社 1997 年版，第 40 页。

---

① 本节未注明来源的数据均来自深圳证券交易所研究资料。

② 殷醒民：《制造业结构的转型与经济发展》，复旦大学出版社 1999 年版，第 126 页。

表9-7所列举的1996年、1997年我国股票市场资金在制造业部门的分布情况表明，1996年上市企业最多的产业部门分别是机械制造（12.88%）、建筑（10.61%）、化工和石化（9.09%）、仪表和电子（7.57%）、黑色金属（7.57%）和化纤工业（7.57%）。在1997年，上市企业最多的产业部门是石化和化工（12.96%）、电子和电器（11.11%）、运输设备（9.25%）、制药业（9.25%）、造纸业（9.25%）。1996年，位列前六位的产业中，已有三个产业列入中高技术产业（机械制造、化工、仪表、电子）；1997年，位列前六位的产业中，已有一个产业列入高技术产业（制药），两个产业进入中高技术产业。

根据我国对已有上市公司的最新分类，在1999年上市的98家企业中，属高技术产业的上市公司占12.24%，属中高技术产业的上市公司占33.67%；2000年的上市公司中，属高技术产业的上市公司占14.28%，属中高技术产业的上市公司占41.36%；这表明，从上市企业数量来看，我国证券市场支持了技术密集型产业的发展。

从资金分布看，我国股票市场存在的资金分散、企业股本规模小的缺陷并没有影响到股票市场资金向技术密集型产业倾斜。1996年和1997年两年中，发行额超过发行总额10%以上的除化纤产业外，其余均为技术密集型和资本密集型产业（见表9-7）。在1997年，纺织、食品、服装业等劳动密集型部门的发行额有所上升（这几个行业的发行额由1996年占总额的7.68%上升到1997年占总额的22.03%），但由于上升主要是由食品加工业的发行额突然增加（由0.27%上升到9.52%）引起的，不能代表整个劳动密集型产业的发行趋势。因此仍可能认为，我国股票市场资金流动存在着向技术密集型和资本密集型产业倾斜的趋势，股票市场对技术密集型和资本密集型产业的发展表现出越来越大的关注。

从资本的集中程度看，我国证券市场似乎并没有起到支持产业结构升级的作用，因为我国上市企业的规模都较小，如1997年股票发行超过一亿股的只有上海石化（三亿股）、上海梅林（一亿股）和云天化（一亿股），这表明我国股票市场资金分散，缺乏对大企业的有效支持。1996年在上海证券交易所上市的企业中，没有一家进入全国最大的100家制造业，只有三家列入全国最大的500家企业。同样，1997年在上海证券交易所上市的企业中，没有一家被列入全国100家最大企业，只有少部分列入500家最大企业。我国证券市场的资金分散显然不利于资金的集中和大企业的发展，资本向大企业集中是推动产业内核心企业成长的关键。资金分散不利于核心企业的成长，降低了资金的使用效率。

但是，我们应该看到，近几年来，我国单个企业募集资金的规模呈不断上升趋势，表9－17列举了我国历年上市企业平均募集资金的变化情况。从表中可以看出，近年来，尤其是1997年以后，我国企业上市募集的资金明显增加。在1994年，我国上市企业平均募集资金仅4590万元，而到1998年，平均每个上市企业发行募集的资金就达4.719亿元，增幅达76.7%，1999年平均每个企业募集资金更达9.638亿元，表明我国股票市场资金集中程度提高，对大企业的支持力度加大。

表9－17　我国上市企业平均募集资金情况

年份	上市家数	平均每个企业募集资金（亿元）
1991	4	1.25
1992	39	1.282
1993	130	1.498
1994	108	0.459
1995	32	0.709
1996	207	1.084
1997	215	3.047
1998	106	4.719
1999	98	9.638

资料来源：根据《中国统计年鉴》（2000年）第643－644页数据整理。

衡量证券市场是否产生产业升级效应的第三个指标是证券市场对新兴产业的支持程度。我国还没有建立起专门为新兴产业融资服务的金融制度，二板市场还在规划与酝酿之中。但是，从我国目前主板市场的上市公司结构看，新兴产业在我国证券市场还是得到了更多的融资支持。在这里，我们以高新技术企业上市及上市后的表现为分析对象，观察我国证券市场对新兴产业的支持程度。

高新技术企业是指那些以高新技术产品研究开发为主、且新技术构成产品的主要价值和高新技术产品在企业的经营业绩中占主要份额的企业。根据原国家科委认定的标准，到1998年底，我国沪深两地证交所共有120家高新技术上市公司，约占同期上市公司总数的15%。从这一数字看，我国对高新技术企业的支持高于其他产业。若以1996、1997年上市公司结构为参照系，高新技术企业上市比例是最高的，还没有一个产业部门的上市比例超过高新技术企业。深圳证券交易所的一份研究报告也证实，至1998年底，深交所共有59家高新技术类上市公司，占同期深交所上市公司的14.57%；深交所高新技术类上市公司的年均增长速度为64.29%，高于深交所同期上市公司年均增长率4.13个百分点。高新技术上市公司的筹资额占深交所上市公司筹资总额的比例逐年递增，1992～1997年，这一比例分别为6.68%、7.51%、8.15%、10.72%、18.42%和13.94%，呈逐年上升趋势。

在深交所上市的59家上市公司分别属于电子、通信、生物、新材料和机电一体化五个大类。至1998年底，通过在证券市场上市，这些企业共募集资金154.75亿元，其中发行筹资占68.89%，配股筹资占31.11%。1992年，深交所仅有三家高新技术企业上市，总股本和流通股分别为2.73亿股和0.52亿股，到1998年6月，已上市的55家高新技术企业的总股本和流通股扩张到103.13亿股和34.72亿股，分别比1992年增长36.78倍和65.79倍，年均增长率为93.54%和114.66%，而同期深交所总股本和流通股的年均增长率分别为45.53%和47.68%，增长率比高新技术企业类分别低48.01和66.98个百分点。同期，已上市的高新技术企业的股本扩张了17.2倍，这种股本扩张完全是由上市后通过配股、送股和转增股构成的，因此可以说，上市为高新技术产业提供了融资和扩张的机会，给予高新技术产业超过一般企业的支持，正是这种支持，促进了高新技术产业的发展。在这里，我们还没有资料得知上市企业对高新技术产业的贡献程度，但是，我们从深交所高新技术企业募集资金和股本扩张的规模和速度、以及与深交所其他上市企业的平均水平的比较对比中，可以得出在量上我国证券市场支持了新兴产业发展的结论。

高新技术企业上市是否能取得良好的经营绩效，是从质上判断证券市场是否支持了新兴产业发展的重要指标。我们可以用主营业务收入来作为判断上市企业经营效果的主要指标。1992 年，深交所三家上市高新技术企业的主营收入共计 15.90 亿元，1997 年 51 家高新技术企业的主营收入为 290.21 亿元，比 1992 年增长 17.25 倍，年均增长 78.76%，虽然比同期总股本扩张低 14.78 个百分点，但比同期企业数量扩张高 2.53 个百分点，对此，我们可以得出基本判断，即上市高新技术企业的主营收入基本能保持与企业规模扩张相同的增长趋势。到 1997 年底，在深交所上市的高新技术企业的上市平均期限仅为两年，通过近两年的指标进行分析更能反映上市企业的实际情况。1997 年深交所已上市的 51 家高新技术企业的主营收入年均增长 30.29%，同期包括高新技术上市企业在内的深交所上市公司的主营业务收入年均增长率为 8.07%，低于高新技术上市企业 22.22 个百分点。一些高科技龙头企业的增长速度则更快。如 1997 年深南玻和深康佳的主营收入比 1992 年增长 5.56 倍和 4.83 倍；深圳方大的主营业务收入比 1995 年增长了 5.72 倍，其他高新技术上市企业也有不俗的表现。

从企业获利能力看，深交所高新技术企业的获利能力也高于其他企业。1997 年，深交所 51 家上市高新技术企业实现利润 36.72 亿元，比 1992 年的 1.67 亿元增长了 21.97 倍，年均增长率为 85.51%，略低于总股本扩张率 8.03 个百分点，但高于企业数量扩张 21.22 个百分点，高于主营收入年均增长率 9.28 个百分点，这表明上市高新技术企业的获利能力较强。根据计算期深交所上市高新技术企业上市期限仅两年的情况，我们对高新技术企业利润增长率进行调整，计算出该板块的年均利润增长率为 33.67%，远高于同期深交所平均利润增长。1997 年与 1995 年相比，包括高新技术企业在内的深交所上市企业的利润年均增长率为 10.17%，比高新技术企业低 43.84 个百分点，所以，高新技术企业的获利能力远高于其他上市企业。表 9－18 列举了深交所高新技术企业与全国平均水平的相关财务指标，从表中可以进一步看出，高新技术企业比其他企业具有更强的资本扩张能力和获利能力，从而也表明证券市场为高新技术企业发展作出了较大贡献，支持了有潜力的新兴产业的成长。

表9－18　深交所高新技术企业与全国平均水平比较

指　标	深交所高新技术上市企业	全国平均水平	对比（%）
每股收益（元，股）	0.391	0.321	21.8
税后利润（亿元）	0.867	0.685	26.6
净资产收益率（%）	14.51	12.04	20.5
主营业务利润率（%）	19.39	13.35	45.2
净资产收益率（%）	46.99	24.68	90.4
股东权益比率（%）	62.88	58.67	7.2
速动比率（%）	224.06	181.10	23.7

资料来源：《证券时报》1998年4月27日。

根据以上对我国上市公司的产业升级效应所作的分析，笔者作了一个基本判断，如表9－19所示。在我们选择的三个大类六个具体指标中，有五个指标支持我国证券市场已经产生了促进产业结构升级效果的结论，因此，从总体上分析，我国证券市场能够促进产业结构升级，具有产业升级效应。

表9－19　我国上市公司的产业升级效应判断

指　标	判断：对产业结构升级的支持程度
资本流动	
技术密集型企业数量	支　持
技术密集型企业募集资金	支　持
资本集中程度	
上市企业资本集中程度	不支持
上市企业资本规模变化	支　持
对新兴产业的支持力度	
新兴产业规模扩张	支　持
新兴产业经营绩效	支　持

第五节　我国证券市场功能实现程度——对效率的基本估计

从以上各节对我国证券市场与产业成长相互关系所作的分析中，我们已经可以得出我国证券市场起到了推动产业成长的作用的基本结论。但是，由于我国证券市场处于发展初期，无论是股票发行、还是股票交易都还存在着许多问题，尤其是证券市场不规范，对证券市场功能的发挥及效率的实现都产生了不可忽视的影响，因此，有必要对我国证券市场功能实现程度作一个基本的评价，以确定我国证券市场在推动产业成长方面的实际效率。

首先应该看到，我国证券市场正逐步走向成熟和规范化，证券市场效率也逐步提高。1999 年 7 月 1 日，《中华人民共和国证券法》正式实施，标志着我国证券市场规范化、法制化管理的开始。在《证券法》颁布以前，我国关于证券市场法律、法规、管理规定有 250 多种，不仅难以有效地形成规范化的管理，而且给许多上市公司和投机者创造了违法违规的机会。《证券法》的实施，加强了我国证券管理的制度化建设，有利于我国证券市场规范运行和市场效率的提高。第一，《证券法》规范了市场交易主体的行为，如对券商设立的体制、券商的业务范围、银券分离等问题作了明确界定；第二，《证券法》规范了市场交易行为，“禁止证券市场内幕信息的知情人员利用内幕信息进行证券交易活动”，并对利用内幕信息作为获取非法利润的行为规定了严格的处罚规定，对市场操纵行为也作了更为具体的界定。《证券法》明确规定禁止信用交易，从而确保了证券投资者的安全性：第三，《证券法》确定了我国证券监管体制的新框架，以国务院证券监管机构对全国证券市场实行统一管理，确定政府监管为主，证券业自律管理为辅的监管模式，从而有利于在行业自律的前提下，实现政府的有效控制。我国《证券法》的颁布与实施，大大提高了我国证券市场规范化管理的程度，减少了市场失效而导致的资源浪费，使证券市场的功能得以正常、有效地发挥。

我国证券市场规模的扩大，也在一定程度上支持着我国证券市场功能的有效发挥。我国发行股票不过 10 年的时间，但已走过发达国家上百年的历史，证券市场规模以前所未有的规模扩张。1992 年，我国股票交易市值仅 1048 亿元，而到 2000 年，我国股票交易市值达 48091 亿元，增长 45.8 倍，超过整个股票市场流通股股本年均扩张 47.68% 的速度，这一方面表明我国证券市场规模的扩大，另一方面表明我国证券市场动员资本能力增强，证券市场融资弹性提高。从我国股票融资的变化过程可以看出，股票融资在我国融资结构中的地位加强，说明我国证券市场已在发挥越来越大的作用。

经过 10 年的发展，我国证券市场逐步向规范化演进，价格效率在不断提高。1996 年，吴世农通过对我国上海股市从 1992 年 6 月 1 日至 1993 年 12 月 1 日上市交易的股票中抽取 12 只股票样本，对收盘价格序列进行自相关研究，得出的结论是样本时间序列与滞后 1 日或 5 日的序列存在着显著地线性关系，最终得出上海股市不具备弱式有效性①。

但是，1996 年，高鸿桢对上海股市从序列相关性、延续性和反应速度三个方面进行了实证考察，并将全样区间 1990 年 12 月 19 日至 1994 年 12 月 19 日划分为 6 个样本区间，结果显示，上海股票市场从开市以来经过无数次无效率向弱式有效率的过渡，市场的效率在不断提高②。1998 年，赵宇龙通过对上市公司会计盈余信息与股票非正常报酬率关系的研究，得出在上海证券交易市场，未预期会计盈余的符号与非正常报酬的符号之间存在着统计意义上的显著关系；在分年度的检验中，1994 年、1995 年的会计盈余基本上不具有因信息含量而导致的价格效率，但 1996 年度会计盈余的披露具有明显的信息含量和市场效应，从而认为，我国证券市场正注入一种理性的投资力量，这种力量减少了以前过多的投机成分，因而，我国证券市场效率正在提高③。这些研究结果表明，我国证券市场效率正在提高，内幕交易和投机行为逐渐减少，证券市场对资源配置的功能正在增强。

不过，由于我国证券市场固有的矛盾还没有完全解决，这对我国证券市

---

① 吴世农：《我国证券市场效率的分析》，《经济研究》1996 年第 4 期，第 13－19 页。

② 高鸿桢：《关于上海股市效率性的探讨》，《厦门大学学报》（哲社版）1996 年第 4 期，第 16 页。

③ 赵宇龙：《会计盈余披露的信息含量——来自上海股市的经验证据》，《经济研究》1998 年第 7 期，第 41－49 页。

场功能充分实现形成很大的制约。这些矛盾和问题主要表现在以下几个方面：

1. 我国上市公司股权结构不合理，造成市场约束功能软化。我国上市公司的股权结构非常复杂，目前有国家股、法人股、A 股、B 股、H 股、内部职工股、转配股等七种之多。各种股票的流动性不同，如 A 股、B 股、H 股可以上市流通，国家股、法人股、内部职工股、转配股不能上市流通。表 9－20 列举了我国上市公司股权结构的变化情况。从表中可以看出，我国上市公司股权结构以不可流通的股居多，可流通股只占总股本的 30% 左右；在不可流通股中，又以国家股居统治地位，1996 年国家股占 41% 左右，到 1998 年国家股下降到 34.05%，但仍处于第一股东的地位。

表 9－20　我国上市公司股权结构变化情况

单位：%

年份	未流通股本					流通股本	总股本
	国有股	国内法人股	外资股	个人股	合计占比	个人股	
1992	44.63	22.05		1.46	68.14	31.86	100
1993	47.83	21.42		1.58	70.84	29.16	100
1994	43.25	20.32	1.89	1.89	67.34	32.66	100
1995	42.20	19.11	1.99	1.64	64.95	35.05	100
1996	41.42	20.86	1.80	1.90	64.97	35.03	100

注：国内法人股指国内非国法人股；未流通股中的个人指内部职工和国有股、国内非国有法人股对个人的转配股；总股包括不可流通股、可流通的 A 股、B 股和 H 股，但不包括 N 股等境外外资股。

资料来源：李扬，何德旭著：《经济转型中的中国金融市场》，经济科学出版社 1999 年版，第 88 页。

未流通股本占公司总股本的绝大部分，使公开发行的流通股对企业行为的约束机制软化。从本质上讲，国家股、法人股与可流通股只有形式上的不同，而没有本质的区别，国家股、法人股与可流通股“同股同权”（或不同股不同权）、“同股同利”（或不同股不同利）。但是事实上，我国国家股、法人股与可上市流通股关系根本没有按照上述原则设置，从发行价格看，可流通股按照市场价格发行，其发行价格要高于国家股、法人股若干倍，尽管如此，国家股和法人股却享有与可流通股同等的企业控制权，在“用手投票”时，国家股和法人股用少于流通股几倍的资金便可控制企业。通过股票上市，国家实现了以较少的股本控制公司股权的目的。虽然这种股权分配方式有损于流通股股东的利益，但它便于保持国家的控制权，是国家维持国有企业控制地位的绝好手段。这种股权控制方式导致的直接后果是流通股股权的虚设，目前可流通股本极其有限，1996 年，可流通股不过占总股本的 35.05%，加上可流通股股东极其分散，对企业的约束非常有限，虽然股东可以“用脚投票”，但对于控制权掌握在国家手中的企业来说，即使“用脚投票”，也很难对企业形成真正的约束。因此，虽然从形式上看，我国上市企业实现了现代企业的治理结构，但由于实际控制权仍掌握在以国家股东身份出现的国家手中，这种企业实际上与其他的国有企业差别不大，其市场配置和市场约束功能十分有限。

2. 1999 年 7 月 1 日《证券法》实施以前，我国股票发行一直采用总量控制，由证监会和国家计委核定各省（区）发行额度，以计划方式下达给各省（区），各省（区）又根据下放的额度确定本地区的上市公司再经由证监会批准上市。由于实行总量控制，各省（区）只有选择小企业上市才能达到既不突破控制总量、又能使尽量多的企业上市的目的，这就必然导致上市企业规模过小的后果，难以实现资金集中。如 1994 年平均每个上市企业仅募集资金 4590 万元，1995 年每个企业平均募集资金 7090 万元。1997 年，证监会把“总量控制，分解额度”改为“控制总量，限报家数”，这在一定程度上克服了上市企业规模过小的倾向，但是，由于在国家层面上仍要实现总量控制，所以依然存在着发行额度的限制问题。虽然 1998 年我国上市公司的平均发行规模达到了 4.719 亿元，但从上市企业的规模看，我国证券市场仍然只支持了中小企业上市，大型企业，尤其是进入 100 强的大企业进入证券市场上市的更是寥寥无几。

实行额度控制虽然只是上市资源稀缺条件下的权宜之计，但由于多年来一直采用这一方式，对提高我国资金的集中程度产生了不利影响，不利于克服我国工业企业资金分散化倾向。证券市场要将分散的资金集中起来，支持有潜力的企业的发展。如果证券市场这一经济中的主要融资机制不能支持大企业的发展，势必影响经济的发展和产业结构的升级。

3. 证券市场监管乏力，难以实现市场效率。证券市场监管主要来自市场本身的约束机制和政府强制性制度管理两个方面。从证券市场运行角度看，由于投资者拥有“用手投票”和“用脚投票”的选择权，当上市企业发生机会主义行为时，投资者便通过“用脚投票”来约束管理者，投资者对上市企业监管的力度就取决于其所能获得信息的准确程度和信息量的大小。政府监管主要取决于政府颁布的各种法律法规和管理制度的严格程度，政府监管的目的是防止人为操纵而导致的市场失效。我国证券市场存在着监管乏力主要表现在两个方面，一是市场本身难以形成有效的约束机制，二是政府监管还没有真正发挥效力。如上所述，我国学者虽都发现在我国证券市场存在着效率提高的现象，但对目前我国证券市场是否存在弱式有效性仍存在分歧。对我国证券市场的直观分析也可看出，我国证券市场存在着严重的信息不对称、不正当的投机行为、内幕交易等情况，这使投资者作出正确判断的能力大为削弱。如果投资者不能从市场上获得准确信息并据此作出正确判断，必然降低投资者发现准确信息的积极性，而最终采取跟风炒作的投资决策，这将进一步损害市场效率，导致资源的误配置。

从政府监管层面看，我国直至 1999 年 7 月才开始实施《证券法》。若干年来，我国证券市场就在一个缺乏法律约束的环境中运作的。尽管政府为此曾颁布过 250 多件相关管理法规或文件，但由于缺乏严格的法律约束，投机、人为操纵市场经常发生，我国证券市场“做庄”现象便是人为操纵市场的具体表现。时至今日，“做庄”现象不仅没有消失，反而愈演愈烈。而证券公司、上市公司甚至与当地政府间的内幕交易也偶有发生，这在相当大的程度上影响了我国证券市场的运行效率。应当说，《证券法》的实施有助于提高我国证券市场的监管力度，随着《证券法》的进一步落实，我国证券市场的规范化程度将进一步提高。但从目前我国证券市场的实际情况看，由管理失效而导致的市场失效仍是制约我国证券市场功能发挥的重要因素。

第六节　结　论

通过以上分析，笔者对我国证券市场对产业成长的作用程度所作的基本的判断如下：

1. 我国证券市场与核心企业成长。应该承认，尽管存在着对我国上市企业规模和企业质量的种种责难，但我国证券市场在选择上市企业时，客观了仍起到了支持核心企业发展的目的。这是由于我国证券市场同其他任何证券市场一样，对上市企业有严格的规定，地方政府在确定上市企业时，不得不按照市场标准进行选择，这种选择的结果就是使本地区相关产业内的核心企业获得了上市机会。1997 年后，我国取消对地方推荐上市企业的额度控制，这在一定程度上也促进了大企业的上市，从而产生了推动核心企业发展的效果。我国证券市场对核心企业的推动主要体现在家电、计算机等技术密集型产业，这也符合证券市场资本集中和对技术密集型、资本密集型产业支持效果比较明显的特点。

2. 我国证券市场与产业选择。在公司上市实行额度控制的情况下，我国证券市场资金分配具有相对分散化的特点。地方政府出于增加地方财政收入的偏好，在政策上往往向那些有利于地方税收或增加就业的企业倾斜，这就在很大程度上影响了主导产业或战略产业的资金的集中使用。因此，在我国，那些升级效应大的产业并没有得到证券市场的青睐，如汽车制造业等。

3. 我国证券市场的产业组织优化效应。我国证券市场的重组事件分为两类，一类是真正为了扩大企业规模和实现多元化经营的企业，另一类是为了“做账”而重组的企业，后者往往在重组后不能取得好的效果。每年有大批的企业为了“不亏损”而进行兼并重组，这就在相当大的程度上影响了我国证券市场产业组织优化效应的实现。我国 1997 年的重组事件中，有超过 50% 的企业出现利润下降，就是由于其中有相当部分没有通过重组实现资产组合。在真正通过兼并重组进行资源配置的企业中，有许多企业已经因此而受益，产业集中度提高，规模效益增加。从这一角度出发，我国证券市场还是在一定程度上产生了产业组织优化的效应。

4. 我国证券市场中的二板市场效应。我国还没有建立二板市场，香港联交所也只在1999年后才开设创业板，故而我国企业在二板市场上市的很少。我国主板市场虽然在支持新兴产业方面起到了一定的作用，但主板市场在上市等方面还不可能给予新兴产业更多的机会，因此，其效果很难与二板市场类比。即将建立的二板市场将有助于我国新兴产业的更快发展。

5. 我国证券市场的效率与管理效果。我国证券市场效率还很低，表现为证券市场融资工具有限、资本动员能力弱、市场创新少、价格不能充分反映有效信息等。但是，在市场规模扩张、流动性等方面，我国证券市场具有一定的效率，这为我国年增长率达67.81%的扩容速度提供了保障。

第十章　我国证券市场与产业成长关系的再思考

近年来我国经济形势发生了巨大的变化：在总量不断增长的同时，经济结构向多样化、多层次方向发展，产业结构面临巨大的升级压力。证券市场虽在发展中不断完善，但仍有继续完善与发展的要求，股票发行方式的改变、国有股减持及二板市场即将出台、A股B股合并的趋势等一系列变化，使证券市场推动产业成长的制度背景、市场环境及相应的机制都有了很大改变。同时，随着中国经济的进一步开放，国际资本也将进入中国的证券市场，这样我国的证券市场与国际经济接轨也成为一个决定证券市场与产业成长关系的新的变量。在这种不断变化的环境下，我国如何借鉴国外资本市场发展的历史经验与现实经验，增强证券市场功能，形成新型而又有活力的产融结合机制，似乎仍然需要进一步探讨。本章对这种新机制的产生及其特点作一初步的探析，以此作为全书的结束语，并期待人们继续对这一问题的研讨。

第一节　中国产业：亟待升级与调整

长期以来，我国产业成长一直面临着结构调整与优化的巨大压力。但在近期这一压力变得愈加突出：一是改革20年来，以产业和供给扩张为动力的经济增长已不存在，短缺已让位于供给过剩，这种看似总量过剩的矛盾实际是产业结构失衡而导致的需求制约，如果不能对目前的产业组合状态进行有效整合，势必形成我国经济发展的障碍。二是我国加入WTO在即。在我国现有产业中，除部分政府已采取有力措施建设和保护的产业、或市场已相当开放的产业，有相当部分的产业将由于缺乏竞争力而遭遇生存的压力，要提高我国产业的竞争力，必须加快我国产业的结构升级。

目前我国的产业发展主要呈现以下几个特点：

1. 比较优势不明显。我国产业的比较优势相对较弱，目前仅在纺织、轻工业等产业具有较明显的比较优势，如我国的服装、纱的产量超过全球产量的一半以上，出口也占世界的前列，化纤产量达到全球产量的20%，电冰箱、电风扇、洗衣机、日用陶瓷、自行车等产品的产量都居世界第一。但是反映一国综合竞争能力的汽车、机电等产业，我国却具有明显的劣势，如1998年，我国汽车产量只相当于世界汽车产量的3.66%，每个汽车厂家年均生产能力仅1.5万辆，而价格却比国际市场高20%～50%；在我国的主要机械产品中，只有5%达到世界先进水平，一些机电一体化的产品我国还没有生产能力，如60万千瓦以上的超临界过电系统、30万吨以上的合成氨装置、30万吨以上的乙烯配套装置等，我国要完全依赖进口。这些现象表明，我国的产业还缺乏国际竞争力，即便有竞争力的产业，也主要集中于有劳动力优势的产业，技术优势或技术的先进性在我国的产业竞争力中并不明显，或从根本上说，我国的产业就缺乏技术优势。

2. 产业大而不强。我国有许多产业产量位居世界前列，如我国的钢产量连续几年居世界第一；原油加工量居世界第三；化肥产量世界第一；机械工业已形成14个大的行业、145个小行业的门类齐全的机械制造体系，规模已占世界机械工业规模的第四位。但是，这些指标仅仅表明我国许多产业的生产规模已非常巨大，达到或超过发达国家水平，而不表明这些产业已很强大，具有很强的竞争实力和世界先进水平。以我国的机械工业为例：1998年，我国机械工业的增加值仅596亿美元，相当于美国的8.18%、日本的11.37%、德国的21.37%和法国的50.3%，仅高于印度尼西亚和马来西亚的水平；同年，机械工业的劳动生产率为3737美元/人年，而1995年美国机械工业的劳动生产率即已达到97510美元/人年，比中国高25.9倍，其他国家，日本（1993）、德国（1994）、法国（1995）、英国（1992）、韩国（1995）、印度尼西亚（1995）、马来西亚（1995）也分别比我国高26.5倍、19.45倍、18.1倍、11.03倍、18.55倍、3.59倍和3.73倍；而从较能代表机械工业水平的数控机床产值和加工中心产值看，1995年，我国金属切削机床产量为108691台，略高于日本的100300台，但其中数控机床产量，我国只有3986台，是日本42800台的9.31%，加工中心产量为446台，相当于日本9665台生产能力的4.61%，同年，我国数控机床和加工中心的产值率分别只有20.54%和4.92%，而日本则达到了79.67%和25.9%，分别比我国高出59个和21个百分点①。这些数据表明，我国机械工业除产出规模能在世界市场占据一定的位置外，在生产效率、技术水平等方面都远远落后于发达国家和新兴工业化国家，这不仅反映了我国机械工业的发展状态，也代表着我国大部分产业的发展状态。

3. 产业结构层次低，技术水平落后。从三次产业构成看，1998年，我国第一、第二和第三产业比重分别为18%、51%和31%。第一产业高于世界平均水平13个百分点，第三产业低于世界平均水平30个百分点。而从劳动力就业结构看，我国在初级产业就业的人数达到我国整个就业人数的近50%，远远高于发达国家（如美国1997年在初级产业的就业份额为3.1%、日本为5.4%）的水平。在制造业内部，1998年，我国资本品制造业的份额为32.5%，低于世界平均水平8个百分点，1997年，美国资本品制造业的比重为48%，超过消费品制造业19个百分点，日本资本品制造业的比重则达50.3%，比消费品制造业的比重高出26.2个百分点，这表明我国产业结构层次远低于发达国家水平。事实上，在我国产业内部，技术水平也是相对比较落后的，反映在具体指标上，不仅表现为我国劳动生产率比较低，而且表现为我国技术投入也相对较低。仍以机械工业为例，我国机械行业75%的新产品技术来源于国外，1995年我国机械工业大中型企业的研究与开发经费为4.72亿美元，仅相当于1996年日本机械工业研究与开发经费的0.69%，我国在大中型机械企业的研究开发经费占销售额的比重为0.49%，日本机械工业的同一指标则达到4.29%；金属制品业、非电气机械制造业、电气机械制造业、运输设备制造业和专业设备制造业的开发经费只相当于日本同类行业的0.53%、1.99%、0.34%、1.01%0和0.34%②。这些指标从一个侧面反映出我国产业内部技术进步的程度和技术水平的高低。

---

① 吕铁：《中国机械工业与国际水平的差距及缩小差距的途径》，《经济研究参考》2001. 21c－1，第12－14页。

② 同上，第13页。

4. 高新技术产业亟待发展。高新技术产业对我国国民经济的贡献率较低，根据国家计委科技部的统计，目前我国高新技术产业的增加值占 GDP 的比重不足 2%，而 OECD 成员国中，50% 以上的 GDP 是由以高新技术为基础的经济活动创造的。由于我国在高新技术的投入上，带有明显的逆向分布特征，高技术产业投入严重不足，高技术产业发展缺乏后劲，不仅阻碍了我国高新技术产业的进一步发展，也影响到利用高新技术对我国传统产业的技术改造和技术升级。

产业发展的现状和特征表明，我国产业结构的调整需要从以下几个方面着手：一是调整产业构成，淘汰过剩产业，实现资源有效配置；二是加快现有产业的技术改造与技术升级，提高我国现有产业的国际竞争力；三是扩大优势产业的竞争优势，提高产业的技术水平；四是发展高新技术产业和第三产业，以新兴产业带动国民经济增长。

显然，我国产业结构调整与优化是一项长期的任务。与以往产业结构调整不同的是，目前我国产业结构的调整将更多地依赖市场机制而非政府行为，尽管中央政府仍存在利用财政手段进行干预的可能性，如 1999 年，中央财政提供的企业技术更新贷款贴息从上年的 7 亿提高到 90 亿。但不可否认的是，其一，这种干预行为不过是政府短期财政政策的一个反映，是中央政府实施扩张性财政政策的一个手段。其二，从长期看，市场化的机制和调节手段仍是我国产业结构调整的唯一出路，没有竞争机制的作用和市场机制的调节，我国产业结构调整就不可能有效率地提高，产业结构优化也不可能真正实现。

第二节　我国证券市场：趋势与挑战

近年来，我国证券市场出现的显著变化是，证券市场运行过程中一些制度性缺陷已不同程度地得到矫正或正在被矫正，证券市场正朝着规范化的方向迈进，反映我国证券市场的显著变化和变化趋势主要有：

第一，股票发行方式由配额制改为市场核准制。在股票一级市场上，我国新股发行已采用市场核准制，由证监会下设的发行审核委员会，依法审核股票发行申请。上市公司依据《证券法》规定的上市标准提出在国内 A 股或

B股市场的上市申请。采用市场核准制后，所有制因素、地区因素等行政性因素都不再成为衡量企业能否上市的标准，而代之以《证券法》所规定的基本财务标准。股票发行方式的改变，标志着我国股票上市资源的配置已迈开了市场化配置的第一步。采用核准制后，新股发行价格将更加市场化，市场对上市企业的约束因此而进一步强化。

第二，国有股减持。1999年12月，黔轮胎和中国嘉陵两家上市公司实施国有股配售，标志着我国国有股减持方案的正式实施。2001年国有股减持的实施已成定局，国有股减持的最终目标是将非流通股的比例从目前的2/3减持到1/3，预计2001年将减持300亿左右。

第三，B股对内开放和A、B股市场合并。2001年2月，我国已将B股市场正式向中国公民开放，允许中国公民参与B股市场交易。B股市场对内开放，使我国B股市场的流动性增强。B股市场开放后，关于A、B股市场的合并就成为B股市场发展的核心问题，中国证监会负责人明确表示，我国A、B股市场的合并将在未来5～10年进行，规范我国流通股的进程因此而有了时间表。

第四，实施退出机制。对不符合条件的上市公司的退出问题，我国《公司法》和《证券法》都有明确规定，但长期以来得不到实施，2001年4月，我国正式终止了PT水仙的上市资格。这家公司的退出，表明我国证券市场优胜劣汰机制的建立与实施。

第五，二板市场开市。设立二板市场在中国已达成共识。但二板市场却迟迟不能开市，除了美国NASDAQ遭遇熊市、中国香港创业板市场不景气等因素外，我国相关法律不健全仍是二板市场不能开市的重要原因。二板市场能否如期开市，是衡量我国证券市场制度是否规范、法制是否健全的重要标志之一。

上述变化和变化趋势虽还不能从根本上解决我国证券市场不规范、非市场化的弊端，但也使我国证券市场结构、行为和效果有了一定的改变。上述变化的意义在于：

1. 我国证券市场结构趋于合理。1999年我国上市公司的股本构成为：总股本3114.7940亿股，其中非流通股2042.8215亿股，国家股1193.7548亿股；从股本比例构成看，A股占25%，B股占5%，H股占4%，国家股占38%，其他非流通股占28%。其中，只有34%的股本能够上市流通。依据目前上市企业的股票形式和股本构成，我国上市企业的66%的资产无法在流动中实现保值、增值，66%的资产不能上市流通，就意味着我国得用66%的国有资本支配和调度34%的社会资本，这势必会造成资源的极大浪费。

通过国有股减持，将实现三个目标：一是提高我国证券市场的运行效率，使我国证券市场的功能得到进一步发挥。国有股减持，是完善我国证券市场运行的重要步骤，通过减持国有股本，使更多的非流通股上市流通，可以克服国有股"产权虚置"、"所有者缺位"的状态，使上市企业的独立意志和独立利益真正得到体现，从而使我国证券市场应有功能真正得到发挥。二是确定我国企业市场主体的地位。由于我国国有上市公司超过60%的股权集中归企业所有，董事和董事会员、监事及监事会成员、总经理及其他高层管理机构的管理人员的提名权都属于第一大股东的国有企业，现代企业制度所要求的财产制衡机制和组织机制都不能真正得到实施，或流于形式，国有企业市场主体的地位也难以真正体现出来，国有股减持可以使这种现象部分地得到缓解，通过扩大流通股的比重，使更多的中小股东参与到公司的决策之中，减少"内部人"控制的现象。三是提高证券市场资本配置的效率。减持国有股，扩大流通股的比重，可以使国家能够运用更少的资金控制更多的社会资本，提高国有资本动员和调度社会资本的能力，并相应地提高国家调控经济的能力，提高资源有配置效率。

开放B股市场，并在未来5～10年合并A、B股市场也是完善我国证券市场结构的重要举措。A、B股市场，加上H股的存在，使许多在几个市场同时上市的企业能同时拥有两种，甚至三种不同的股价，加之A、B股市场的参与者、市场规范有较大差别，A、B股市场也存在较大的价格扭曲。开放B股市场，是我国分割零散的股票市场走向统一的第一步，它可使我国A、B股市场价格扭曲的现象得到纠正，为A、B合并创造条件。如果A、B市场得以合并，我国A、B、H股市场分割而产生的制度缺陷将得到克服，成熟、规范的证券市场也将得以实现。

2. 证券市场行为进一步规范。我国证券市场的行为不规范表现在若干方面，最为典型的是在一级市场上，政府一直采取额度控制、行政保荐的办法，完全垄断了股票发行市场，由行政审批代替市场竞争，使一级市场的功能受到极大影响，由于缺乏一个竞争的一级市场，社会化的、公众化的融资市场就无法形成。因一级市场是由政府选择而非市场选择的结果，“包装”上市就使市场价格不能真正反映企业经营业绩，在二级市场上出现了许多上市即亏的公司。尽管如此，由于我国长期以来没有退市机制，即便长期亏损的上市公司，也可以继续以“ST”、“PT”的形式存在着，股票市场优胜劣汰机制无法形成。我国已经出台的上市制度和退市制度，虽然不能彻底规范我国证券市场的运作，但却足以使我国证券市场行政化和非市场化的情况有所改观，向规范化的市场迈进一大步。一级市场采用核准制，将会克服发行市场的行政垄断，实现通过市场竞争选择优质企业的目标，并创造真正具有社会化和市场化特点的市场融资体系和融资渠道。规范并严格执行二级市场的退市制度，是与一级市场的核准制相对应的完善我国证券市场竞争机制的条件之一，让劣质企业退出市场，有助于保证上市公司的质量，降低投资者风险。退市制度的实施，将形成优胜劣汰的竞争机制，约束企业按照市场的原则进行运作，提高企业的资源配置和运作效率。

3. 证券市场功能趋于完善。由于结构缺陷，我国证券市场资源配置的功能难以得到有效的发挥。我国证券市场结构缺陷主要表现为：一是交易方式单一，只有现货市场，没有期货市场，证券市场价格发现功能不能实现；二是证券品种单一，在我国的沪深两地的上市证券中，到 2000 年底只有 47 只债券，仅占上市证券总数的 3.74%，债权融资缺乏，削弱了证券市场的融资功能；三是上市公司结构单一，我国现有沪深两个交易所，在上市基准、交易方式和监督管理等方面都是一致的，尤其在市场准入方面，两个交易所都有同样的上市标准，这就造就了我国上市公司在结构上的单一，尽管有两个市场存在，但是占我国企业总数 95% 的中小企业却被关在证券市场之外。目前，开展股票指数期权交易、扩大债券上市数量和创办二板市场都在决策层的考虑之中，其中对完善我国证券市场结构意义最为重大、并且能很快得到实施的是二板市场的创立。创立二板市场，一是能够建立与不同经济层次相适应的多层次的市场结构，形成我国证券市场多层次的竞争格局；二是可以为我国的中小企业，尤其是为中小科技企业上市创造条件，促进我国科技产业的发展；三是能为中小民营企业发展创造相应的市场环境。证券市场结构的逐步完善，建立起我国多层次的证券市场，有助于扩大投融资渠道，提升证券市场的总体竞争力，提高资源的配置效率，完善证券市场的功能。

总之，证券市场的变化和变化趋势强化了我国证券市场的各项功能，使竞争机制下的价格形成、市场选择、资本流动、资源的优化组合、优胜劣汰的市场机制进一步完善，对保障我国证券市场发展目标的实现有重要的政策意义。

应该看到，尽管我国证券市场与过去相比较已经有了很大的改进，但是，我国证券市场也面临挑战：第一，我国即将加入 WTO，这标志着中国经济将进一步与世界经济融为一体，我国经济的对外开放程度也将进一步提高，我国在商品市场方面对外开放的依存度已经相当高，加入 WTO 意味着还必须进一步地开放我国的资本市场。而国际资本大量进入我国的证券市场，将使我国证券市场一方面面临与国际资本市场和国外证券资本相融的问题，另一方面也面临由于资本市场的不稳定而导致的我国金融市场风险的增大。显然，我国年轻的证券市场还不具备既能吸收大量的国际资本，又能充分规避风险的运作经验和体制基础。

第二，我国证券市场需要根据国际上的一般惯例进行规范，但是在这个过程当中，我们不得不面对我国国企改革所留下的一些难题。在我国证券市场发展的短暂历程中，证券市场为了解决大中型国有企业的资金困难问题，选择了支持一大批未达到上市标准的企业上市，这些企业的上市，导致我国证券市场出现了大量的不良证券。证券市场的改革，一方面需要按规范的退市标准清理这些上市公司，另一方面会导致大批股东的损失。我国证券市场面临着是否要以牺牲国有企业利益为代价而达到规范目的的两难选择，同时也面临着股东利益的损失和社会安定的问题。

第三，根据我国的产业政策的基本目标，要实现证券市场发展与产业结构调整的结合，证券市场的发展要以产业发展为导向，在证券市场调整与发展中体现产业结构调整的要求。根据前面的分析，中国的证券市场确实在一定程度上支持了中国产业的成长，并体现了国家产业政策的精神。但是，从证券市场推动产业成长的总体效应看，证券市场并没有从资本的最优配置上促进资本向技术密集型产业集中，支持产业结构的升级。因此，在证券市场进行调整之际，应该进一步明确支持以产业结构调整和产业发展为目标的融资政策，确定证券市场资金的主要流向，以产业结构调整和产业政策确定增量资本的使用方向。

从更深的层次来看，我国的证券市场面临着如何兼顾公平与效率的巨大矛盾。作为一个规范的证券市场，效率是唯一的目标，效率第一完全符合市场经济规律。但是，我国证券市场一开始就具有兼顾地区平衡发展的公平目标，很长时期以来，我国在各个省区所实行的配额制，实际上就是要求证券市场承担在各地区相对平衡地分配有限资本的功能。一旦证券市场走上规范化，放弃证券市场的地区配额，就意味着我国缺乏大量优质企业的西部地区将丧失从证券市场获得大量资本的机会。同时统一的证券市场还有可能使西部的国民储蓄进一步流向东部，给西部地区的资本形成带来严重的负面影响。这些问题都需要作进一步的思考和分析。

第三节　我国证券市场推动产业成长的再思考

目前，我国产业发展的市场环境与证券市场都已发生了重大变化，尤其在证券市场方面，部分制度性缺陷得到有效克服，政府通过行政机制和行政手段对证券发行、上市和流通所进行的行政干预得到遏制，市场竞争机制进一步强化。笔者认为，在新的发展阶段，需要我们根据国内外经济环境的变化逐步地推行一种新的产融结合的机制，从理论上看，新的产融结合机制应当包括以下的基本内容。

首先是新的证券市场推动产业成长的机制和条件。通过市场而非政府干预进行产业结构调整，需要考虑三个问题：一是产业生态环境问题。所谓产业生态环境是指产业的多样性、成长性和稳定性的统一。在产业内部，有一个竞争淘汰、择优发展的机制，在产业之间有一个更新替代、均衡发展的条件，产业发展有关的制度和市场要素是产业生态环境很重要的组成部分。与其他任何的经济活动一样，产业的发展也需要有内在的生长规律和外在的生态环境，产业的生态环境尽管是产业发展的外部变量，但却是产业良性发展和结构全面优化所不可缺少的：首先，产业生态环境决定着产业构成和产业的技术构成，有什么样的生态环境，就要有与之相适应的产业结构和产业技术特征；其次，产业生态环境决定着产业发展的效率，在不同的生态环境中，资源配置的效率存在较大的差异，从而决定和影响着产业发展的潜在效率的发挥，生态环境越宽松，产业成长性越强，发展速度越快。

二是产业支持问题。产业支持系统是一系列人、财、物等要素的组合，技术和劳动力对产业发展的支持固然重要，但其中最重要的莫过于资本要素，产业扩张和产业结构调整所需的资本是巨大的，如何筹集和分配产业所需的资本，决定着产业的发展模式和发展效率。市场化的产业发展机制要求产业的融资机制能够体现产业扩张和结构调整的内在规律，按市场原则配置有限的资金。建立我国产业发展的支持系统，需要从根本上解决市场化的融资机制问题，它包括两个方面：一是资本进入的方式，二是企业进入的方式。解决资本进入的方式就是解决如何利用资本市场，提供产业发展和调整所需的股权转移的市场环境问题。解决企业进入的方式就是如何通过有效的政策措施，减少非国有企业进入的障碍，促进非国有企业参与市场竞争的问题。

三是产业结构调整与产业生态环境、产业支持的结合问题。产业结构调整的基本趋势是逐步放弃技术含量低的产业部门，不断扩大技术和知识含量高的产业部门。由于产业结构的调整需要相应的技术和资本的支持，因而必须在一定的产业生态环境和产业支持系统下才能完成。从各国经验看，各国产业结构调整都是在政府的推动下进行的，美国 20 世纪 80 年代以来为提高产业竞争力进行的产业结构调整也不例外，为提高美国工业竞争力，里根总统成立了一个工业竞争能力总统委员会，该委员会提出了一个题为《全球竞争：新的现实》的报告，将经济结构的高级化作为调整的方向，并以高新技术产业作为美国经济调整的核心内容。但是，美国并没有选择具体的产业部门，也没有对具体的产业部门进行干预，而是选择了为这些部门的发展创造外部环境，如加大科技投入、重视教育等，以市场化推动了科技产业的发展和对传统产业的改造。同样，韩国产业的发展和结构调整也是在政府产业政策的指导下进行的，但韩国的产业却大而不强、缺乏竞争力，难以抵御市场风险。究其原因，仍在于不同的产业生态环境和支持系统造就了不同的产业发展模式，产业结构调整与不同产业生态环境和支持系统的结合会产生截然相反的效果。市场化的模式在于将产业结构调整置于市场竞争的环境中：一方面，为产业结构调整提供所需的资源配置环境，保证社会资源从技术含量和效率都较低的产业向技术含量和效率高的产业转移，从衰退产业向新兴产业转移，另一方面，创造一个完全竞争的环境，促进企业和产业在竞争中实现优胜劣汰，提高产业竞争力。非市场化的模式是将产业结构调整完全置于政府的干预之下，在政府的产业政策下配以相应的技术和资本支持，固然，这种模式能够取得一定的效果，但却是难以按市场要求配置资源，势必造成资源的浪费和产业结构调整效果的低下。

从我国产业结构调整的生态环境和支持系统看，缺乏市场化的资本支持仍是资本密集型产业和技术密集型产业难以有效形成的因素之一。因此，对我国产业进行结构调整，必须从产业结构升级所需的资金流动方向来确定我国的融资政策，即以市场化的资本支持来促进我国产业结构的调整和不断升级。

以市场化的资本支持来促进我国产业结构升级，就要彻底摒弃由国家财政安排资金进行技术改造的做法，这一点是不容置疑的。但是，如何利用市场化的资金及借助怎样的融资机制以实现这一目标却是值得讨论的。由于银行信贷市场这一间接融资机制只能调整金融资本在产业结构中的流量和流向，即只能进行增量资本的调整，而无法优化重组资本的存量①，所以，以银行信贷作为我国产业结构调整的融资机制显然是有失效率的，况且，依赖银行信贷进行产业结构调整必然要加大企业的负债率，也有悖于目前我国调整银企关系的政策目标。与银行间接融资相反，证券市场既能重组存量资产，也能改变资本流量结构，能够将资本的流动与产业的资本结构要求有机地结合起来，将资本导向需要调整的产业部门，提高资本与产业结合的效率。因此，市场化的产业升级调整机制应该是在证券市场融资机制的作用下实现的。发

---

① 郑文平，荀文均：《中国产融结合机制研究》，中国人民大学复印资料，《金融与保险》2000年第6期，第41页。

挥证券市场在产业结构升级中的作用，以证券融资促进资金向技术密集型产业流动，实现国家的产业政策目标，是证券市场发挥作用的基本着力点。

我国证券市场仍处于不断的调整与发展之中，从形式上看，证券市场调整与发展是要实现真正市场化的融资机制。但应该看到，证券市场发展的目的仍是为经济发展服务，我国经济稳定增长的基础是产业结构的不断升级，因此，证券市场的发展应该体现国家的产业政策，支持高新技术产业的发展和对传统产业的技术改造，通过资本向技术密集型产业倾斜，加速我国产业结构调整和优化。如果证券市场不能支持我国的产业结构调整和产业发展，证券市场对经济增长所起的作用可能就是极其有限的，长此以往，证券市场可能不仅不能促进经济的增长，反而极有可能贻害经济的发展，证券市场不能与产业结合而产生的过度投机、股市泡沫即是明证。

其次是解决好产业选择还是企业选择的关系问题。当我国还需要有意识地对经济发展十分关键的产业进行资本配置时，产业选择仍然是非常重要而不可缺少的。但是，政府额度控制、行政保荐的办法已经被市场核准制所取代，市场选择机制进一步强化，当市场机制允许市场本身进行选择时，市场选择优质企业的动力就远远超过了选择产业。在此情况下，尽管政府的产业选择政策依然重要，但如何在尊重市场选择的基础上进行产业选择就成为两难的决策。我国上市公司的选择战略是先选择产业，后选择企业，这种选择战略能够保证我国的证券市场发展与实质经济相结合，推动实质经济发展，避免市场泡沫。在市场选择的背景下，产业选择应真正体现一定时期国家的产业政策，并根据经济发展水平及时进行调整。为达到产业选择的目的，实行“产业壁垒”是必要的，实行“产业壁垒”有助于证券市场资金向先行产业倾斜，促进这类产业的优先发展。但是，实行“产业壁垒”要与企业选择结合起来，通过有效的企业选择，促进优势产业内的优势企业率先发展，进而带动产业的进一步发展。事实上，在我国，产业选择与企业选择仍然是并行不悖的，产业选择并不排斥企业选择，企业选择在产业选择的范围内进行，能够获得更好的选择效果。根据产业调整和证券市场的发展趋势，应当使我国证券市场的产业选择与企业选择关系有一个阶段性的变化：

第一个阶段属于产业选择与企业选择并存的阶段。在“十五”期间，我国将以结构调整为主线，产业结构调整将成为整个结构调整的重要内容，为了使结构调整顺利推进，证券市场必须给予必要的配合。显然，选择什么样的上市公司必须与国家的产业政策相吻合，证券市场上的二次融资、企业的兼并重组也必须符合这一目标。

在证券市场仍然以产业选择为重点的阶段，证券市场在确定选择产业和企业时，必须设立两个标准，一是产业进入标准，二是企业进入标准。设计产业进入标准是使证券市场的资金流动体现国家的产业政策，符合产业结构调整的要求，将资金导向主导产业，尤其是技术密集型的产业，以集中资本推动我国产业结构的升级。企业进入标准是企业规模标准，这一标准要求证券融资必须导向产业内的核心企业，以核心企业成长带动产业成长。这不仅能提高资金的集中度，从而提高资金的效率，更能加速产业的成长。产业进入标准和企业进入标准应该结合起来加以使用。

确定企业进入标准似乎有悖于利用证券市场推动新兴产业发展的政策初衷，其实不然。在中国目前的市场准入标准下，证券市场并不支持中小企业发展，中小企业发展和新兴产业成长只能依靠我国证券市场的结构创新——设立二板市场来实现，我国证券市场的进一步调整将实现这一目标。既然我国主板市场是以支持大型企业为目标的，就应该充分体现资本集中的效率。由于集中使用资金的效率远远高于分散使用资金的效率，如果我国的主板市场不能支持大企业的发展，将会降低资金的使用效率，导致我国企业的小型化和分散化，继续造成资金运用的浪费。

第二个阶段属于企业选择权重日益加大的阶段。随着我国产业结构偏差的逐步纠正，产业升级的市场化机制的逐步形成，继续坚持以产业选择为主必然导致市场关系的扭曲。在证券市场上，这种扭曲将产生放大效应，进而影响整个资源配置系统，这将不利于我国建立市场经济体制的目标。同时，企业经营的各项指标只有在相对均衡的市场结构环境中才能反映出各种真实的经济关系，过度的产业选择也不利于优质企业在一个真实的竞争环境中产生。因此，一旦产业选择的阶段性目标基本实现，企业选择就将成为公司上市的主体机制。

第三个阶段属于企业选择阶段。这个阶段需要具备几个基本条件：一是国内的资本短缺现象已经基本缓解，资本形成已经不受资本短缺的影响，货币资本的价格基本由市场的供求关系决定；二是我国的产业进入到一个均衡发展的阶段，由计划经济所造成的产业偏差现象已经基本消失，一些战略性产业和主导性产业已基本形成，这意味着我国经济进入了一个工业化中期或后期阶段；三是证券市场乃至国家金融体系的功能得到充分的改善，证券市场完全具备了选择优质企业的能力和制度环境。在这些条件下，资源的配置和资本的流向已能按照市场的选择进行，企业选择也体现了产业发展的基本方向，在这个阶段，证券市场融资基本上就完全取决于企业选择的结果。

再次，根据一定的标准建设一个适应发展中大国的产业与融资体系紧密结合的新机制。这些标准主要应当包括以下方面：

效率标准。产融结合新机制的效率标准在宏观方面体现为有效地推进储蓄向投资的转化。应该看到，我国一直是一个资本稀缺的发展中国家，这一特征在我国工业化实现之前都不可能有根本性的改变，同时，与我国大量的剩余劳动力相对应，我国又是一个有丰富储蓄资源的国家。储蓄向投资转化是我国资本形成的关键环节，也是我国的储蓄资源能否与剩余劳动力和其他资源相结合的基础。因此，这种新机制的效率从根本上取决于我国的证券市场是否能够最大限度地把储蓄资源转化为证券资本，然后再作用于我国的产业发展，以此启动其他资源的开发与利用。宏观层次的效率要求微观层面效率的支持。微观层面的效率体现为证券价格能否反映相关信息，这种信息包括上市公司的一切经营性指标和赢利程度，它决定着证券市场上的资本是否流向成长性好的企业。因此，我国产融结合机制的宏观效率是以微观效率为基础的，没有微观层次的效率基础，储蓄向投资转化就很难顺利进行。

可持续性。以证券市场为基础的产融结合机制的可持续性是以产业发展为前提条件的，我们在前面已经充分论证过产业发展对证券市场健康成长的重要意义，从可持续发展的基本含义来看，稳定、递增、持续是其内涵，在产融结合机制中，产业的发展是可持续性的内生性因素，因此，缺乏产业支撑的证券市场是难以为继的，中外股市发展历史上的许多经验已经充分表明了这一点。但尽管如此，证券市场的泡沫现象还会在不同的国家反复出现，成为泡沫经济崩溃的诱因。泡沫经济产生的根本原因就在于虚拟资本的交易数量大大地超出了实质经济对货币资本的需求量，证券市场的运作严重地背离产业的实际发展状况。由此看来，证券市场与产业发展的相关性是衡量证券市场是否健康的重要标志。可持续性主要体现在证券市场与产业的发展互为作用，相互依存。因此，在证券市场支持下的产业发展情况，本身就可以视为产融结合机制可持续性的重要标志。强调可持续性，就是要避免在证券市场扩张的同时产生虚拟资本对实质资本的替代过程，就是要注意在证券资本扩张的同时实质资本的相应增长。总之，资本的形成取决于产业的成长而不仅仅是在证券市场金融投资的膨胀。

安全性。应该说，产融结合机制的安全性是效率标准与可持续性的一个直接后果，但是，在这里所强调的安全性，并不仅仅是指证券市场的风险最小化，而是指整个国家经济安全的重要组成部分。安全性具有这样的几层含义：第一，它确保以证券市场为代表的直接融资体系能够稳定地向国家的产业部门提供源源不断的资本支持，这个过程的中断或波动都将导致金融危机和产业的衰退，亚洲金融危机已经充分地表明了这一点。第二，在产业正常发展的证券市场，千百万证券投资者的利益能够得到充分的保障，从总体上投资的收益可以得到稳定的递增，从而使投资者一直保持对证券市场较强的信心，储蓄利润和其他的收入形式一直成为证券资本稳定的来源；第三，形成一种有效的监督机制，把各种违规行为控制到最低限度。惟有安全性得到保障，在我国才有可能形成多元化的投融资体系，我国推进工业化的资本基础才能不断地扩大。

开放性。开放性既是新的历史条件下产融结合机制的特点，也是我国经济发展到一定阶段对产融结合机制提出的必然要求。产融结合机制的开放性的基本前提首先是我国产业的开放性，它体现在不同的经济成分都可以进入到我国绝大多数的产业部门。国外的投资也可以进入到我国大多数的产业内部，我国不仅接受国外的产业转移，而且也向海外实行产业的国际转移。产业的开放决定了我国的投融资体制也必须是开放性的，同时，这也意味着以证券市场为基础的产融结合机制的性质必须具备开放性的特点。证券市场的开放性主要体现在几个方面：一是对国内所有的企业开放，不论企业所有制的性质如何，只要符合上市标准，都可在相关市场上市；二是对国际资本的开放，鼓励国际资本进入到我国的证券市场进行金融投资；三是对境外企业开放，允许境外企业在中国的证券市场上市融资。证券市场的开放意味着我国的证券市场从一个纯粹的国内市场逐步向国际性市场的过渡，这是一个必然的过程，但是也是一个充满了挑战的过程，它不仅需要我们具有与世界经济融为一体的勇气，而且也要求我们具有能够有效地管理与防范风险的智慧。

证券市场于20世纪90年代在中国的复兴是一个伟大的尝试，然而我们必须看到，如何使我国的证券市场能够迅速稳定地发展起来，有力地支持产业的成长，仍然需要我们作艰苦的努力；本书所作的探讨也是属于这种努力的一个微小的组成部分。

参考文献

一、著　作

［1］马克思．资本论：第一、二、三卷．北京：人民出版社，1975.

［2］蒋学模．政治经济学教材．第十版．上海：上海人民出版社，1999.

［3］约翰·格利，爱德华·肖．金融理论中的货币．贝多广译．上海：上海三联书店，1988.

［4］罗纳德·麦金农．经济发展中的货币与资本．卢骢译．上海：上海三联书店，1988.

［5］霍利斯·钱纳里，莫尔塞斯·塞尔昆．发展的格局．李小青等译．北京：中国财政经济出版社，1989.

［6］思拉恩·埃格特森．新制度经济学．吴经邦等译．北京：商务印书馆，1996.

［7］雷蒙德·戈德史密斯．金融结构与金融发展．周朔等译．上海：上海三联书店，上海人民出版社，1994.

［8］爱德华·肖．经济发展中的金融深化．邵伏军等译．上海：上海三联书店，1988.

［9］阿瑟·刘易斯．经济增长理论．梁小民译．上海：上海三联书店，上海人民出版社，1990.

［10］唐·帕廷金．货币、利息与价格．邓瑞索译．北京：中国社会科学出版社，1996.

［11］托马斯·梅耶等．货币、银行与经济．洪文金等译．上海：上海三联书店，1989.

［12］弗雷德里克·米什金．货币银行金融市场学．李扬等译．北京：中国财政经济出版社，1990.

[13] 植草益．微观规制经济学．朱绍文等译．北京：中国发展出版社，1992.

[14] M·托达罗．第三世界的经济发展．于同申等译．北京：中国人民大学出版社，1988.

[15] 杜方利．东亚经济的崛起．上海：上海远东出版社，1998.

[16] 舒元等．现代经济增长模型．上海：复旦大学出版社，1998.

[17] 郑厚斌．收购与合并——企业产权交易及其市场组织．北京：商务印书馆，1998.

[18] 王辰．基础产业融资论．北京：中国人民大学出版社，1998.

[19] 徐敬年．西方发展经济学文献选读．天津：南开大学出版社，1995.

[20] 张培刚．新发展经济学．郑州：河南人民出版社，1993.

[21] 伍海华．现代经济发展．青岛：青岛出版社，1995.

[22] 约翰·希克斯．经济史理论．北京：商务印书馆，1987.

[23] 王志伟．诺贝尔经济学奖获得者希克斯经济思想研究．北京：北京大学出版社，1996.

[24] 柳卸林．技术创新经济学．北京：中国经济出版社，1993.

[25] 金碚．中国工业国际竞争力——理论、方法与实证研究．北京：经济管理出版社，1997.

[26] 金碚．经济发展与宏观筹资．北京：中国人民大学出版社，1991.

[27] 施兵超．经济发展中的货币与金融——若干金融发展模型研究．上海：上海财经大学出版社，1997.

[28] 胡海峰等．创业资本运营．北京：中信出版社，1999.

[29] 袁志刚．知识经济学导论．上海：上海人民出版社，1999.

[30] 杨宏儒．工业组织与经济增长的理论研究．北京：生活·读书·新知三联书店，1994.

[31] 杨思群．资本积累与资本形成．北京：社会科学文献出版社，1998.

[32] 吴少新．储蓄转化投资的金融机制分析．北京：中国经济出版

社，1998.

[33] 裴长洪．利用外资与产业竞争力．北京：社会科学文献出版社，1998.

[34] 王先庆．产业扩张．广州：广东经济出版社，1998.

[35] W·W·罗斯托．从起飞进入持续增长的经济学．贺力平等译．成都：四川人民出版社，1988.

[36] 罗肇鸿等．国外技术进步与产业结构的变化．北京：中国计划出版社，1992.

[37] 周振华．产业结构优化论．上海：上海人民出版社，1992.

[38] 周振华．现代经济增长中的结构效应．上海：上海三联出版社，1991.

[39] 杨治．产业经济学导论．北京：中国人民大学出版社，1985.

[40] P·斯通曼．技术变革的经济分析．北京：技术经济和管理现代化研究会技术经济学组，北京：机械工业出版社，1989.

[41] 小宫隆太郎．现代中国经济——日中的比较分析．北京：商务印书馆，1993.

[42] 伍海华．经济发展与利用外资规模．武汉：武汉大学出版社，1995.

[43] 李扬，何德旭．经济转型中的中国金融市场．北京：经济科学出版社，1999.

[44] 李扬，王国刚．中国资本市场的培育与发展．北京：经济管理出版社，1999.

[45] 萧琛．美国微观经济运行机制．北京：北京大学出版社，1995.

[46] 周延军．西方金融理论．北京：中信出版社，1992.

[47] 欧洲投资银行编．创新、技术和金融．段永宽译．北京：中国审计出版社，1993.

[48] 汪斌．东亚工业化浪潮中的产业结构研究——兼论中国参与东亚国际分工和产业结构调整．杭州：杭州大学出版社，1997.

[49] 殷醒民．制造业结构的转型与经济发展——中国 1978 - 1998 制造

业内部结构的调整．上海：复旦大学出版社，1999.

[50] 霍学文．英、美、日资本市场效率比较．昆明：云南大学出版社，1997.

[51] 郭树华．企业融资结构理论研究．北京：中国社会科学出版社，1999.

[52] 施蒂格勒．产业组织和政府管制．上海：三联书店，1989.

[53] 泰勒尔．产业组织理论．北京：中国人民大学出版社，1998.

[54] 毛林根．结构 行为 结果．上海：上海人民出版社，1995.

[55] 陈秀山．现代竞争理论与竞争政策．北京：商务印书馆，1997.

[56] 吴敬琏．大中型企业改革：建立现代企业制度．天津：天津人民出版社，1993.

[57] 王开国．中国证券市场跨世纪发展思考．上海：上海财经大学出版社，1999.

[58] 张杰．中国金融制度的结构与变迁．太原：山西经济出版社，1998.

二、论　文

[1] 赵宇龙．会计盈余披露的信息含量——来自上海股市的经验证据，经济研究，1998，7.

[2] 吴世农．我国证券市场效率的分析．经济研究，1996，4.

[3] 周业安．金融抑制对中国企业融资能力影响的实证分析，经济研究，1999，2.

[4] 张杰．中国金融改革的进一步改革的途径．经济研究，1995，5.

[5] 胡俞越等．金融市场噪声理论评述．经济学动态，1998，10.

[6] 薛小和．发展资本市场的基本问题是建立资源配置机制．改革，1997.5.

[7] 陈宝森．论美国新经济．世界经济，1998，8.

[8] 吴元作．金融深化理论的新进展．世界经济研究，1998，4.

[9] 傅红岩等．企业规模与成长关系的研究．经济理论与经济管理，1999，1.

[10] 刘世锦等．核心竞争力：企业重组中的一个新概念．中国工业经济，1999，2.

[11] 袁国良等．我国上市公司的融资偏好和融资能力的实证研究．管理世界，1999，3.

[12] 郝继伦等．后货币化时期的金融证券化发展．现代金融导刊，1998，1.

[13] 殷醒民．论中国制造业的产业集中和资源配置效益．经济研究，1996，1.

[14] 许崇正．论发展中国的直接融资问题．财经问题研究，1999，9.

[15] Ross Levine. 股票市场：经济增长的强心剂．金融与发展，1996，3.

[16] 罗美娟．论企业集团形成机制及约束条件．学术月刊，1999，8.

[17] 齐东平．论战略投资者投资的“宏观边际”．宏观经济研究，2000，2.

[18] 陈溪华等．股票市场的作用：理想与现实的冲突．投资研究，1998，8.

[19] 王广谦．现代经济发展中的金融因素及金融贡献度．经济研究，1996，5.

[20] 钱颖一．企业的治理结构和融资结构改革．经济研究，1995，1.

[21] Asli Demirguc – Kunt and Ross Levine（1996）. Stock Markets, Corporate Finance, and Economic Growth: An Overview. The World Bank Economic Review 10: 223 – 240.

[22] John Boyd and Bruce Smith（1996）, The Convolution of the Real and Financial Sectors in the Growth Process, The World Bank Economic Review 10: 371 – 396.

[23] Ross Levine and Sara Zervos（1996）. Stock Market Development and

Long - Run Growth. The World Bank Economic Review 10: 323 - 340.

[24] P. Arestis and P. Demetriade (1997). Financial development and economic growth assesing the evidence, The Economic Journal. 107: 783 - 799.

[25] John Boyd and Bruce Smith (1998). The evolution of debt and equity markets in economic development. Economic Theory 12: 519 - 560.

[26] Ross Levine and Sara Zervos (1998). Stock market, Bank, and Economic Growth. American Economic Review 88: 537 - 556.

[27] J. Gurley and E. Shaw (1995). Financial aspects of economic development. American Economic Review. 45: 515 - 538.

[28] R. Levine (1991). Stock market, growth, and tax policy. Journal of Finance 46: 1445 - 1465.

[29] Richard Harris (1997). Stock market and development: A re-assessment. European Economic Review 41: 139 - 146.

[30] Robert Eisner (1997). Capital Formation: Where, Why, and How Much? American Economic Association 67: 110 - 128.

[31] Rudiger Dornbusch and Aliejandro Reynoso (1989), Financial Factors in Economic Development. Aea Papers and Proceedings 79: 204 - 209.

[32] Raghuram Rajan and Luigi Zingales (1998). Financial Dependence and Growth. American Economic Review 88: 559 - 586.

[33] Asli Demirguc - Kunt and Ross Levine (1996). Stock Market development and Financial Intermediaries: Stylized Fact, The World Bank Economic Review 10: 291 - 322.

[34] Joseph Stiglitz (1985). Credit Market and the Control of Capital. Journal of Money, Credit and Banking 17: 133 - 152.

[35] B. Greenwald, J. Stiglits and A. Weiss (1984). Informational Imperfections in the Capital Market and Macroeconomic Fluctuations, American Economic Review 74: 191 - 200.

[36] V. Bencivenga, B. Smith, and R. Starr (1996). Equity Market,

Transaction Costs, and Capital Accumulation: An Illustration. The World Bank Economic Review 10: 241 – 266.

[37] David Lynch (1996) . Measuring Financial Sector Development: A Study of Selected Asia-Pacific Countries. The Developing Economic (March): 3 – 33.

[38] Gerard Caprio. Jr. and Asli Demirguc – Kunt (1998) . The Role of Long – Term Finance: Theory and Evidence. The World Bank Reacher Observer. 13: 171 – 189.

后 记

《证券市场与产业成长》一书是在我的博士论文的基础上修改完成的，今天能与读者见面，欣慰之余，仍感到十分不安，不知读者是否认可我的研究与书中的结论。这种不安犹如我当年参加博士论文答辩一样，充满了期望与担忧。

本书是我三年心血的凝结，也是我的导师三年心血的凝结。没有导师三年来的悉心指导，我的论文不可能与读者见面。三年来导师给了我太多的关心与帮助，假如说三年来我有什么进步与成绩的话，一切都要归于我的导师。

我的导师蒋学模先生除了在学业上谆谆教导外，还在生活、做人处事方面给予我报多有价值的建议。他的这些真知灼见以及严谨的学风、博大的胸襟将成为我未来生活道路上的重要的精神财富。我的师母张守谦教授给了我慈母般的关爱，这些我将永远铭记在心。

感谢吴易风教授、龚浩成教授、陈彪如教授、雍文远教授、伍柏麟教授、姜波克教授、干杏娣教授，他们对我的论文修改提出了许多宝贵的意见。

感谢我的家人，没有他们的理解与支持，我是不能完成学业的。

罗美娟

2001 年 5 月 1 日